21世纪经济管理新形态教材·金融学系列

期权定价实验教程

（第2版）

宋斌 ◎ 主编

清华大学出版社
北京

内 容 简 介

现代经济活动中，不确定性日益增加，因此各种市场参与主体都有较强烈的规避风险的需求，金融衍生工具由此产生。期权定价作为金融衍生工具中最具代表性的内容，其重要性不言而喻。本书中的模型采用 Excel、MATLAB、Python，以及 C++与 Excel-Addin 结合等四种金融领域主流建模工具依次实现。

本教程是中央财经大学国家级实验教学示范中心系列实验教材，同时也是管理科学与工程学院实验课程建设的重要组成部分。本教材在第 1 版的基础之上，增加了较多新的实验内容和软件操作界面。

本教程可作为金融工程、投资、数理金融等专业本科生、研究生的教学用书，也可作为金融量化分析职业培训人员的参考用书。

图书在版编目（CIP）数据

期权定价实验教程/宋斌主编. —2 版. —北京：清华大学出版社，2024.2
21 世纪经济管理新形态教材. 金融学系列
ISBN 978-7-302-63450-8

Ⅰ．①期… Ⅱ．①宋… Ⅲ．①期权定价 – 实验 – 高等学校 – 教材 Ⅳ．①F830.95-33

中国国家版本馆 CIP 数据核字(2023)第 082773 号

责任编辑：胡　月
封面设计：汉风唐韵
责任校对：宋玉莲
责任印制：曹婉颖
出版发行：清华大学出版社
　　　　　网　　　址：https://www.tup.com.cn，https://www.wqxuetang.com
　　　　　地　　　址：北京清华大学学研大厦 A 座　　　　　邮　　编：100084
　　　　　社 总 机：010-83470000　　　　　邮　　购：010-62786544
　　　　　投稿与读者服务：010-62776969，c-service@tup.tsinghua.edu.cn
　　　　　质 量 反 馈：010-62772015，zhiliang@tup.tsinghua.edu.cn
　　　　　课 件 下 载：https://www.tup.com.cn，010-83470332
印 装 者：涿州汇美亿浓印刷有限公司
经　　销：全国新华书店
开　　本：185mm×260mm　　　印　张：15.25　　　字　数：359 千字
版　　次：2014 年 4 月第 1 版　　　2024 年 2 月第 2 版　　　印　次：2024 年 2 月第 1 次印刷
定　　价：59.00 元

产品编号：096602-01

第二版 前言

《期权定价实验教程》的修订工作主要由宋斌教授、张少钦副教授、孙辉和纳赛阳负责完成。在这次修订中，进行了如下修改和增补：

（1）本教程第1章至第6章，以及第8章中均增加了相应内容的 Python 版本的算法实现。从而更加适应大数据和人工智能背景下，Python 在财经领域，特别是金融领域的广泛应用的时代需求。

（2）本教程第3章隐含波动率和波动率微笑的数值实验中增加了基于 Python 开发的用于绘制波动率微笑的 GUI，从而可以在输入一定的数据之后得到波动率微笑图形，更加便捷，同时也提高了应用价值。

（3）在第8章期权定价数值实验——期权计算软件的界面设计中，在原有基于 Excel 和 MATLAB 的 GUI 设计期权价格计算器内容之外，增加了基于 Python Optlib 库的期权定价内容，并且对个股期权的单一期权和组合期权策略的终端支付情况和策略盈亏情况进行了详尽的分析，进一步扩大了期权定价的应用范围（从单一期权扩展到期权组合）。

（4）改写了第6章有限差分方法的数值实验中的原理部分的一些内容。

（5）改正了原书中的一些印刷错误。

本书配备了丰富的代码资源，需要实验配套代码的读者可以通过邮件与编者联系：selviasong@163.com。考虑到开发代码的巨大投入，代码将采取适当收费的方式向读者提供。采用本教程进行教学的教师将免费获得教材全部配套代码资源。

本教程在修订过程中，得到了中央财经大学管理科学与工程学院刘志东院长、投资系荆中博主任的大力支持和帮助，同时得到了中央财经大学管理科学与工程学院学科建设经费的资助，在此一并表示感谢！

宋　斌

2023 年 12 月于中央财经大学

第一版前言

现代经济社会中，不确定性日益增加，因此各种市场参与主体都有强烈的规避风险的需求，衍生金融工具正是在这样的大背景下产生的。由此可见，衍生金融工具是现代金融市场发展到一定成熟阶段的产物，是人类经济社会中的一大创新。除了规避风险的保值功能，衍生金融工具还具有投机与套利功能。随着全球经济一体化的加深和金融市场的不断深化，衍生品市场迅猛发展，在近三十年间呈现指数增长的趋势，这种增长势头不仅体现在场内外天文数字的交易金额上，还体现在衍生工具种类的复杂多样性上。衍生品已经走出经典时代而迎来复杂衍生品时代，简直可以用万花筒来形容这一变化万千的衍生品世界。现在全世界的金融工程师们不断开发出各种新型的衍生品来满足各种不同的功能需求。这种趋势对出于各种目的的参与衍生品交易的交易主体也提出了较高的要求，他们必须对衍生品有全面而深入的掌握。场内市场的不断发展还将吸引更多中小型投资者的加入，从而使得衍生品的定价等知识成为人们普遍需要掌握的常识。这都对教材提出了简单易懂且可操作性强的要求。

就学科归类而言，衍生品定价理论是金融工程学（金融随机分析）的核心内容，衍生品定价相关课程是金融工程专业、投资专业、数理金融等专业的核心课程之一。由于衍生品定价需要使用随机微分方程、偏微分方程、测度论等复杂的现代数学工具，因此被戏称为"火箭科学"。在众多衍生品定价中，期权定价是最重要也是最有代表性的内容。期权课程的数学难度是目前阻碍学生学习定价课程的主要障碍，甚至成为学习的阴影。必修课的学生咬牙坚持，选修课的学生望而却步，放弃了这一领域知识的学习和掌握。考虑到本教材的普及性和实验教材的特点，在对定价理论的内容安排上，将主要结合离散模型阐述衍生品定价的核心思想——无套利均衡分析和状态价格定价技术。之所以将重心放在离散时间模型上，除了数学上的易于处理外，还因为树方法是本教程中的主要数值方法。连续时间模型部分，客观上讲，这样的经典教材也不少，只是要么数学很艰深，吓住了财经专业的学生，要么就过于简略，让学生无法体会数学在衍生品定价中的支柱作用，学了个皮毛，影响学生后续的深入学习。限于篇幅，本教程不再涉及连续时间模型的理论部分，留待于以后的教材中严谨阐述。当然连续时间模型的计算、敏感性分析以及波动率微笑等核心问题在教材中都有阐述。略去的只是定价理论部分的数学推导。在使用本教材时，笔者假设读者正在学习或已经学习过连续时间模型的定价理论部分。教材的整体安排遵循先讲原理，再讲定价模型、敏感性分析、波动率微笑、数值计算等内容的顺序。就数值计算部分而言，包括赫尔（John Hull）在内的很多经典衍生品教材里都有配套的软件，例如 Hull 教材的配套软件 Derivagems，这些软件多半有比较良好的用户界面，但也限制了学生建模能力的训练，而本实验教程着眼于培养学生较高水平的建模能力。为了适应财经院校不同专业的学生的编程背景和未来的职业发展，一般情况下各章内容都将涉及三种主要算法实现手段——Excel、MATLAB 和 C++与 Excel-Addin。这里需要指出的是：第一，本教材不会安排较大篇幅进行模型定价原理和具体内容的阐述，在各种层次各种难度的有关的衍生金融工具的定价教材里已经有充分阐述，无须再写在实验教程里；第二，本教程也不是某一软件的使用指南，更不是有关函数的罗列，因为我们写的不是一本软件编程书；第三，笔者也不想让教程沦为一个衍生品定价的代码资源库。我们的指导思想是通过模型的算法实现，加强学生对有关定价模型的深入理解，并通过算法实现来提高学生未来使用模型，特别是进入业界后运用模型进行交易的能力。

前已述及，考虑到学生不同的计算机能力和编程偏好，本书中的模型实现采用 Excel、MATLAB 和 C++三种金融领域主流建模工具依次实现。期权定价，一方面需要高效快速的代码；另一方面需要兼顾代码开发的速度。Excel 简单直观，运用宏后功能也很强大，适合不太喜欢编程的读者。MATLAB 是主流科学计算软件，有强大的金融工具箱支撑，近年来在财经领域占有率越来越高，特别适合有编程背景，现在或将来从事金融工程、量化投资等领域的读者学习掌握。C++与 Excel-Addin 结合使用，保证了计算的速度，是目前金融、量化投资领域的主流编程语言，有强大的函数库的支持，而 Excel-Addin 的使用更利于结果的清晰展示，便于非编程人员的使用。

全书共分八章，第 1 章是二叉树期权定价数值实验，主要阐述衍生品定价的核心——无套利均衡分析思想；这一思想通过状态价格定价技术来实现，而状态价格定价技术的核心是动态复制。动态复制过程简单直观，在定价过程中大有用武之地。但是期权定价更为重要的是风险中性定价方法（鞅定价方法）。本章给出了离散框架下的金融资产定价基本定理，并在此基础上给出期权的风险中性定价方法。二叉树模型的数值实验，包括动态复制和风险中性定价两种方法，依次采用 Excel、MATLAB、C++与 Excel-Addin 系统计算了欧式看涨、看跌与美式看涨、看跌期权，并分析了二叉树模型的收敛性。这部分内容虽然简单，但是非常重要，要求学生独立完成所有建模内容。第 2 章是连续时间 B-S-M 模型的数值实验，首先给出了连续时间框架下运用动态复制推导出的 B-S-M 偏微分方程，在简要给出求解思路后直接给出解析公式，第 2 章没有涉及连续时间框架下的风险中性定价方法。这部分内容可参见任何一本有一定数学难度的金融衍生资产定价教材。由于期权价格的敏感性分析主要是针对连续时间模型而言的，因此第 2 章还分析了影响期权价格的五个因素并画图展示了这种影响效果，而且依此采用 Excel、MATLAB、C++与 Excel-Addin 计算了期权的敏感性指标。此外还在 MATLAB 下开发了期权敏感性指标的图形用户界面，进一步提高了敏感性指标的可视化效果，便于其他用户的使用。第 3 章介绍了隐含波动率和波动率微笑概念，并给出了计算隐含波动率的数值方法。在运用 Excel 和 MATLAB 计算隐含波动率，绘制波动率微笑时，本教材均采用来源于 CBOE（芝加哥）期权交易所的股票期权交易的真实数据，主要使用通用电气（GE）和苹果两个公司的股票期权数据。此外还运用 C++与 Excel-Addin 计算了欧式期权的隐含波动率。运用蒙特卡罗数值方法计算期权也是本教材的主要内容，由于篇幅较多，笔者从方法的难度出发，分两章来阐述。第 4 章系统介绍了蒙特卡罗及其对偶变量和控制变量方法两种方差改进技术。此外本章还详细阐述了准蒙特卡罗方法，也就是运用三种低偏差序列改进蒙特卡罗方法。为了给美式期权定价，本章还简要阐述了最小二乘蒙特卡罗方法。有了充足的理论准备后，笔者采用 Excel 运用标准蒙特卡罗方法和对偶变量方法计算了欧式期权，采用 MATLAB 运用标准蒙特卡罗方法和对偶变量方法、准蒙特卡罗方法计算了欧式期权；还运用最小二乘蒙特卡罗方法计算了经典美式期权；最后采用 C++与 Excel-Addin 运用蒙特卡罗方法模拟了一些主要的随机过程，这为运用蒙特卡罗方法计算复杂期权奠定了基础。第 5 章是蒙特卡罗方法的提高篇，首先笔者运用准蒙特卡罗方法和控制变量方法给算式平均亚式期权定价；然后采用 C++与 Excel-Addin 计算结构化产品——自动赎回票据的价格。第 6 章详细阐述了显性差分和隐性差分方法，讨论了差分方法的截断误差和稳定性问题。在数值实验方面，本章采用 Excel 运用显性差分方法计算了欧式期权和美式期权价格；采用 MATLAB 运用显性差分和隐性差分方法计算欧式期权和美式期权价格；采用 C++与 Excel-Addin 运用有限差分方法计算了欧式期权并进行了误差分析。第 7 章内容是本教程中比较有难度的部分，主要阐述随机波动率和局部波动率模型。这两个模型已经超越了 B-S-M 模型的框架，符合金融市场波动率不为常数的现象。这两个模型也是业界估计波动率时常用的模型。接下来笔者运用 C++与 Excel-Addin 依次进行了随机波动率模型下的隐含波动率拟合实验和实证检验，基于局部波动率模型的隐含波动率的拟合实验和实证检验。第 8 章是基于 Excel 和 MATLAB 的期权软件界面的设计。Excel 中的期权计算软件更像是一个期权计算器，而 MATLAB 中主要是利用它的 GUI 进行设计。计算机编程好的学生可以学习 GUI 并设计出自己的期权软件计算界面。由于教程主要面向财经类本科生及硕士研究生，为了降低教程的难度，就需要以失去一定的严谨性作为代价，因此这本教程无法达到类似金融随机分析教材的难度，也低于一些面向理工科学生的金融资产定价相关教程的难度，敬请理解。由于教材整合了笔者及笔者所指导的硕士研究生最新取得的研究成果，因此有部分内容有一定难度。这部分内容的安排旨在开拓学生视野，并不要求学生全部掌握，也不要求学生的编程实现。请使用教材的老师和学生区别对待。

　　本教程由宋斌任主编，参加编写的有：宋斌、王欢、刘冰、梁恩奇、田祎佳，第一章；宋斌、孙晓虹、王欢、刘冰、梁恩奇，第二章；宋斌、王欢、刘冰、梁恩奇、王斯燕，第三章；刘冰、王欢、梁恩奇、彭桓、李一杭，第四章；张冰洁、彭桓、赵素风、魏琳，第五章；宋斌、周湛满、张冰洁、刘黎黎、李隽，第六章；宋斌、梁恩奇、罗亦楠、吕莹、张云鹏，第七章；宋斌、刘冰、王欢，第八章。全教材由宋斌进行总体章节安排并修改定稿。本教材在编写过程中，参考了国内外经典、前沿的专著、教材及参考书，在此表示感谢。限于作者水平，教材中难免存在疏漏和错误，敬请读者批评指正。

为了便于老师在实验课中使用本教材，也为了给学生在建模编程计算中提供参考，本教程所涉及的大多数代码已经在教材正文或附录中给出。这里需要指出的是笔者并不希望学生为了交实验作业简单复制代码，而是想起到抛砖引玉的作用，若是读者找到了更好的建模方法，写出了更为高效简洁的代码，设计出了好看的基于 Excel 或 MATLAB 的界面，可以发送到作者邮箱 selviasong@163.com，用于教材的后续修订。若被采纳，您也将是我们修订后教材的参编人员。当然也欢迎您把关于教材的其他意见和建议发送至该邮箱，笔者一定会认真阅读，及时回复。

本教程是中央财经大学国家级实验教学示范中心系列实验教材，同时也是管理科学与工程学院实验课程建设的重要组成部分，在写作过程中得到了管理科学与工程学院李文斌院长、贺小海书记、刘志东副院长、贾传亮副书记的大力支持和帮助，同时也得到了中央财经大学经济与管理实验教学中心的大力支持和帮助，在此一并表示感谢！

编　者

2013 年 12 月 10 日

## 第1章

二叉树期权定价的数值实验

通过二叉树期权定价模型的数值实验，可以进一步强化学生对二叉树期权定价模型的理解，使学生不但能够掌握期权定价理论方法，而且可以熟练地进行手工计算，此外还可以通过软件及自主编程来完成 N 期二叉树期权定价模型的计算（手工计算无法完成 N 较大的情况）。特别是在现代经济和金融环境下，期权定价模型日益复杂，无论是研究领域还是业界，都是通过计算软件和编程来计算这些期权定价模型。而计算成本的下降，更为模型的算法实现提供了可能。因此，相应的编程技能成为学生适应现代社会特别是从事相关领域研究和实际工作的必备技能。

考虑到不同专业、不同学校学生的计算机能力和编程偏好存在较大差异，本章的模型采用 Excel、MATLAB、Python 和 C++四种金融领域主流建模工具依次实现。衍生品定价，一方面需要高效快速的代码，另一方面需要兼顾代码开发的速度。在衍生品定价的研究与实务中，常用的编程语言包括以下几种：

（1）Excel/VBA：Excel/VBA 是微软为 Office 用户开发的一种基于 Visual Basic 语言的、可在 Office 软件上直接运行的编程语言。用户可以通过在 Office 中内置的 VBA 编辑器直接编写宏或者函数，并在 Excel 中调用。Excel/VBA 的优点是开发速度快、检验方便，缺点是大量使用 VBA 会使表格速度变慢。

（2）MATLAB：MATLAB 是由 MathWorks 公司推出的用于数值计算、可视化及编程的高级语言和交互式环境。MATLAB 由于其矩阵运算能力强、编程开发速度快等特性也备受金融开发人员青睐。

（3）Python：Python 作为一个开源编程语言问世于 1990 年，由于它提供了高效的高级数据结构，能简单有效地面向对象编程，并且有强大的第三方库的支持，近年来逐渐成为财经领域，特别是金融领域的热门编程工具。随着量化投资领域的主流量化平台纷纷选择 Python 语言，Python 更是稳坐金融领域编程工具的首把交椅。这也是我们在编写本书第二版时候增加 Python 这部分内容的原因。

（4）C/C++/C#：C 语言是一种通用的计算机语言，被广泛用于系统和应用软件的开发。C++在 C 语言基础上实现了面向对象的特点。C 类语言由于其高效、灵活、功能丰富、表达力强、移植性强等特性，在金融行业中使用广泛。

本章主要研究二叉树期权定价模型——CRR（Cox，Ross，Rubinstein）模型的算法实现，将主要通过 Excel、MATLAB、Python 和 C++与 Excel-Addin 结合使用四种主流方法来实现。Excel 简单直观，运用宏后功能也很强大，对于不太喜欢编程的读者来说更适合。MATLAB 是主流科学计算软件，有强大的金融类工具箱支撑，近年来在财经领域的占有率越来越高，特别适合有编程背景，现在或将来从事金融工程、量化投资等领域的读者学习掌握。Python 语言作为金融领域的首选编程语言，简单易学，借助其高效的数据结构和强大的第三方库，在期权定价领域大有用武之地。C++与 Excel-Addin 结合使用，不但保证了计算速度，而且是目前金融、量化投资领域的主流编程语言，有强大的函数库的支持。同时 Excel-Addin 的使用更有利于结果的清晰展示，便于非编程人员使用。

1.1　理　论　基　础

1.1.1　无套利均衡分析与状态价格定价技术

无套利均衡分析的出现具有里程碑的意义，它标志着金融学和经济学的正式分离，是金融学从经济学中独立出来的标志。无套利均衡分析是衍生品定价的核心思想，起源于 1958 年提出的 MM 理论，在推导无税情况下有财务杠杆企业和无财务杠杆企业的价值时，米勒和莫迪里亚尼用自制财务杠杆复制了企业的财务杠杆，从而得出在无税情况下有财务杠杆企业和无财务杠杆企业的价值相同，进一步得出在无税情况下资本结构与企业价值无关的结论。由此可见，无套利均衡分析的关键是复制。在 MM 理论的推导中由于复制是一次性的，因此被称为静态复制。当我们需要引入模型来描述标的资产价格的动态变化时，相应的复制技术就称为动态复制技术。在随后的章节里我们阐述的都是动态复制。

严格的状态价格过程需要给出与之相关的一系列数学背景知识与假设条件。我们这里仅给出最简要的版本。设 $(\Omega, \mathcal{F}, \mathbb{P})$ 为一个装备了 σ – 代数流的概率空间，设 $\mathcal{F}$ 是一个递增的 σ – 代数，也就是域流，可看作到时间 n 为止所获得的信息。随着时间的推移，所获得的信息越来越多，因此有

$$\mathcal{F}_n \subseteq \mathcal{F}_{n+1}, \ n = 0, \ 1, \ \cdots, \ N-1$$

由此可见，这种信息结构具有不断扩展的树图的特征。这里的 N 就是这棵"树"的末期。通俗地讲，状态价格过程就是用来描述资产价格动态变化的过程，也就是构造树形图的过程。这里我们假设资产价格在未来只有两种变化状态：上升或是下降，上升用 u 来表示，下降用 d 来表示。假设有一个金融市场，模型为一期模型（严格地说，一期模型中的复制是静态复制，这里之所以选择一期模型是为了计算简便，而多期模型也并不复杂，仅是单期模型的自然扩展，在后续的算法实现章节，我们处理的都是多期模型），市场上有两种风险资产，均为债券，其中债券 A 的初始价格为 $P_A = 100$，设 $u = 1.25$，$d = 0.8$，则债券在一段时间 $\Delta t = 0.25$ 后的价格变化如图 1-1 所示。

假设债券 B 在一段时间 $\Delta t = 0.25$ 后的价格变化如图 1-2 所示。

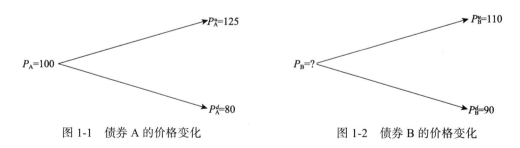

图 1-1　债券 A 的价格变化　　　　　　图 1-2　债券 B 的价格变化

那么，债券 B 的期初价格是多少？假设无风险证券的利率为 4%，采用连续复利计算。在对债券 B 进行定价之前，我们给出基础证券的概念。基础证券又称阿罗–德布鲁证券，是一种虚拟证券，它在状态价格定价技术过程中起着关键的作用。每次我们介绍阿罗–德布鲁证券并运用该证券进行动态复制时，都深深地折服于这一概念的构想者，真是简洁而又精妙。此概念既蕴含了金融市场完备性的内容，即两种状态需要两种证券复制这一关键思想，同时又隐含着二进制的内容，当世界复杂多变时，也许最好的出发点就是研究两种状况。阿罗–德布鲁证券是一组证券，一般记为 π_u 和 π_d，π_u 和 π_d 好似一对开关型证券。其状态价格变化如图 1-3 和图 1-4 所示。

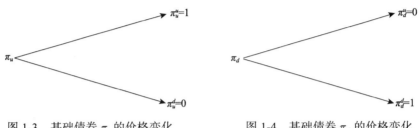

图 1-3　基础债券 π_u 的价格变化　　　图 1-4　基础债券 π_d 的价格变化

现在，我们需要运用两个基础证券去复制债券 A。我们所说的复制是指对现金流的复制。构造组合 V 如下：$\pi_u \times P_A^u + \pi_d \times P_A^d$。组合 V 的价格变化如图 1-5 所示。

由图 1-5 可知，组合 V 复制了债券 A 的期末现金流。由无套利原理可知，当组合 V 在期末等于债券 A 的期末现金流时，期初两者的价值也应该相等，否则就会有套利发生。由此可知：

$$\begin{cases} \pi_u \times P_A^u + \pi_d \times P_A^d = P_A \\ \pi_u \times u + \pi_d \times d = 1 \end{cases} \tag{1-1}$$

由于有两个未知数而只有一个方程，因此无法求出 π_u 和 π_d。现考察另一组合 $\pi_u + \pi_d$ 的 V^*，如图 1-6 所示。

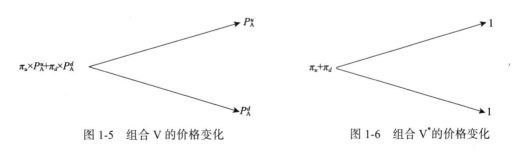

图 1-5　组合 V 的价格变化　　　　　图 1-6　组合 V^* 的价格变化

由图 1-6 可知，无论是上升状态还是下降状态，组合 V^* 的价值均等于 1。由此可见，组合 V^* 是无风险证券，于是得到另一个方程：

$$(\pi_u + \pi_d) \times e^{r\Delta t} = 1 \tag{1-2}$$

联立方程（1-1）和方程（1-2），可以求得：

$$\pi_u = \frac{e^{r\Delta t} - d}{e^{r\Delta t}(u - d)} \tag{1-3}$$

$$\pi_d = \frac{u - e^{r\Delta t}}{e^{r\Delta t}(u - d)} \tag{1-4}$$

带入式（1-3）和式（1-4）中可得 $\pi_u = 0.462\,1$ 和 $\pi_d = 0.527\,9$。有了 π_u 和 π_d 这两个基础证券，我们就可以为由这两个基础证券"统治"的金融市场上的任何证券定价。这里需要指出的是，虽然 π_u 和 π_d 是由债券 A 的价格推导出来的，但 π_u 和 π_d 是独立于债券 A 的。如果把 π_u 和 π_d 比作两个点的话，两点决定一条直线。而这里的"直线"就是指由基础证券所控制的金融市场。也就是说，一对 π_u 和 π_d 控制一个金融市场，为其上的资产定价，换一组 π_u 和 π_d，控制的则是另一个不同的金融市场。当然这里所说的金融市场是理论上的金融市场而不是现实中的金融市场。现在，我们利用 π_u 和 π_d 为债券 B 定价：$P_B = \pi_u \times P_B^u + \pi_d \times P_B^d = 0.462\,1 \times 110 + 0.527\,9 \times 90 = 98.34$。我们再用 π_u 和 π_d 的值来验证一下债券 A 的价格：$P_A = \pi_u \times P_A^u + \pi_d \times P_A^d = 0.462\,1 \times 125 + 0.527\,9 \times 80 = 99.99 \approx 100$。正好和我们预先给定的债券 A 的初始价格 100 一致。

虽然基础证券是如此美妙而强大，但毕竟它们只是虚拟证券，无法在真实的证券市场中找到，因此在真实的金融市场中，我们需要寻找其他真实的证券参与复制过程来为其他证券定价。在上述为债券 B 定价的过程中，我们自然而然地会想到价格已知的债券 A，而另一个债券我们选择无风险证券 L。构造组合 V 如下：$\Delta \times P_A + L$ 复制债券 B 的现金流量，从而得到如下方程组：

$$\begin{cases} \Delta \times uP_A + e^{r\Delta t} \times L = P_B^u \\ \Delta \times dP_A + e^{r\Delta t} \times L = P_B^d \end{cases} \tag{1-5}$$

解方程组（1-5）可以求得

$$\begin{cases} \Delta = \dfrac{P_B^u - P_B^d}{P_A^u - P_A^d} \\ L = \dfrac{P_B^d \times P_A^u - P_B^u \times P_A^d}{e^{r\Delta t} \times (P_A^u - P_A^d)} \end{cases} \tag{1-6}$$

代入（1-6）中可得

$$\Delta = \frac{110 - 90}{125 - 80} = \frac{4}{9} = 0.444\,4$$

$$L = \frac{90 \times 125 - 110 \times 80}{e^{0.04 \times 0.25} \times (125 - 80)} = \frac{2\,450}{45.452\,2} = 53.90$$

现在，我们利用债券 A 和无风险证券 L 为债券 B 定价：$P_B = \Delta \times P_A + L = \dfrac{4}{9} \times 100 + 53.90 = 98.34$。由此可见，无论是利用基础证券 π_u 和 π_d 还是利用债券 A 和无风险证券 L 都可以得到相同的债券 B 的价格。以后我们将采用真实金融市场中的金融工具来复制其他金融工具从而对其定价。

1.1.2 动态复制定价方法

现在，我们将状态价格定价技术中的动态复制定价方法用于期权定价。如果不特别指出，本章研究的都是欧式看涨期权。由于仅考虑上升和下降两种状态，状态价格过程看上去像一个具有两个枝权的树形图，因此这种期权定价的离散模型一般被称为二叉树期权定价模型。二叉树期权定价模型有很多种，当研究的模型是多期模型时，如果先上升后下降和先下降后上升交汇于一点的话，我们把这样的二叉树期权定价模型称为交叉树。对于一个 N 期模型来说，树的交叉使得最后一期树的节点的数量为 $N+1$，这使树的状态增加得比较慢，从而具有计算成本上的优势。

假设是 B-S（Bond-Stock）市场，也就是由一种风险资产股票和一种无风险证券构成的金融市场。现在我们研究一个二期模型。假设股票 S 价格的变化如图 1-7 所示，期权的执行价格为 28，无风险利率为 $r_f = 4\%$，连续复利，期权的有效期为 $T = 0.5$ 年，现在利用动态复制定价方法给欧式看涨期权定价。

动态复制的核心是现金流，用于期权定价的时候，复制的是终端支付（payoff）。在期权定价中，终端支付是确定的，而期初价格是不确定的，因此期权也被称为"未定权益"。正因为如此，期权定价是一个如假包换的倒向问题，这一特征在二叉树期权定价模型中体现得非常明显，因为我们总是从终端出发，逆推回期初。为了清楚明了，图 1-8 给出了期权的终端支付。

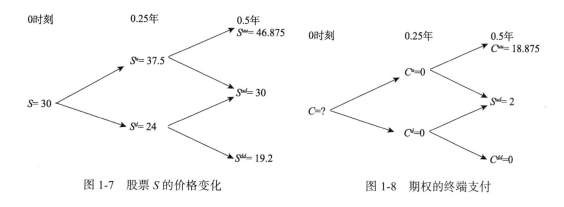

图 1-7　股票 S 的价格变化　　　　　　图 1-8　期权的终端支付

在为期权 C 定价的过程中，与前面的做法一致，我们选择标的资产 S 和无风险证券 L。构造组合 A 如下：$\Delta \times P_A + L$ 复制期权的终端支付。这里我们先从右上方的树开始做起，得到如下方程组：

$$
\begin{cases}
\Delta^u \times S^{uu} + \mathrm{e}^{r\Delta t} \times L^u = C^{uu} \\
\Delta^u \times S^{ud} + \mathrm{e}^{r\Delta t} \times L^u = C^{ud}
\end{cases}
\tag{1-7}
$$

解方程组（1-7）可以求得：

$$\begin{cases} \Delta^u = \dfrac{C^{uu} - C^{ud}}{S^{uu} - S^{ud}} \\ L^u = \dfrac{u \times C^{ud} - d \times C^{uu}}{\mathrm{e}^{r\Delta t} \times (u - d)} \end{cases} \qquad (1\text{-}8)$$

将数据代入（1-8）中可得

$$\begin{cases} \Delta^u = \dfrac{18.875 - 2}{46.875 - 30} = 1 \\ L^u = \dfrac{1.25 \times 2 - 0.8 \times 18.875}{\mathrm{e}^{0.04 \times 0.25} \times 0.45} = \dfrac{-12.6}{0.454\,5} = -27.72 \end{cases}$$

由此可得 $C^u = \Delta^u \times S^u + L^u = 1 \times 37.5 - 27.72 = 9.78$。

同理，我们可以得到

$$\Delta^d = \frac{2 - 0}{30 - 19.2} = 0.185\,2$$

$$L^d = \frac{1.25 \times 0 - 0.8 \times 2}{\mathrm{e}^{0.04 \times 0.25} \times 0.45} = \frac{-1.6}{0.454\,5} = -3.52$$

由此可得 $C^d = \Delta^d \times S^d + L^d = 0.185\,2 \times 24 - 3.52 = 0.924\,8$

进一步计算可以得到

$$\Delta = \frac{9.78 - 0.924\,8}{37.5 - 24} = 0.655\,9$$

$$L = \frac{1.25 \times 0.924\,8 - 0.8 \times 9.78}{\mathrm{e}^{0.04 \times 0.25} \times 0.45} = \frac{-6.668}{0.454\,5} = -14.67$$

由此可得 $C = \Delta \times S + L = 0.655\,9 \times 30 - 14.67 = 5.01$。

动态复制定价方法用于期权定价的具体内容到此似乎已经接近尾声，但故事还没有结束。在前面介绍二叉树期权定价模型的过程中还遗留了一个关键问题，那就是如何选择 u、d，是不是只需要满足无套利条件 $d < \mathrm{e}^{r\Delta t} < u$ 就可以了？事情没有这么简单。从期权定价模型的发展来看，我们都知道最先出现的是基于几何布朗运动的连续时间模型即 BSM 模型，它出现于 1973 年。而这里的二叉树期权定价模型（也称 CRR 模型）出现于 1979 年，它的理论基础在于二项分布的极限是对数正态分布，从而保证二叉树期权定价模型是 BSM 模型的离散版本，这必然导致二叉树期权定价模型的参数选择需要匹配 BSM 模型的参数。鉴于本教程不打算详细阐述连续时间模型，因此这一问题也无法在这里进行深入探讨。[①] 已经有不少学者给出了不同的参数匹配方案，在这些方案里二叉树期权定价模型的参数选择最为简单，从而使该模型得到了最广泛的使用。假设 BSM 模型下，波动率为 σ，时间间隔为 Δt，则在二叉树期权定价模型下，参数 u、d 应该这样选择：$u = \mathrm{e}^{\sigma\sqrt{\Delta t}}, d = \mathrm{e}^{-\sigma\sqrt{\Delta t}}$。

---

① 感兴趣的读者可以参阅作者主编的《期权与期货定价》相关章节，其中讨论了其他二叉树期权定价模型下参数的匹配方案，本书由中国人民大学出版社于 2021 年 10 月出版。

1.1.3 风险中性定价方法

本部分阐述的是二叉树期权定价模型的风险中性定价方法。在不少衍生品定价的经典教材中，为了降低数学难度，多从动态复制定价方法的数学变形引出风险中性定价，然后直接给出风险中性概率的定义和计算公式。这样的处理方法的确有一定的好处，绕过了很多艰深的数学概念。但在多年的教学过程中我们发现这样处理的直接后果就是绝大多数同学认为风险中性定价方法是动态复制定价方法的数学简便运算解决途径，这实在是大大扭曲了风险中性定价方法的本质和地位。这里我们试图用简洁的语言和最少的篇幅给出风险中性定价方法的真实全貌。在这一过程中鞅（这里指的是离散鞅）和金融资产定价基本原理是最核心的内容。

1. 鞅

设 $(\Omega, \mathcal{F}, \mathbb{P})$ 为一个装备了 σ 代数流的概率空间，设 $\mathcal{F}$ 是一个递增的 σ 代数。如果 $\forall n, S_n$ 关于 $\mathcal{F}_n$ 可测（简记为 $S_n \in \mathcal{F}_n$），则称 $\{S_n : n \geq 0\}$ 是适应的。对于适应过程我们写为 $(S_n, \mathcal{F}_n)$，$n \geq 0$。如果 $\forall n, S_n \in \mathcal{F}_{n-1}$，则称 S_n 是可料的。关于可测、可料等概念的详细内容，感兴趣的同学可以查阅关于随机分析的书籍，这里不再详述。

下面给出鞅的定义。称 $(S_n, \mathcal{F}_n)_{n \geq 0}$ 为鞅（上鞅，下鞅），如果 $\forall n, S_n$ 可积，且

$$E(S_{n+1} \mid \mathcal{F}_n) = S_n \text{（相应地，} \leq S_n, \geq S_n \text{）} \tag{1-9}$$

假设风险资产股票用 S_n 来表示，无风险证券用 B_n 来表示。而资产的贴现价格过程用 $\overline{S}_n$ 来表示。等鞅测度 Q 是定义在 $(\Omega, \mathcal{F}, \mathbb{P})$ 上且满足如下条件的概率测度：

（1）对于所有的 $w \in \Omega$，均有 $Q(w) > 0$ 和 $\sum_{\overline{\omega}} Q(w) = 1$；

（2）对于任一 $n \geq 0$ 在 Q 测度下，贴现价格过程 $\overline{S}_n$ 是一个鞅。

2. 金融资产定价基本原理

需要声明的是，我们这里给出的金融资产定价基本原理是一个简单版本由三部分组成：

（1）对于有限离散时间的金融市场，如果市场无套利，那么存在一个等鞅测度；

（2）如果市场是完备的，那么等鞅测度是唯一的；

（3）在这个等鞅测度下，任一风险资产的贴现价格过程都是一个鞅。

如果金融资产定价基本原理成立，那么期权的价格等于在等鞅测度下的终端支付的期望的折现值。

要想运用风险中性定价方法计算二叉树期权定价模型，那么，确定风险中性概率是问题的关键。由于其是离散模型，因此问题并不太复杂。我们自然而然的出发点就是寻找一个"概率"，虽然这一风险中性概率不是真实概率，但它既然被称为概率，就应该符合概率的基本要求。我们首先想到的是，它的取值范围应该在 0 和 1 之间。回顾前已述及的在无套利条件下，u、d 应该满足如下条件：

$$d < e^{r\Delta t} < u \tag{1-10}$$

在不等式的两端同时减去 d，得到

$$0 < e^{r\Delta t} - d < u - d \tag{1-11}$$

在不等式两端同时除以一个正数 $u-d$ ，得到

$$0 < \frac{e^{r\Delta t} - d}{u-d} < 1 \tag{1-12}$$

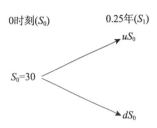

0 时刻(S_0)　　　0.25 年(S_1)

$S_0 = 30$

uS_0

dS_0

图 1-9　股票价格变化（一期模型）

由（1-12）可知，$\dfrac{e^{r\Delta t} - d}{u-d}$ 是一个 0 到 1 之间的数。现在我们将其定义为 p^*。

现在我们需要验证 p^* 是否就是我们想要寻找的风险中性概率。为了简单起见，我们以一期模型进行验证。参数取值和上一节一致。股票价格变化如图 1-9 所示。

首先我们验证一下存在性，这比较显而易见，因为我们已经找到这一概率。现在我们验证股票贴现过程是否为鞅。具体分析如下：

$$E^*(e^{-r\Delta t}S_1) = e^{-r\Delta t}E^*(S_1)$$

$$= e^{-r\Delta t}\left[\frac{e^{r\Delta t} - d}{u-d} \times uS_0 + \left(1 - \frac{e^{r\Delta t} - d}{u-d}\right)dS_0\right] = S_0$$

由此可见，股票贴现价格过程在该概率测度下是鞅。接下来需要验证的是测度的唯一性，假设存在另一个等鞅测度 $\overline{p} \neq \dfrac{e^{r\Delta t} - d}{u-d}$ ，则

$$E^*(e^{-r\Delta t}S_1) = e^{-r\Delta t}E^*(S_1)$$

$$= e^{-r\Delta t}\left[\overline{p} \times uS_0 + (1-\overline{p})dS_0\right]$$

$$\neq e^{-r\Delta t}\left[\frac{e^{r\Delta t} - d}{u-d} \times uS_0 + \left(1 - \frac{e^{r\Delta t} - d}{u-d}\right)dS_0\right]$$

$$\neq S_0$$

由此可知，当 $\overline{p} \neq \dfrac{e^{r\Delta t} - d}{u-d}$ 时，贴现价格过程不是鞅，从而反证出该概率测度的唯一性。

到现在为止，金融资产定价基本原理的三个条件都已经具备了，因此我们可以使用风险中性定价——鞅定价方法为期权定价，也就是说，欧式期权的价格等于风险中性概率测度下期权终端支付的折现值。由于是风险中性概率测度，因此折现率采用无风险利率。继续采用上面给出的参数，风险中性定价过程如下：

①计算风险中性概率：

$$p^* = \frac{e^{r\Delta t} - d}{u-d} = \frac{e^{0.04 \times 0.25} - 0.8}{1.25 - 0.8} = \frac{0.210\,05}{0.45} = 0.466\,8$$

②计算期权的价格：

$$C = e^{-2r\Delta t}[p^{*2}C^{uu} + 2p^{*}(1-p^{*})C^{ud} + (1-p^{*})^{2}C^{dd}]$$
$$= 0.980\,2 \times (0.217\,9 \times 18.875 + 0.995\,6 + 0)$$
$$= 0.980\,2 \times 5.108\,5$$
$$= 5.01$$

通过风险中性定价方法得到的欧式看涨期权的价格为 5.01，和前面运用动态复制定价得到的欧式看涨期权的价格相同。与动态复制定价方法相比，风险中性定价方法不但在理论基础上更为高端，从计算形式上也更加简洁。因此，在离散的二叉树期权定价模型计算中，风险中性定价方法更为普遍。下面我们给出一个 N 期模型的欧式看涨期权风险中性定价的一般表达式：

$$C = e^{-nr\Delta t}\sum_{j=0}^{n}\frac{n!}{j!(n-j)!}p^{*j}(1-p^{*})^{n-j}C^{u^{j}d^{(n-j)}} \tag{1-13}$$

以上我们讨论的都是欧式看涨期权，现在我们探讨美式期权。无论是采用动态复制定价方法还是风险中性方法，都需要在从末期向前推算期权价格的过程中，在每个节点上比较期权的理论价格和期权立即执行的支付的大小，保留较大的那个值，并在此基础上进一步往前推算。由此可见，即使运用风险中性定价方法计算美式期权，也不能采用式（1-13）的一般表达式，而需要逐步计算。这里需要指出的是，理论上可以证明，在没有股利支付的情况下，美式看涨期权不会提前实施，因此美式看涨期权价格和欧式看涨期权的价格相等。但是在股价较低的情况下，美式看跌期权会提前实施，因此美式看跌期权的价格高于欧式看跌期权。由于在后面的算法实现中我们将系统计算欧式期权和美式期权的价格，这里就不再给出计算美式期权价格的例子了。

1.2　基于 Excel 的二叉树期权定价的数值实验

1.2.1　实验目的

要求学生使用 Excel 运用动态复制定价和风险中性定价两种方法分别计算二叉树期权定价模型框架下的欧式看涨期权、欧式看跌期权、美式看涨期权、美式看跌期权。要求学生使用 Excel 计算 BSM 期权定价模型框架下的欧式看涨期权、欧式看跌期权，并与二叉树期权定价模型计算结果进行对比分析。

1.2.2　编程准备

Excel 中的函数其实是一些预定义的公式，它们使用一些称为参数的特定数值按特定的顺序或结构进行计算。用户可以直接用它们对某个区域内的数值进行一系列运算。下面给出一些算法实现中需要调用的主要函数。

1. IF 函数

【主要功能】根据对指定条件的逻辑判断的真假结果，返回相对应的内容。

【使用格式】IF(Logical,Value_if_true,Value_if_false)

【参数说明】Logical 代表逻辑判断表达式；Value_if_true 表示当判断条件为逻辑"真（TRUE）"时的显示内容，如果忽略，则返回"TRUE"；Value_if_false 表示当判断条件为逻辑"假（FALSE）"时的显示内容，如果忽略，则返回"FALSE"。

2. MAX 函数

【主要功能】求出一组数中的最大值。

【使用格式】MAX（number1，number2……）

【参数说明】number1，number2……代表需要求最大值的数值或引用的单元格（区域）。

3. ABS 函数

【主要功能】求出相应数字的绝对值。

【使用格式】ABS（number）

【参数说明】number 代表需要求绝对值的数值或引用的单元格。

4. MOD 函数

【主要功能】求出两数相除的余数。

【使用格式】MOD（number，divisor）

【参数说明】number 代表被除数；divisor 代表除数。

5. EXP 函数

【主要功能】返回 e 的 n 次幂。

【使用格式】EXP（number）

【参数说明】number 为底数 e 的指数。

1.2.3　实验数据

由于二叉树期权定价计算属于数值实验，因此实验所需数据是通过二叉树也就是二项分布的演变形成计算所需的标的资产价格树的，实验所需的其他参数是考虑该参数的真实取值区间并考虑到计算的便利而外生给定的。所需的主要数据包括股票的初始价格、期权的执行价格、无风险利率、股票的上升与下降幅度、股票价格的波动率、期权的有效期和二叉树期权定价模型的期数。

1.2.4　实验过程

1. 动态复制定价方法

在利用 Excel 建立二叉树期权定价模型时需要重点解决以下三个问题：

（1）如何建立股票价格树，并且使得整棵"树"形状呈现二叉树型；

（2）在建立期权价格树时如何体现不同期权类型的特征；

（3）在建立期权价格树时如何应用动态复制定价方法与风险中性定价方法。

下面给出期权定价建模的基本资料，一般情况下，如不特殊说明，在 Excel、MATLAB

和 Python 算法实现部分我们均采用该例资料。

【**例 1-1**】 期初股价 $S_0 = 30$，执行价格 $K = 28$，无风险利率 $r = 0.04$，连续复利计算，期权有效期 $T = 1$，股价上升 $u = 1.25$，下降为 $d = 0.8$。$n = 10$，即该期权定价模型为 10 期模型。采用二叉树期权定价模型中的动态复制定价方法，在 Excel 中计算出以该股票为标的资产的欧式看涨期权的价格。

1）建立基础数据表格

在建立具体的二叉树期权定价模型前，我们需要设计建立基础数据输入表格和结果输出表格，以便在建立模型时引用数据，同时也增强其在不同基础数据下的适用性。表格中需要包括 6 个基础数据输入项：期初股价 S_0，执行价格 K，无风险利率 r，期权有效期 T，股价上升 u，下降为 d。（二叉树期权定价模型中，$u = \mathrm{e}^{\sigma\sqrt{\Delta t}}, d = \mathrm{e}^{-\sigma\sqrt{\Delta t}}$，$ud = 1$），同时还需要预留结果输出空间。由于我们需要使用动态复制定价和风险中性定价两种方法，因此安排两种方法的输出结果并列显示，从而便于比较分析。具体的基础数据表格布局可参见图 1-10。

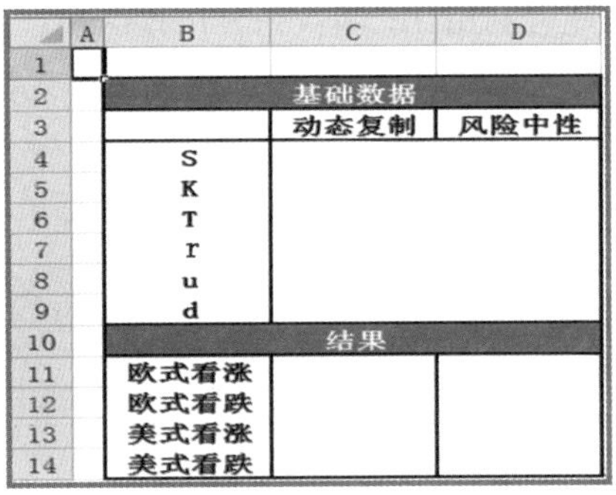

图 1-10　基础数据输入与结果输出的 Excel 表格布局

2）建立股票价格树

首先我们需要在新工作表中建立坐标系，如图 1-11 中所示。目的是方便将工作区域划分为特征不同的四个区块，即图 1-11 中的白色、红色、灰色、蓝色区块，进而我们可以针对区块的不同特征编写不同的代码。

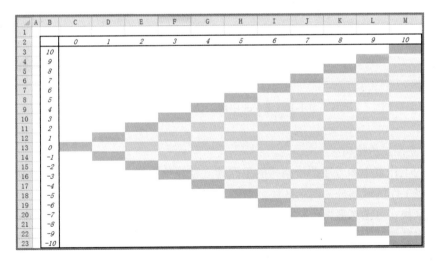

图 1-11　Excel 中坐标系建立与各区域示意

在进行具体的代码编写前，我们要先明确不同颜色区块的特征。白色区块：此区块内单元格纵坐标的绝对值大于横坐标的。从而我们可以使用 IF 函数实现从整个工作区域中划分出此区块。条件为横坐标的绝对值大于纵坐标的，当条件判断为真时，单元格值为空，在 Excel 中可以使用 ""表示空。当条件判断为假时，我们需要继续使用 IF 函数实现下一个区块的划分。红色区块：我们需要将此区块内单元格细分为三部分。（0，0）点的值应该为初始股票价格。红色区块的上半支特征为纵坐标的绝对值等于横坐标的，其值应该为 $S_0 \times d^{该单元格横坐标}$。红色区块的下半支特征为纵坐标的绝对值与横坐标的绝对值互为相反数，其值应该为 $S_0 \times d^{该单元格横坐标}$。蓝色区块：此区块单元格左侧第二个单元格一定有数字，因此可利用 IF 函数划分出该区块，其数值等于左侧第二个单元格 $\times u \times d$（左侧第二个单元格*u*d）。灰色区块：此区块单元格左侧第二个单元格一定为空或者为 0，同样可用 IF 函数划分出来。

将公式应用于工作区域内全部单元格，我们便得到了股票价格树，如图 1-12 所示。

	A	B	C	D	E	F	G	H	I	J	K	L	M
1													
2			0	1	2	3	4	5	6	7	8	9	10
3		10											279.40
4		9										223.52	
5		8									178.81		178.81
6		7								143.05		143.05	
7		6							114.44		114.44		114.44
8		5						91.55		91.55		91.55	
9		4					73.24		73.24		73.24		73.24
10		3				58.59		58.59		58.59		58.59	
11		2			46.88		46.88		46.88		46.88		46.88
12		1		37.50		37.50		37.50		37.50		37.50	
13		0	30.00		30.00		30.00		30.00		30.00		30.00
14		-1		24.00		24.00		24.00		24.00		24.00	
15		-2			19.20		19.20		19.20		19.20		19.20
16		-3				15.36		15.36		15.36		15.36	
17		-4					12.29		12.29		12.29		12.29
18		-5						9.83		9.83		9.83	
19		-6							7.86		7.86		7.86
20		-7								6.29		6.29	
21		-8									5.03		5.03
22		-9										4.03	
23		-10											3.22

图 1-12　Excel 中股票价格演化树形图

3）建立期权价格树

在新的工作表中参考股票价格树的思路建立期权价格树。同样，我们需要建立自己的坐标系，将工作区域划分为四个区块，如图 1-13 所示。

白色区块：可参考股票价格树白色区块的划分方式。红色区块：对于第 10 列单元格，我们需要将其划分为红色部分和灰色部分，红色部分单元格的横、纵坐标之和为偶数，其值应该为期末的支付，即 $\max(S_T - K, 0)$。又因为例 1-1 中的期权为欧式看涨期权，期末支付即为对应股票价格树单元格的值减去期权的执行价格。而剩下的灰色部分单元格横纵坐标之和为奇数，其值应该为空。

灰色区块：该区块单元格右上方一定为空，从而我们可以利用 IF 函数划分出此区块。

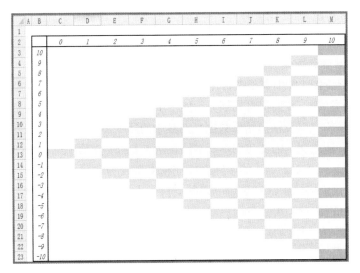

图 1-13　Excel 中期权价格树坐标系建立与各区域示意

蓝色区块：该区块单元格右上方不为空，其值可以根据二叉树动态复制定价方法得出，具体可表示为其右上方和右下方两个单元格及对应股票价格树单元格的表达式。以 L4 单元格为例，其值可表达为：

股票价格树!L4*(M3-M5)/(股票价格树!M3-股票价格树!M5)+(M3-(M3-M5)/(股票价格树!M3-股票价格树!M5)*股票价格树!M3)/EXP(输入与输出!$C$6*输入与输出!$C$5/10)

例 1-1 期权价格树单元格所填的具体公式可参考如下代码（以 E13 单元格为例）：

=IF(ABS($B13)>E$2,"",IF(AND(E$2=10,MOD($B13,2)=0),MAX(股票价格树!E13-输入与输出!$C$4,0),IF(AND(E$2<10,MOD($B13+E$2,2)=0),股票价格树!E13*(F12-F14)/(股票价格树!F12-股票价格树!F14)+(F12-(F12-F14)/(股票价格树!F12-股票价格树!F14)*股票价格树!F12)/EXP(输入与输出!$C$6*输入与输出!$C$5/10),""))

将公式应用于工作区域内全部单元格，即得到了例 1-1 的期权价格树。

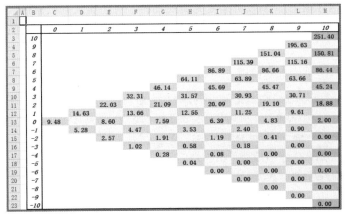

图 1-14　Excel 中欧式看涨期权价格树形图

4）输出结果数据

期权价格树中（0，0）点的值即为例 1-1 的答案，因此最后一步就是将该单元格的值赋给第一步建立的基础数据表格中。

【**例 1-2**】 假设例 1-1 中其他条件不变，试利用 Excel 计算欧式看跌期权的价格。

对于例 1-2 的计算，我们仍将其划分为四个步骤，即建立基础数据表格、建立股票价格树、建立期权价格树，以及输出结果数据。而其中的第一步、第二步以及第四步都与例 1-1 相同，仅第三步有所差别，因此我们不妨继续在例 1-1 的工作簿中继续进行例 1-2 的计算。

与例 1-1 相比，例 1-2 唯一的不同在于期权类型变为欧式看跌期权。因此，我们只需要在例 1-1 的期权价格树中针对最后一期的支付做出修改即可。对于欧式看跌期权，期末支付应该等于 $MAX(K-S_T,0)$，我们只需要将例 1-1 代码中的 MAX（股票价格树!E13-输入与输出!$C$4,0）更改为 MAX（输入与输出!$C$4-股票价格树!E13,0），即得到例 1-2 的代码。例 1-2 的期权价格树参考图 1-15。

	0	1	2	3	4	5	6	7	8	9	10
10											0.00
9										0.00	
8									0.00		0.00
7								0.00		0.00	
6							0.00		0.00		0.00
5						0.00		0.00		0.00	
4					0.23		0.00		0.00		0.00
3				0.95		0.42		0.00		0.00	
2			2.27		1.55		0.77		0.00		0.00
1		4.14		3.38		2.50		1.42		0.00	
0	6.38		5.72		4.93		3.95		2.61		0.00
-1		8.29		7.69		6.98		6.07		4.79	
-2			10.49		10.05		9.54		8.98		8.80
-3				12.88		12.67		12.49		12.53	
-4					15.33		15.35		15.49		15.71
-5						17.65		17.84		18.06	
-6							19.69		19.91		20.14
-7								21.37		21.60	
-8									22.74		22.97
-9										23.86	
-10											24.78

图 1-15　Excel 中欧式看跌期权价格树形图

【**例 1-3**】 假设例 1-1 中其他条件不变，试利用 Excel 计算美式看涨期权的价格。

例 1-3 同例 1-1 相比，期权类型变为美式期权，对于美式期权来说，其每期的期权价格都需要与即时执行的支付相比并取较大值，所以只需在例 1-1 解法的第三步做适当修改即可。

在例 1-1 代码的基础上做修改，引入一个 max 函数，即得到如下代码：

```
=IF(ABS($B13)>E$2, "",IF(AND(E$2=10,MOD($B13,2)=0),MAX(股票价格树!E13-输入与输出!$C$5,0),IF(AND(E$2<10,MOD($B13+E$2,2)=0),MAX(股票价格树!E13-输入与输出!$C$5,股票价格树!E13*(F12-F14)/(股票价格树!F12-股票价格树!F14)+(F12-(F12-F14)/(股票价格树!F12-股票价格树!F14)*股票价格树!F12)/EXP(输入与输出!$C$7*输入与输出!$C$6/10)),"")))
```

最终的计算结果与欧式看涨期权价格相同，这与理论结果一致，也就是无股利支付的美式看涨期权的价格等于欧式看涨期权的价格，具体建立的期权价格树如图 1-16 所示。

0.5	0	1	2	3	4	5	6	7	8	9	10
10											251.40
9										195.63	
8									151.04		150.81
7								115.39		115.16	
6							86.89		86.66		86.44
5						64.11		63.89		63.66	
4					46.14		45.69		45.47		45.24
3				32.31		31.57		30.93		30.71	
2			22.03		21.09		20.09		19.10		18.88
1		14.63		13.66		12.55		11.25		9.61	
0	9.48		8.60		7.59		6.39		4.83		2.00
-1		5.28		4.47		3.53		2.40		0.90	
-2			2.57		1.91		1.19		0.41		0.00
-3				1.02		0.58		0.18		0.00	
-4					0.28		0.08		0.00		0.00
-5						0.04		0.00		0.00	
-6							0.00		0.00		0.00
-7								0.00		0.00	
-8									0.00		0.00
-9										0.00	
-10											0.00

图 1-16　Excel 中美式看涨期权价格树形图

【例 1-4】 假设例 1-1 中其他条件不变，试利用 Excel 计算美式看跌期权的价格。

例 1-4 同例 1-2 相比期权类型变为了美式，同例 1-3 相比期权类型变为看跌期权。因此，我们可以结合例 1-2 和例 1-3 的代码特点，对第三步做适当修改。

在例 1-3 代码的基础上做修改，改变支付的形式，即得到如下代码：

```
=IF(ABS($B13)>E$2,"",IF(AND(E$2=10,MOD($B13,2)=0),MAX(-股票价格树!E13+输入与输出!$C$5,0),IF(AND(E$2<10,MOD($B13+E$2,2)=0),MAX(输入与输出!$C$5-股票价格树!E13,股票价格树!E13*(F12-F14)/(股票价格树!F12-股票价格树!F14)+(F12-(F12-F14)/(股票价格树!F12-股票价格树!F14)*股票价格树!F12)/EXP(输入与输出!$C$7*输入与输出!$C$6/10)),"")))
```

最终计算结果与欧式看跌期权价格不一致，期权价格略大于欧式看跌期权，具体建立的期权价格树如图 1-17 所示。

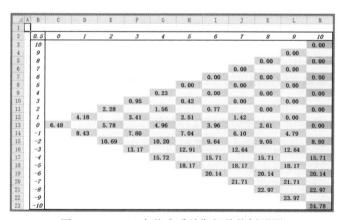

图 1-17　Excel 中美式看跌期权价格树形图

2. 风险中性定价方法

【例 1-5】 期初股价 $S_0 = 30$，执行价格 $K = 28$，无风险利率 $r = 0.04$，连续复利计算，期权有效期 $T = 1$，股票上升 $u = 1.25$，下降 $d = 0.8$。$n = 10$，即该期权定价模型为 10 期模型。采用二叉树期权定价模型中的风险中性定价方法，在 Excel 中计算以该股票为标的资产的欧式看涨期权的价格。

例 1-5 与例 1-1 的区别表现在其应用的是风险中性定价方法。解题思路仍是在例 1-1 的基础上做出相应的修改，将第三步需做出适当改变。例 1-5 的风险中性定价方法通过蓝色区块单元格的变化而实现。风险中性定价方法的应用首先需要得到风险中性概率，套用风险中性概率的计算公式得到其数值，不妨将其表达在工作区域的左上角单元格中。风险中性定价方法导致蓝色区块单元格的值应当等于其右上角和右下角两个单元格的数学表达式。以 L4 格为例，其值可表达为：

$$\max\left[\frac{P\times L3+(1-P)\times L5}{\mathrm{e}^{r\times\Delta t}},0\right]$$

从而以 k_{13} 单元格为例，例 1-5 的公式可参考如下代码：

```
=IF(ABS($B13)>E$2,",IF(AND(E$2=10,MOD($B13,2)=0),MAX(股票价格树!E13-
输入与输出!$C$5,0),IF(AND(E$2<10,MOD($B13+E$2,2)=0),($B$2*F12+(1-$B$2)*F14)
/EXP(输入与输出!$C$7*输入与输出!$C$6/10),")))
```

最终结果与例 1-1 的结果相同。

【例 1-6】 假设例 1-6 中其他条件不变，试利用 Excel 计算欧式看跌期权的价格。

例 1-6 与例 1-5 的区别在于期权类型变为看跌期权，只需将例 1-5 代码中的期权支付表达式做出更改即可。具体代码如下：

```
=IF(ABS($B13)>E$2,",IF(AND(E$2=10,MOD($B13,2)=0),MAX(-股票价格树!E13+输入
与输出!$C$5,0),IF(AND(E$2<10,MOD($B13+E$2,2)=0),($B$2*F12+(1-$B$2)*F14)/EXP
(输入与输出!$C$7*输入与输出!$C$6/10),")))
```

最终结果与例 1-2 的结果相同。

【例 1-7】 假设例 1-5 中其他条件不变，试利用 Excel 计算美式看涨期权的价格。

例 1-7 与例 1-1 的区别表现在其应用的是风险中性定价方法并且是美式期权。解题思路仍是在例 1-1 的基础上做出相应的修改。第一步、第二步、第四步仍可套用例 1-1 中的模式。第三步需做出适当改变。

例 1-7 风险中性定价方法及美式期权特征的体现都可以通过蓝色区块单元格的变化而实现。风险中性定价方法的应用首先需要得到风险中性概率，套用风险中性概率的计算公式得到其数值，不妨将其表达在工作区域的左上角单元格中。风险中性定价方法导致蓝色区块单元格的值应当等于其右上角和右下角两个单元格的数学表达式，而美式期权的特征又决定了上一步的值还需要与即时执行的支付相比并取较大值。

例 1-7 的公式可参考如下代码：

```
=IF(ABS($B13)>E$2,",IF(AND(E$2=10,MOD($B13,2)=0),MAX(股票价格树!E13-输入与
输出!$C$4,0),IF(AND(E$2<10,MOD($B13+E$2,2)=0),MAX(($B$2*F12+(1-$B$2)*F14)/
EXP(输入与输出!$C$6*输入与输出!$C$5/10),股票价格树!E13-输入与输出!$C$4),")))
```

最终结果与例1-3的结果相同。

【例1-8】假设例1-5中其他条件不变，试利用Excel计算美式看跌期权的价格。

例1-8与例1-7相比只是期权类型发生了变化，由看涨期权变为看跌期权，因此我们可在例1-7期权价格树中做出适当修改。第一步、第二步、第四步省略。因为例1-8是一个看跌期权，所以只需要将期权支付的形式改为$\max(K-S_T,0)$即可。例1-8的结果与例1-4的结果相同。最终结果如图1-18所示。

	A	B	C	D
1				
2		基础数据		
3			动态复制	风险中性
4		S	30.00	
5		K	28.00	
6		T	1.00	
7		Rf	0.04	
8		u	1.25	
9		d	0.80	
10		结果		
11		欧式看涨	9.48	9.48
12		欧式看跌	6.38	6.38
13		美式看涨	9.48	9.48
14		美式看跌	6.48	6.48

图1-18　运用风险中性定价方法和动态复制定价方法计算的四种期权的价格

也许有的读者认为无须对风险中性定价方法和动态复制定价方法的算法实现进行如此详细的阐述。我们之所以这样做，是因为虽然风险中性定价方法优于动态复制定价方法，但这两种定价方法是期权定价中最为重要的两种方法，无论是从理论上还是算法实现上都应该全面、熟练地掌握，同时这也有利于大家在后续学习中理解连续时间框架下这两种方法的区别所在。动态复制定价方法在连续时间模型中得到的是期权的偏微分方程，而风险中性定价方法借助的是鞅论，无论从理论上还是从所用数学上工具上两者都存在很大差异，但最后都能得到相同的 BSM 期权定价公式。而在二叉树期权定价模型中两者差别比较明显，因此使用了较多的篇幅进行阐述。期望通过这样的阐述，使学生一方面熟练掌握有关建模的过程，另一方面通过建模加深对两者之间区别的理解。

为了增加模型算法实现的适用性，我们将二叉树期权定价模型的期数也作为输入变量。有了前面期数固定二叉树期权定价模型的建模基础，我们可以很快得到期数可变的二叉树期权定价模型。

	A	B	C
1			
2		基础数据	
3			动态复制
4		S	
5		K	
6		T	
7		Rf	
8		u	
9		d	
10		n	
11		结果	
12		案例9	

图1-19　数据输入和输出的Excel布局——适用于期数可变的CRR模型

【例1-9】假设例1-1中其他条件不变，利用Excel计算不同期数二叉树期权定价模型下期权的价格。

同上述例子不同的是，本例的期权类型并没有发生改变，而只是要求二叉树期权定价模型的期数 n 从常数变为变量。我们仍然沿着例1-1的思路建立Excel，但需要做出适当改变。

1）建立基础数据表格

本例由于引入了一个新的变量 n，所以基础数据表格中将会增加一行，具体形式如图1-19所示。

2）建立股票价格树

首先是建立自己的坐标系，但是坐标的最大值不再是常数10，而是我们自己设定的期数 n 所能取到的最大值，不妨将其设置为 30。现在的坐标平面可以划分为四个部分，即以期数 n 为界的矩形区块，以及该区块上方区块、下方区块及右侧区块。我们可以使用 IF 函数实现这些区块的划分，比如，如果单元格的横坐标大于给定的 n 值，则该单元格划分在右侧区块中。以期数 n 为界的矩形区块单元格的代码可套用例 1-1 的代码，只是把常数 10 更改为期数 n 所在的单元格即可。具体代码可参考（以 E33 为例）：

```
=IF(E$2>例 1-9_1!$C$10,",IF(ABS($B33)>E$2,",IF($B33=E$2,例 1-9_1!$C$4*例
1-9_1!$C$8^E$2,IF($B33=-E$2,例 1-9_1!$C$4* 例 1-9_1!$C$9^E$2,IF(OR(C33=",
C33=0),",C33*例 1-9_1!$C$8*例 1-9!$C$9)))))
```

股票价格树形式如图 1-20 所示（以 n=8 为例）。

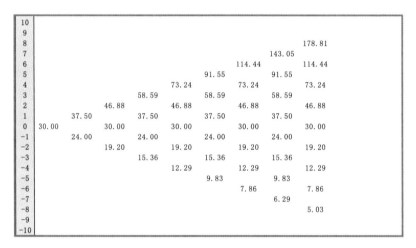

图 1-20　Excel 中股票价格演化树形图（n=8）

3）建立期权价格树

同样建立如同第二步中的坐标系，利用 IF 函数划分出四个区块，其中上侧、下侧、右侧区块均为空，而中间区块则是期权价格树所处的位置。中间部分单元格的代码可在例 1-1 代码基础上做稍许修改，即将常数 10 改为期数 n 所处的单元格。具体代码参考如下：

```
=IF(OR(ABS($B33)>例1-9_1!$C$10,E$2>例1-9_1!$C$10),"",IF(ABS($B33)>E$2, ",
IF(AND(E$2=例 1-9_1!$C$10,MOD($B33,2)=MOD(例 1-9_1!$C$10,2)),MAX(例 1-9_
2!E33-例 1-9_1!$C$5,0),IF(AND(E$2<例 1-9_1!$C$10,MOD($B33+E$2,2)=0),例 1-9_
2!E33*(F32-F34)/(例 1-9_2!F32-例 1-9_2!F34)+(F32-(F32-F34)/(例 1-9_2!F32-
例1-9_2!F34)*例1-9_2!F32)/EXP(例1-9_1!$C$7*例1-9_1!$C$6/例 1-9_1!$C$10),")))))
```

最终期权价格树结果的一部分如图 1-21 所示。

4）输出结果

此部分可完全参照例 1-1 的做法，将 C33 作为最终结果输入基础数据表格的结果输出位置。最终结果参考图 1-22 所示。

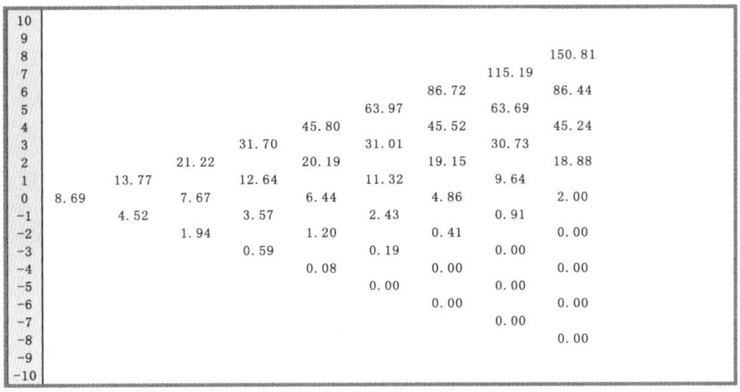

```
10
 9
 8                                                           150.81
 7                                               115.19
 6                                    86.72               86.44
 5                         63.97               63.69
 4              45.80               45.52               45.24
 3    31.70               31.01               30.73
 2        21.22       20.19       19.15       18.88
 1    13.77       12.64       11.32        9.64
 0 8.69        7.67        6.44        4.86        2.00
-1        4.52        3.57        2.43        0.91
-2            1.94        1.20        0.41        0.00
-3                    0.59        0.19        0.00
-4                        0.08        0.00        0.00
-5                            0.00        0.00
-6                                0.00        0.00
-7                                    0.00
-8                                        0.00
-9
-10
```

图 1-21　期数可变 CRR 模型的期权价格树

例 1-9 计算的是期数可变二叉树期权定价模型下应用动态复制定价方法得到的欧式看涨期权的价格，而对于动态复制定价方法下欧式看跌期权来说，做法实际上是例 1-2 与例 1-9 的结合，只需要将支付形式作出改变即可。同样，利用期数可变二叉树期权定价模型计算其他类型的期权价格时，也是例 1-9 与之前对应例的结合，做法相对简单，这里不再赘述。

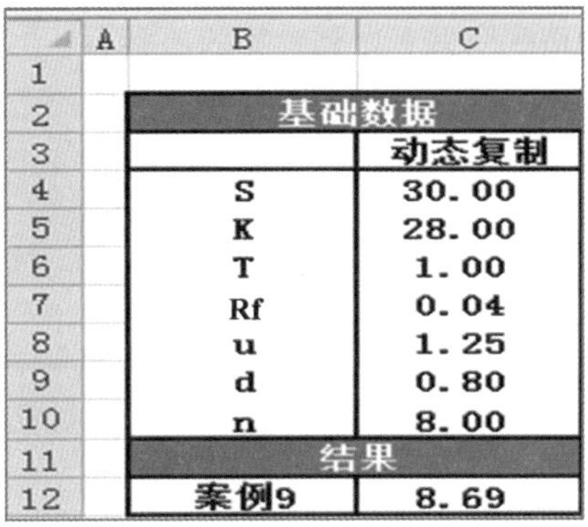

1.2.5　实验结果

	基础数据	
		动态复制
S		30.00
K		28.00
T		1.00
Rf		0.04
u		1.25
d		0.80
n		8.00
	结果	
案例9		8.69

图 1-22　期数可变模型的数据输入与输出界面示意

本实验基于 Excel 采用动态复制定价方法和风险中性定价方法计算了欧式看涨期权、欧式看跌期权和美式看涨期权、美式看跌期权的价格，通过实验发现无论是动态复制定价方法还是风险中性定价方法借助 Excel 建模都可以快速计算出期权的价格。从实验过程中可以发现与动态复制定价方法相比，风险中性定价方法更为简洁，有利于提高计算速度，降低建模难度。而期数可变 CRR 模型的构建，提升了模型的扩展性。

1.3　基于 MATLAB 的二叉树期权定价的数值实验

1.3.1　实验目的

MATLAB 是主流科学计算软件，有强大的金融类工具箱支撑，近年来在财经领域的占有率越来越高，特别适合有编程背景，现在或将来从事金融工程、量化投资等领域的读者学习掌握。要求学生使用 MATLAB 运用动态复制定价方法和风险中性定价方法分别计算 CRR 模型下的欧式看涨期权、欧式看跌期权、美式看涨期权、美式看跌期权。要求学生使用 MATLAB 计算 BSM 模型下的欧式看涨期权、欧式看跌期权并与 CRR 模型计算结果进行对比分析，并通过图形展示 CRR 模型的收敛性。

1.3.2　编程准备

这部分我们介绍 CRR 模型的 MATLAB 编程实现，与 Excel 相似，其建模重点是利用二叉树本身的性质，构造出股票价格路径的变化，也就是我们所说的"树"。在 MATLAB 中我们将股票价格在矩阵中合理布局，并利用循环嵌套，快速、准确地计算出期权的价格。为了增加程序的拓展性，并有利于图形用户界面（Graphical User Interfaces，GUI）的设计，我们的 MATLAB 程序都将以函数的形式构造。

1.3.3　实验数据

由于二叉树期权定价计算属于数值实验，因此实验所需数据是通过二叉树也就是二项分布的演变形成计算所需的标的资产价格树的，实验所需的其他参数是考虑该参数的真实取值区间并考虑到计算的便利而外生给定的。所需的主要数据包括股票的初始价格、期权的执行价格、无风险利率、股票的上升与下降幅度、股票价格的波动率、期权的有效期，以及二叉树期权定价模型的期数等。

1.3.4　实验过程

1. 风险中性定价方法

与前面的参数保持一致，期初股价 S_0，执行价格 K，无风险利率 r，期权有效期 T，股价上升 u，下降 d（CRR 模型中，$u = e^{\sigma\sqrt{\Delta t}}, d = e^{-\sigma\sqrt{\Delta t}}, ud = 1$），二叉树的期数 N，美式或欧式 AoE，看涨看跌 type 这几个变量作为输入变量，期权价格作为输出变量，并将函数命名为 Optionprice。其代码如下：

```
function [Price] =Optionprice(S0,K,r,T,u,N,AoE,type)
%OptCRR - Price an option via Cox-Ross-Rubenstein tree
% Inputs:
%
%  S0      Initial asset price
%  K       Strike Price
%  r       Interest rate
%  T       Time to maturity of option
%  u       a constent number of the increasing stock per t
%  N       Number of points in time grid to use
%  AoE     type of the option true for a European and false for an
%          American option
%  type    True (default) for a call, false for a put
```

注意，MATLAB 中的百分号起到注释作用，一个完整编排的代码中，清晰的注释是必不可少的，不过在以后的程序中，为了避免重复，我们会把重复的注释删去，只保留关于新引入变量必需的注释。编程时，应当把应用到的变量名称一一加注，这种良好的编程习惯有利于提高效率。

下面予以详细介绍模型建立的三个步骤。

（1）将除输入变量外的其他变量及模型中多次利用到的中间计算式计算出来。由输入变量并结合$ud=1$，我们可以很容易计算出股票价格每次下跌百分比d，以及风险中性概率p。

（2）建立股票价格的二叉树并获得终端支付（payoff），由对于终端时刻T的股票价格情况，其价格按照二叉树期权定价模型又有如下规律：股票最高价格是其初始价格上涨N次的价格，随后价格递减并且按照d的二次幂成等比数列，这样我们可以很方便地在一个一维行向量S中建立股票终端价格的分布，然后根据期权的性质确定看涨看跌期权的终端支付，这里用一个一维向量P储存。下面显示其代码实现过程：

```
%   type    True (default) for a call, false for a put

dt = T/N;

d = 1/u;
a = exp(r*dt);
p = (a-d)/(u-d);

% Create final Returns on the tree
S{N+1} = S0*u^N*d.^(0:2:2*N);
if type
    %for call option type =1
    P{N+1} = max(S{N+1}-K,0);
else
    P{N+1} = max(K-S{N+1},0);
end% Now move back through time and calculate the expected return at previous
% nodes on the tree.
```

（3）根据期权终端支付计算期权价格，这是期权定价计算最重要的一步。这里有两种方案：其一，构建一个二维矩阵将期权每期价格列示；其二，在同一个一维向量中，由后向前根据期权二叉期数倒推，并且不断更改它的数值，直至计算完成。考虑到我们的目的只是计算出期权价格，并且如果采用第一种方法，其中间变量难免也是二维矩阵，对于初次接触 MATLAB 矩阵运算的读者可能理解起来有些吃力，这里我们将采用第二种方法演示，这种方法也在一定程度上减轻了计算压力。对中间变量比较关注或者对编程有兴趣的读者可以尝试采用第一种方法进行编程。

关于期权价格具体的求解，我们是通过两个 for 循环实现的，外部的 for 循环主要起到控制计算期数的作用，同时对内部 for 循环加以限制，内部 for 循环起到计算各节点股票价格和期权价格的作用。对于有一定 C（C++）语言基础的读者来说，这样的循环应该不难。程序中，我们用V实现显示每期的节点各股票价格，用E显示每期各节点的期权价格，通过中间变量I和P来实现变量的比较和储存。当然，这些中间计算过程变量的设计主要是针对美式期权灵活的执行日期考虑的，在编程时，思路应该从欧式期权的角度开始，然后逐步扩大到美式期权。

由上述计算方案可知，期权价格向量P第一期的第一个数值就是我们所求解的期权的二叉树期权定价模型下的理论价格，即输出变量。二叉树期权定价模型在 MATLAB 中的实现比在 Excel 中实现还要简单，因为这里我们只要求计算出结果，对变量计算过程要求不高。具体代码如下：

```
% nodes on the tree.
```

```
for ii = N:-1:1
    Q = zeros(1,ii);
    V = zeros(1,ii);
    for jj = 1:ii
        V(jj) = S0*u^(ii-1)*d^(2*(jj-1));
        % Expected value of option due if we continue to hold
        E = p*P{ii+1}(jj)/a+(1-p)*P{ii+1}(jj+1)/a;
        % Value of early exercise
        if type
            % call option
            I = max(V(jj)-K,0)  ;
        else
            I = max(K-V(jj),0);
        end

        if AoE  %european option
            Q(jj)=E;
        else
            Q(jj) = max(E,I);
        end
    end

    P{ii} = Q;
end

Price = P{1};
```

我们将写好的函数拿到命令窗口下执行，当输入参数正确的时候，点击回车键运行，期权价格将很快显示在命令行窗口中（如图 1-23 所示）。如果不加以特殊说明，以后的期权价格计算的演示我们都会以 S_0=30，K=28，r=0.04，T=1，u=1.25（σ = 0.7056），N=10，AoE=1，type=1 为例。这里需要指出的是，由于我们事先给出了 u、d 的值，而二叉树期权定价模型的期数为 N，T=1，由此推算出来 σ = 0.705 6。如果二叉树期权定价模型的期数和期权有效期发生变化，波动率 σ 也会随之变化。当然如果发生变化我们会特别指出。也许有的读者会觉得将二叉树期权定价模型作为 BSM 连续时间模型的离散版本，逻辑上应该是由波动率 σ 推算出 u、d。事实也应如此。只是若事先给定波动率 σ，如果不是很凑巧，推算出的 u、d 的数值会比较复杂，从而不利于二叉树期权定价模型的计算。特别是在进行手工计算时，计算过程会比较烦琐。当运用软件进行编程时，也是相对比较简单的 u、d 取值有利于股票价格路径变化的构造，同时也有利于直观理解。

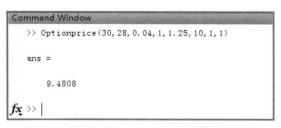

图 1-23　运行函数 Optionprcice 的命令行窗口

建模小技巧：

①当你需要重复运行某一条指令时，可以找到并双击历史命令窗口（Command History）中的该条指令；

②当你需要简单更改上一条指令中的某一个或几个参数时，只需按键盘方向键的向上键↑，调出上一条指令，并在此基础上进行修改。

掌握了 MATLAB 程序的技巧，将会给程序运行与修改带来极大便利，读者应该在学习中注意积累和应用。

下面我们将分步研究代码运行的过程，这里我们取 S_0=30，K=28，r =0.04，T =1，u =1.25，N =10，AoE=1，type=1；并删去函数名称这行代码使代码能够在命令窗口中执行，这时我们将计算过程中第一个 for 循环中 "for ii = N：-1：1" 变为 "for ii = N"，使之固定为 N，此时虽然不能计算出期权价格，但却能够帮助我们分析其运算过程。

此时我们关注的是工作空间（Workspace）窗口，如图 1-24 所示。

双击变量名称能够显示出变量矩阵的具体形式及数值。例如，关注倒数第二期股票价格变化时，双击变量 V，将得到如图 1-25 所示的结果。

图 1-24 工作空间窗口

	1	2	3	4	5	6	7	8	9	10
1	223.5174	143.0511	91.5527	58.5938	37.5000	24.0000	15.3600	9.8304	6.2915	4.0265
2										

图 1-25 变量 V 矩阵的形式和数值——倒数第二期股票价格变化

如果更改最外层 for 循环的数值，就能够得到类似 Excel 中的一个树状图，倒数第三期股票价格变化如图 1-26 所示。

	1	2	3	4	5	6	7	8	9	10
1	178.8139	114.4409	73.2422	46.8750	30.0000	19.2000	12.2880	7.8643	5.0332	
2										

图 1-26 变量 V 矩阵的形式和数值——倒数第三期股票价格变化

这里共有 9 个数，依此类推，每向前一期价格减少一个股价。

前面提到过两种计算期权价格的方法，我们采用的方法是计算快捷、占用空间较少的一维向量法。然而在这种情况下却无法一次形成一个完整的"树"，当代码有误时，采用一维向量法很难找到出错的位置。在用二维矩阵法计算期权价格时，则很容易形成一棵"二叉树"，并比较容易找到出错的位置，因此这两种方法各有利弊。

2. 动态复制定价方法

运用风险中性定价方法给期权定价，虽然优于动态复制方法，但这两种方法都很重要，都应熟练掌握。下面我们针对一个二维矩阵承装运算过程，采用动态复制定价方法进行算法实现，读者可以比照两种方法，在编程中交叉利用，在熟悉 MATLAB 运算过程与原理的同时，熟练掌握这两种定价方法。

变量选择和中间变量的计算，不再做具体说明。这里将函数命名为 Optionprice2，代码如下：

```
function [Price] =Optionprice2(S0,K,r,T,u,N,AoE,type)

dt = T/N;
d = 1/u;
```

中间的过程与在 Excel 中的实现是一致的，我们用 S 矩阵承装股票价格走势，用 P 矩阵承装每期的期权价格，V 矩阵是用于对比的每期支付（payoff）矩阵。它们的输入过程比较简单。唯一需要注意的是 j 行 i 列对应的具体数值，尤其是 S 矩阵的设计，即 $S(j,i)=S0*(u^{(i-1)})*d^{(2*(j-1))}$ 需要特别注意。

```
S=zeros(N+1,N+1);
P=zeros(N+1,N+1);
for i=N+1:-1:1
    for j=1:1:i
        S(j,i)=S0*(u^(i-1))*d^(2*(j-1));
    end
end
if type
    V=S-K;
    P(:,N+1)=max(S(:,N+1)-K,0);
else
    V=K-S;
    P(:,N+1)=max(K-S(:,N+1),0);
end
```

P 矩阵的填充是关键的一步，需要事先计算出动态复制的系数公式，然后按照系数公式编写运算程序，这部分代码在程序设计方面并没有太大难度。

```
if AoE
  for i=N:-1:1
    for j=1:1:i    %下面公式较长在排版中出现分行情况，在源程序中应该在同一行
     P(j,i)=(S(j,i)*(P(j,i+1)-P(j+1,i+1))/(S(j,i+1)-S(j+1,i+1)))+(S(j,i+
1)*P(j+1,i+1)-S(j+1,i+1)*P(j,i+1))*exp(-r*dt)/(S(j,i+1)-S(j+1,i+1));
    end
  end
  else
    for i=N:-1:1
    for j=1:1:i
     P(j,i)=max(V(j,i),(S(j,i)*(P(j,i+1)-P(j+1,i+1))/(S(j,i+1)-S(j+1,i+
1)))+(S(j,i+1)*P(j+1,i+1)-S(j+1,i+1)*P(j,i+1))*exp(-r*dt)/(S(j,i+1)-S(j+
1,i+1)));    %同上此处也应当在一行内输入
```

```
      end
   end
end
Price=P(1,1);
```

在后续的学习中，我们会发现一个函数可以有多个输出变量，这时我们便可以把风险中性定价方法和动态复制定价方法整合到一个函数中，形成如下形式的函数：

```
function [Price1,Price2] =Optionprice(S0,K,r,T,u,N,AoE,type)
```

其函数内部编写与上面的函数编写类似，只是两种方法输出分别为 Price1 和 Price2，在运行函数时能够直接输出两个结果。由于这两种方法得出的结果完全一致，实际应用中我们没有必要将函数写成上面输出两个变量的形式，这里只出于理论的深化及 MATLAB 函数功能拓展在这里加以介绍。

接下来对这一函数计算的内部过程加以简单探究。赋予各变量数值，在命令窗口中运行，我们可以得到各个变量的数值，并且以树的形式出现。

股票价格矩阵 S 的变化如图 1-27 所示。

图 1-27　股票价格矩阵

期权价格矩阵 P 如图 1-28 所示。

图 1-28　期权价格矩阵

我们还可以用 MATLAB 金融工具包中的 binprice 函数，给出这一问题的具体结果。binprice 函数是 MATLAB 自带的期权计算函数，它本身就是通过二叉树期权定价模型计算期权价格的。关于 binprice 函数的具体内容，可以通过 MATLAB 帮助或者在 MATLAB 安装文件夹 C:\Program Files\MATLAB\R2009b\toolbox\finance\finance 下找到金融工具包，双击 🔖 binprice.m 查看函数具体内容，事实上这一函数也是按照风险中性定价方法进行定价的。在以后我们应用到 MATLAB 工具箱中函数时，都可以通过这种方式查看其内部代码以了解其具体原理。

应用 binprice 函数，我们首先应该计算出期权波动率为 0.705 64，代入函数公式中：

```
[AssetPrice,OptionValue]=binprice(30,28,0.04,1,0.1,0.705 641 867,1)
```

单击运行，就会在命令窗口得到股票价格的二叉树及期权价格的二叉树。这里我们截取 WorkSpace 窗口两个输出变量的结果，如图 1-29 和图 1-30 所示。

AssetPrice <11x11 double>										
	1	2	3	4	5	6	7	8	9	10	11
1	30	37.5000	46.8750	58.5937	73.2422	91.5527	114.4409	143.0511	178.8139	223.5174	279.3968
2	0	24.0000	30.0000	37.5000	46.8750	58.5937	73.2422	91.5527	114.4409	143.0511	178.8139
3	0	0	19.2000	24.0000	30.0000	37.5000	46.8750	58.5937	73.2422	91.5527	114.4409
4	0	0	0	15.3600	19.2000	24.0000	30	37.5000	46.8750	58.5937	73.2422
5	0	0	0	0	12.2880	15.3600	19.2000	24.0000	30.0000	37.5000	46.8750
6	0	0	0	0	0	9.8304	12.2880	15.3600	19.2000	24.0000	30
7	0	0	0	0	0	0	7.8643	9.8304	12.2880	15.3600	19.2000
8	0	0	0	0	0	0	0	6.2915	7.8643	9.8304	12.2880
9	0	0	0	0	0	0	0	0	5.0332	6.2915	7.8643
10	0	0	0	0	0	0	0	0	0	4.0265	5.0332
11	0	0	0	0	0	0	0	0	0	0	3.2212
12											

图 1-29　股票价格矩阵——MATLAB 自带函数 binprice 运行生成

OptionValue <11x11 double>										
	1	2	3	4	5	6	7	8	9	10	11
1	9.4808	14.6273	22.0261	32.3143	46.1354	64.1072	86.8854	115.3851	151.0370	195.6292	251.3968
2	0	5.2823	8.5984	13.6553	21.0891	31.5692	45.6866	63.8867	86.6640	115.1629	150.8139
3	0	0	2.5708	4.4677	7.5904	12.5522	20.0928	30.9277	45.4653	63.6645	86.4409
4	0	0	0	1.0166	1.9106	3.5312	6.3906	11.2543	19.0981	30.7055	45.2422
5	0	0	0	0	0.2826	0.5806	1.1857	2.4038	4.8318	9.6118	18.8750
6	0	0	0	0	0	0.0375	0.0831	0.1841	0.4078	0.9031	2
7	0	0	0	0	0	0	0	0	0	0	0
8	0	0	0	0	0	0	0	0	0	0	0
9	0	0	0	0	0	0	0	0	0	0	0
10	0	0	0	0	0	0	0	0	0	0	0
11	0	0	0	0	0	0	0	0	0	0	0
12											

图 1-30　期权价格矩阵——MATLAB 自带函数 binprice 运行生成

3. 二叉树期权定价模型的收敛性示意

当我们应用二叉树期权定价模型时，会发现二叉树期权定价模型计算出来的期权价格是与计算期数或者时间间隔有关的，这是由于二叉树期权定价模型模拟的股票价格，理论上只有当 dt 趋近于 0 时，股票价格才服从对数正态分布。因此，理论上当 dt 趋近于 0，即计算期数趋近于无穷大时，二叉树期权定价模型计算出来的价格与 BSM 公式计算出来的价格是一致的。下面我们将通过绘图具体感知这一收敛过程，具体如图 1-31 所示。我们可以利用已经建好的二叉树程序或者直接调用 MATLAB 金融工具包里的 binprice 函数。这里我们采用后者，并直接在命令窗口运行如下程序。代码如下：

```
%Example: Note requires the financial toolbox function blsprice
%and blnprice
S=30; K=28; sigma=0.705642; r=0.04; T=1; tic
counter=0;
for k=5:1:200
counter=counter+1;
a(counter)=binprice(S,K,r,T,T/k,0.705641867,1);
b(counter)=blsprice(S,K,r,T,sigma);
end
k=5:1:200;
plot(k,a,'b');
hold on
plot (k,b,':r');
hold off
title('Option price as a function of the number of steps');
ylabel('Option price');
xlabel('Number of steps, n');    toc
```

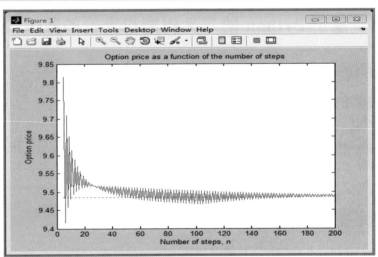

图 1-31　期权价格随着二叉树期权定价模型期数增加收敛到解析解示意

从图 1-31 中可以看出，上面的理论分析是正确的，当 n 趋近于 200 时，期权价格逐渐接近 BSM 公式计算出来的价格，并且波动性逐渐减弱。我们引入计时函数 tic toc（在函数起始位置添加 tic，在末尾添加 toc，都不用加分号），可以显示执行 196 个计算并画图累计用时 2.932 360 秒，平均每个计算不到 0.015 秒。而当 $n=200$ 时，用时 0.39 秒，也在可接受范围之内。因而，在利用二叉树期权定价模型计算期权价格时，可以让 n 尽可能大，以便使结果尽可能精确。关于二叉树期权定价模型的收敛性，有很多种观点。通过增大计算期数的方法属于其中一种，除此之外还可以利用三叉树及构造新型二叉树等方法。然而这些方法各有利弊，大多是通过提高计算复杂程度来改进计算结果收敛速度的。有兴趣的读者可以通过自主学习去了解有关其他新型二叉树期权定价模型和三叉树期权定价模型的知识。

1.3.5　实验结果

通过实验可以发现，无论是动态复制定价方法，还是风险中性定价方法，都可借助MATLAB 建模快速计算出期权价格。从实验过程中还可以发现，与动态复制定价方法相比，风险中性定价方法更为简洁，更有利于提高计算速度，降低建模难度。与 Excel 实现手段相比，MATLAB 更适合计算期数较多时的二叉树期权定价模型，而 Excel 受到计算能力的限制一般只能计算 30 期以内的二叉树期权定价模型。由于 MATLAB 计算二叉树期权定价模型时，二叉树期权定价模型的期数本身就是作为定价函数的输入参数之一，因此基于MATLAB 的二叉树期权定价模型自然可以处理二叉树期权定价期数可变的情况，因此没有必要单独讨论期数可变的情况。就二叉树期权定价模型的收敛性进行分析，实验结果表明当 n 趋近于 200 时，期权价格逐渐接近 BSM 公式计算出来的价格并且波动性逐渐减弱。因此，在一般情况下，采用二叉树期权定价模型计算期权价格时，n 可以选择在 200 附近，这种选择已经可以保证价格计算的精确度，并且计算成本也不高。

1.4　基于 Python 的二叉树期权定价的数值实验

1.4.1　实验目的

Python 诞生于 1990 年，其具有简洁性、易读性及可扩展性强的特点，能够非常高效地分析和处理数据，当前已被广泛应用于机器学习、人工智能系统等各种技术领域中，并被广泛应用于金融领域。读者应能够熟练使用 Python，运用动态复制定价方法和风险中性定价方法分别计算二叉树期权定价模型框架下的欧式看涨期权、欧式看跌期权、美式看涨期权、美式看跌期权。

1.4.2　编程准备

这部分我们介绍二叉树期权定价模型的 Python 编程实现，与 Excel 和 MATLAB 相似，其建模重点是利用二叉树本身的性质，构造出股票价格路径的变化，也就是我们所说的"树"。在 Python 中我们将股票价格合理布局在矩阵中，并利用循环嵌套，快速、准确地计算出期权的价格。

1.4.3　实验数据

由于二叉树期权定价计算属于数值实验，因此实验所需数据是通过二叉树也就是二项分布的演变形成计算所需的标的资产价格树的，实验所需的其他参数是考虑该参数的真实取值区间并考虑到计算的便利而外生给定的。所需的主要数据包括股票的初始价格、期权的执行价格、无风险利率、股票的上升与下降幅度、股票价格的波动率、期权的有效期以及二叉树期权定价模型的期数等。

1.4.4 实验过程

1. 风险中性定价方法

与前面的参数保持一致，期初股价 S_0，执行价格 K，无风险利率 r，期权有效期 T，股价上升 u，下降 d 二叉树的期数 N、美式或欧式期权 AoE、看涨看跌 type 等几个变量作为输入变量，期权价格作为输出变量，并将函数命名为 price_risk_neutral。通过 MATLAB 部分的内容，在计算期权价格的过程中有一维向量法和二维矩阵法，由于二维矩阵法"二叉树"更为直观，Python 代码的展示将全部基于二维矩阵法。此外，Python 代码的逻辑与MATLAB 高度相似，这里不再赘述，仅给出 Python 语言本身的一些注意事项。

首先，将使用到的包进行 import 导入，并且为其起一个别名以方便后续使用。在本例中需要导入 NumPy 包，并将其记作"np"，这是 Python 中科学计算的基本包，Python 数据分析的绝大多数内容都是基于 NumPy 和在 NumPy 基础之上构建的库。它提供的功能包括：快速高效的多维数组对象 ndarray，用数组或数组之间的数学运算来执行元素计算的函数，用于读取和写入基于数组的数据集到磁盘的工具，线性代数运算、傅里叶变换、随机数生成等。

其次，Python 中用#开头进行单行注释，进行多注释时通常用三个单引号或三个双引号将注释部分包裹起来。在 def 定义函数后，通常用多行注释的方式为函数编写说明文档，用来解释函数的主要功能、参数和返回值的数据类型及含义等，增强函数的可读性和可用性。

最后，在代码编写时可以用"if __name__ == '__main__': "将测试代码分离出来。一个 Python 文件通常有两种使用方法，一种是直接作为脚本执行，另一种是被其他脚本 import 调用执行。"if __name__ == '__main__': "这段语句起到的作用就是控制在这两种情况下执行代码的过程，在添加该语句的情况下，该语句下的代码只有在文件作为脚本直接执行时才会被执行，被其他脚本 import 调用时不会被执行。代码如下：

```python
import numpy as np

def price_risk_neutral(S0, K, r, T, u, N, AoE, type):
    '''
    功能：利用风险中性定价方法计算期权价格
    参数：
        S0:股票的期初价格
        K :期权的执行价格
        r :无风险利率
        T : 有效期
```

```
        u：股价每次上涨幅度
        N：判断点个数
        AoE：1 表示欧式期权，0 表示美式期权
        type：1 表示看涨，0 表示看跌
    '''
    d = 1 / u
    dt = T / N
    a = np.exp(r*dt)

    # 风险中性概率
    p = (a-d) / (u-d)
    # S 记录每期各节点的股票价格
    S = np.zeros([N+1, N+1])
    # P 记录每期各节点的期权价格
    P = np.zeros([N+1, N+1])

    # Create terminal payoff on the tree
    S[:, N] = S0 * np.power(u, N) * np.power(d, range(0, 2*N+1, 2))
    if type:
        P[:, N] = np.maximum(S[:, N]-K, 0)
    else:
        P[:, N] = np.maximum(K-S[:, N], 0)

    # nodes on the tree
    for j in range(N, 0, -1):
        for i in range(0, j):
            S[i][j-1] = S0 * np.power(u, j-1) * np.power(d, 2*i)
            # E 记录每期各节点的期权价值
            E = (p*P[i][j] + (1-p)*P[i+1][j]) / a
            if type:
                I = max(S[i][j-1]-K, 0)
            else:
                I = max(K-S[i][j-1], 0)

            if AoE:
                P[i][j-1] = E
            else:
                P[i][j-1] = max(E, I)
    print("the price of the option is %.4f" % P[0, 0])
return S, P

if __name__ == '__main__':
    S0 = 30
    K = 28
    r = 0.04
    T = 1
    u = 1.25
    N = 10
    AoE = 1
    type = 1
```

```
price_risk_neutral(S0, K, r, T, u, N, AoE, type)
```

运行结果如下：

```
the price of the option is 9.4808
```

2. 动态复制定价方法

介绍完运用风险中性定价方法给期权定价，接下来将对动态复制定价方法进行展示，此处我们将函数命名为 price_dynamic_replication，代码如下：

```python
import numpy as np

def price_dynamic_replication(S0, K, r, T, u, N, AoE, type):
    '''
    功能：利用动态复制定价方法计算期权价格
    参数：
        S0:股票的期初价格
        K :期权的执行价格
        r :无风险利率
        T : 有效期
        u : 股价每次上涨幅度
        N :判断点个数
        AoE:1 表示欧式期权，0 表示美式期权
        type:1 表示看涨，0 表示看跌
    '''
    d = 1 / u
    dt = T / N
    # S记录每期各节点的股票价格
    S = np.zeros([N+1, N+1])
    # P记录每期各节点的期权价格
    P = np.zeros([N+1, N+1])

    # Create terminal payoff on the tree
    for i in range(0, N+1):
        for j in range(i, N+1):
            S[i, j] = S0*pow(u, j-i)*pow(d, i)
    # V记录每期各节点的支付
    if type:
        V = S-K
        P[:, N] = np.maximum(S[:, N]-K, 0)
    else:
        V = K-S
        P[:, N] = np.maximum(K-S[:, N], 0)

    if AoE:
        # j控制列，i控制行
        for j in range(N-1, -1, -1):
            for i in range(0, j+1):
                delta = (P[i, j+1]-P[i+1, j+1]) / (S[i, j+1]-S[i+1, j+1])
```

```
                L = (u*P[i+1, j+1] - d*P[i, j+1]) / np.exp(r*dt) / (u-d)
                P[i, j] = delta*S[i, j] + L
    else:
        for j in range(N-1, -1, -1):
            for i in range(0, j+1):
                delta = (P[i, j+1]-P[i+1, j+1]) / (S[i, j+1]-S[i+1, j+1])
                L = (u*P[i+1, j+1] - d*P[i, j+1]) / np.exp(r*dt) / (u-d)
                P[i, j] = max(V[i, j], delta*S[i, j] + L)
    print("the price of the option is %.4f" % P[0, 0])
return S, P

if __name__ == '__main__':
    S0 = 30
    K = 28
    r = 0.04
    T = 1
    u = 1.25
    N = 10
    AoE = 1
    type = 1
    price_dynamic_replication(S0, K, r, T, u, N, AoE, type)
```

运行结果如下：

```
the price of the option is 9.4808
```

我们可以通过 Data Viewer（这是 VScode 编辑器 debug 过程中提供的变量查看工具，对于其他编辑器查看变量具体数据的方法，读者可以自行探索）查看记录股票价格节点数据的 S、记录期权价格节点数据的 P 等变量的变化，如图 1-32 和图 1-33 所示。

	0	1	2	3	4	5	6	7	8	9	10
0	30	37.5	46.875	58.59375	73.24218…	91.55273…	114.4409…	143.0511…	178.8139…	223.5174…	279.3967…
1	0	24	30	37.5	46.875	58.59375	73.24218…	91.55273…	114.4409…	143.0511…	178.8139…
2	0	0	19.2	24	30	37.5	46.875	58.59375	73.24218…	91.55273…	114.4409…
3	0	0	0	15.36	19.2	24	30	37.5	46.875	58.59375	73.24218…
4	0	0	0	0	12.288	15.36	19.2	24	30	37.5	46.875
5	0	0	0	0	0	9.8304	12.288	15.36	19.2	24	30
6	0	0	0	0	0	0	7.86432	9.8304	12.288	15.36	19.2
7	0	0	0	0	0	0	0	6.291456	7.86432	9.8304	12.288
8	0	0	0	0	0	0	0	0	5.0331648	6.291456	7.86432
9	0	0	0	0	0	0	0	0	0	4.026531…	5.0331648
10	0	0	0	0	0	0	0	0	0	0	3.221225…

图 1-32　股票价格矩阵

	0	1	2	3	4	5	6	7	8	9	10
0	9.480840…	14.62726…	22.02612…	32.31434…	46.13543…	64.10717…	86.88535…	115.3851…	151.0370…	195.6291…	251.3967…
1	0	5.282280…	8.598429…	13.65531…	21.08905…	31.56924…	45.68662…	63.88672…	86.66402…	115.1629…	150.8139…
2	0	0	2.570834…	4.467654…	7.590428…	12.55217…	20.09277…	30.92774…	45.46529…	63.66451…	86.44091…
3	0	0	0	1.016598…	1.910607…	3.531165…	6.390583…	11.25434…	19.09810…	30.70552…	45.24218…
4	0	0	0	0	0.282624…	0.580642…	1.185660…	2.403785…	4.831812…	9.611776…	18.875
5	0	0	0	0	0	0.037542…	0.083141…	0.184129…	0.407779…	0.903082…	2
6	0	0	0	0	0	0	0	0	0	0	0
7	0	0	0	0	0	0	0	0	0	0	0
8	0	0	0	0	0	0	0	0	0	0	0
9	0	0	0	0	0	0	0	0	0	0	0
10	0	0	0	0	0	0	0	0	0	0	0

图 1-33　期权价格矩阵

1.4.5 实验结果

本实验，基于 Python 语言，采用动态复制定价方法和风险中性定价方法计算了欧式看涨期权、欧式看跌期权、美式看涨期权、美式看跌期权的价格。通过实验发现，无论是动态复制定价方法还是风险中性定价方法，借助 Python 编程都可以快速计算出期权的价格。可以发现，通过 Python 语言编程计算得到的期权价格、股票价格矩阵、期权价格矩阵等和利用 MATLAB 得到的结果是一致的，由此可见编程语言仅仅是工具。我们可以选择熟悉的工具解决问题，但通过多种编程语言得到的结果之间可以相互比照、相互印证，更能够感受到不同编程语言的特点和优势。

1.5 基于 C++ 与 Excel-Addin 的
二叉树期权定价的数值实验

1.5.1 实验目的

本章主要研究二叉树期权定价模型的算法实现，C++ 与 Excel-Addin 结合使用，因为有强大的函数库的支持，不但保证了计算的速度，而且可以清晰地展示结果，对非编程人员比较友好，因此成为金融、量化投资领域的主流编程语言。本实验使用 Excel-Addin 在 Excel 中实现欧式期权与美式期权的二叉树期权定价模型算法，并与解析解进行对比。由于二叉树期权定价模型算法在数值上可以看作特殊的显性差分算法，因此从后面关于有限差分收敛性的理论分析可知，显性差分方法的均方误差应以 $O(h^2+k)$ 的速度进行收敛，则当 $k=h$ 时，显性差分方法的均方误差应收敛于 $O(h)$。若对两边取对数，则均方误差的对数应为 $\log(h)$ 的线性函数，并且其斜率为 1。由此可知，二叉树期权定价模型算法的均方误差的对数也应约为节点数的对数 $\log(h)$ 的线性函数，并且其斜率为 1。实验中将使用 Excel-Addin 对二叉树期权定价模型算法进行误差分析，来观察二叉树期权定价模型算法的渐近收敛性。

1.5.2 编程准备

我们着重介绍如何在 Windows 环境下通过 Microsoft Visual Studio 实现一个最简单的 Excel-Addin——在 Excel 中插入一个欧式期权定价函数。在本书的编写过程中，我们使用的是 Microsoft Visual Studio Express 10.0 版本及 Microsoft Office 2007 套装系列。使用 C++ 编译 Excel-Addin 最简单、最直接的方法是使用微软为 C++ 编程人员免费提供的 Microsoft Office Excel 2007 XLL Software Development Kit (SDK) 插件。该插件可在微软官方网站免费下载。

使用 C++ 与 Excel-Addin 的最大优点在于，编程人员一方面可以享受到 C++ 高效的计算速度，另一方面可以方便地使用 Excel 进行数据处理等操作，从而极大地提高了开发效率。

1. QuantLib 概述

QuantLib 是一个基于 C++ 的金融衍生品定价的免费开源库，在学术界与业界被广泛使用。目前，QuantLib 涵盖了股票、利率、商品等衍生品的定价引擎，提供泛型 PDE 与蒙特卡罗的求解器，以及一些金融领域常用的数学工具，如优化函数、方程求解、插值等。

然而，QuantLib 也有一定的缺点。QuantLib 最大的缺点在于其过于复杂的系统架构（尤其对于编程初学者而言），使许多编程人员对其无从入手——即便要计算一个最简单的欧式期权，在 QuantLib 都要涉及至少十个对象。

要在 Visual Studio 下编译 QuantLib，首先需要编译 Boost。Boost 是一个开源的 Boost 库，是一个可移植、提供源代码的 C++库。作为标准库的后备，Boost 为 C++语言标准库提供了许多扩展。例如，uBLAS 为用户提供了一个矩阵运算的库，允许用户进行一些简单的矩阵运算以及求解矩阵等工作。

2. Boost 编译

编译 Boost，首先需要从其官方网站下载源代码，并解压放置于某个位置。与其他库不同的是，Boost 里的大部分函数是通过.hpp 的方式实现的，不需要编译即可直接使用。但 QuantLib 里的一部分函数是必须编译后才能使用的函数，因此我们还是要按照正常程序进行 Boost 编译。

Boost 编译的方式在其官方网站上已经有详细描述，在此不再赘述。但为了方便读者使用本书，我们将编译好的库文件（.lib）文件放于随书附送的代码里以备查用。

3. QuantLib 编译

有了 Boost 后，我们即可进行 QuantLib 编译。针对 Microsoft Visual Studio 10.0，QuantLib 已经具备解决方案的能力，用户只需打开 QuantLib 根目录下的 QuantLib_vc10 解决方案设置编译即可。

1.5.3　实验数据

由于二叉树期权定价计算属于数值实验，因此实验所需数据是通过二叉树也就是二项分布的演变形成计算所需的标的资产价格树的，实验所需的其他参数是考虑该参数的真实取值区间并考虑到计算的便利而外生给定的。所需的主要数据包括股票的初始价格、期权的执行价格、无风险利率、股票的上升与下降幅度、股票价格的波动率、期权的有效期，以及二叉树期权定价模型的期数等。

1.5.4　实验过程

由于前面我们已经基于 Excel 定价、MATLAB 和 Python 运用动态复制方法和风险中性定价方法计算了期权价格，为了节省篇幅，这里不再采用动态复制定价方法而仅使用风险中性定价方法。

1. 编写 C++代码

由于欧式期权与美式期权不涉及路径依赖的情况，为了节省内存，我们可以通过使用向量（而非矩阵或二维数组）进行储存，并在每一步都倒向更新向量。而美式期权与欧式期权的区别仅在于是否需要在倒向计算的每一步中寻求支付的最优值。

下面的代码是一个二叉树期权定价模型求解欧式期权的算法实现，可求解的期权包括欧式看涨期权、欧式看跌期权、数字看涨期权、数字看跌期权。

```cpp
using namespace QuantLib;

DLLEXPORT double BinomialOptionPrice(char *optionType, double dSpot, double dStrike,
    double dRate, double dDiv, double dVol, double dDaysToMaturity, int iNodes)
{
    try{
        std::vector<double> vS(iNodes,0.0);         // underlying price
        std::vector<double> vU(iNodes,0.0);         // option price
        double dYears = dDaysToMaturity / (double)TRADEDAY_COUNTER;
        double dt = dYears / (double)(iNodes-1);    // time step size
        double dUp = std::exp(dVol*std::sqrt(dt)); // up movement
        double dDown = 1/dUp; // down movement
        double dPu = (std::exp((dRate-dDiv)*dt) - dDown)/(dUp - dDown);
// probability of up movement
        double dPd = 1.0 - dPu; // probability of down movement

        /******** Make Option ********/
        for ( int j = 0; j < iNodes; j++)
        {
            vS[j] = dSpot*std::pow(dUp,iNodes-1-j)*std::pow(dDown,j);
            if ( !lstrcmpi(optionType,"Call") )
                vU[j] = std::max(vS[j]-dStrike,0.0);
            else if ( !lstrcmpi(optionType,"Put") )
                vU[j] = std::max(dStrike-vS[j],0.0);
            else if ( !lstrcmpi(optionType, "DigitCall") ){
                if ( vS[j] >= dStrike ) vU[j] = 1.0;}
            else if ( !lstrcmpi(optionType, "DigitPut") ){
                if ( vS[j] <= dStrike ) vU[j] = 1.0;}
            else
                QL_FAIL("failed");
        }

        /******** start solving Trees ********/
        for ( int i = iNodes-2; i >= 0; i--)
            for ( int j = 0; j <= i; j++)
                vU[j] = std::exp(-dRate*dt)*(dPu*vU[j] + dPd*vU[j+1]);

        return vU[0];
    }
    catch (const std::exception &e) {
        std::ostringstream err;
        err <<"Error loading: "<< e.what();
    }
}
```

为了能在 Excel-Addin 中调用，我们还需要向 Excel 注册该函数，并在 DLLEXPORT int xlAutoOpen()中添加 registerBinomialOptionPrice(xDll)函数：

```
void registerBinomialOptionPrice(XLOPER &xDll){
    // 参数量 = 10 + 函数参数量
    EXCEL(xlfRegister, 0, 18, &xDll,
        // function code name
        TempStrNoSize(" BinomialOptionPrice"),
        // parameter codes: First is OUTPUT, others are parms resp.
        TempStrNoSize(" BFBBBBBBJ"),
        // function display name
        TempStrNoSize(" BinomialOptionPrice"),
        // comma-delimited list of parameter names

        TempStrNoSize("\xFF""OptionType,Spot,Strike,Rate,Dividend,  Vo-
latility,DaysToMaturity,Nodes"),
        // function type (0 = hidden function, 1 = worksheet function, 2 =
command macro)
        TempStrNoSize(" 1"),
        // function category
        TempStrNoSize(" Pricing Engine - Vanilla"),
        // shortcut text (command macros only)
        TempStrNoSize(""),
        // path to help file
        TempStrNoSize(""),
        // function description
    TempStrNoSize("\xFF""Compute prices and greeks of vanilla options"),
        // parameter descriptions
        TempStrNoSize("\xFF""{Call,Put,DigitCall,DigitPut}.  Case  in-
sensitive"),
        TempStrNoSize("\xFF""Spot price of the underlying"),
        TempStrNoSize("\xFF""Strike of the option"),
        TempStrNoSize("\xFF""Risk-free Rate. In terms of percentage, e.g. 0.04
or 4%"),
        TempStrNoSize("\xFF""Dividend of the underlying. In terms of
percentage, e.g. 0.02 or 2%"),
        TempStrNoSize("\xFF""Annualized Volatility of the underlying.
In terms of percentage, e.g. 0.3 or 30%"),
        TempStrNoSize("\xFF""Days left to maturity. e.g. 60 = 60 days.
Day counter is 240/yr."),
        TempStrNoSize("\xFF""Number of nodes."));
    }
```

在二叉树期权定价模型的美式期权定价上，我们需要对每一步都进行最优化的判断处理。因此，在倒向计算的每一步中，我们都需要重新计算标的资产价格在各个节点的值，并由此计算支付。下面是二叉树期权定价模型在 C++ 中的代码实现：

```
DLLEXPORT double BinomialAmericanOptionPrice(char *optionType, double
dSpot, double dStrike,
    double dRate, double dDiv, double dVol, double dDaysToMaturity, int
iNodes)
    {
    try{
        std::vector<double> vS(iNodes,0.0); // underlying price
```

```
        std::vector<double> vU(iNodes,0.0); // option price
        double dYears = dDaysToMaturity / (double)TRADEDAY_COUNTER;
        double dt = dYears / (double)(iNodes-1);    // time step size
        double dUp = std::exp(dVol*std::sqrt(dt)); // up movement
        double dDown = 1/dUp; // down movement
        double dPu = (std::exp((dRate-dDiv)*dt) - dDown)/(dUp - dDown);
// probability of up movement
        double dPd = 1.0 - dPu; // probability of down movement

        /******** Make Option ********/
        for ( int j = 0; j < iNodes; j++)
        {
            vS[j] = dSpot*std::pow(dUp,iNodes-1-j)*std::pow(dDown,j);
            if ( !lstrcmpi(optionType,"Call") )
                vU[j] = std::max(vS[j]-dStrike,0.0);
            else if ( !lstrcmpi(optionType,"Put") )
                vU[j] = std::max(dStrike-vS[j],0.0);
            else if ( !lstrcmpi(optionType, "DigitCall") ){
                if ( vS[j] >= dStrike ) vU[j] = 1.0;}
            else if ( !lstrcmpi(optionType,"DigitPut") ){
                if ( vS[j] <= dStrike ) vU[j] = 1.0;}
            else
                QL_FAIL("failed");
    }

        /******** start solving Trees ********/
        for ( int i = iNodes-2; i >= 0; i--)
        {
            for ( int j = 0; j <= i; j++)
            {
                vS[j] = dSpot*std::pow(dUp,i-j)*std::pow(dDown,j);
                vU[j] = std::exp(-dRate*dt)*(dPu*vU[j] + dPd*vU[j+1]);
                if ( !lstrcmpi(optionType,"Call") )
                    vU[j] = std::max(vS[j] - dStrike, vU[j]);
                else if ( !lstrcmpi(optionType,"Put") )
                    vU[j] = std::max(dStrike - vS[j], vU[j]);
                else if ( !lstrcmpi(optionType, "DigitCall")){
                    if ( vS[j] >= dStrike ) vU[j] = 1.0;}
                else if ( !lstrcmpi(optionType,"DigitPut") ){
                    if ( vS[j] <= dStrike ) vU[j] = 1.0;}
                else
                    QL_FAIL("failed");
            }
        }
        return vU[0];
    }
    catch (const std::exception &e) {
        std::ostringstream err;
        err <<"Error loading: "<< e.what();
    }
}
```

同样地，为了能在 Excel-Addin 中调用，我们还需要向 Excel 注册该函数，并在

DLLEXPORT int xlAutoOpen()中添加 registerBinomialAmericanOptionPrice(xDll)函数：

```
    void registerBinomialAmericanOptionPrice(XLOPER &xDll){
        // 参数量 = 10 + 函数参数量
        EXCEL(xlfRegister, 0, 18, &xDll,
            // function code name
            TempStrNoSize(" BinomialAmericanOptionPrice"),
            // parameter codes: First is OUTPUT, others are parms resp.
            TempStrNoSize(" BFBBBBBBJ"),
            // function display name
            TempStrNoSize(" BinomialAmericanOptionPrice"),
            // comma-delimited list of parameter names

    TempStrNoSize("\xFF"                                        "Option-
Type,Spot,Strike,Rate,Dividend,Volatility,DaysToMaturity,Nodes"),
            // function type (0 = hidden function, 1 = worksheet function, 2
= command macro)
            TempStrNoSize(" 1"),
            // function category
            TempStrNoSize(" Pricing Engine - Vanilla"),
            // shortcut text (command macros only)
            TempStrNoSize(""),
            // path to help file
            TempStrNoSize(""),
            // function description
            TempStrNoSize("\xFF""Compute prices and greeks of vanilla op-
tions"),
            // parameter descriptions
            TempStrNoSize("\xFF""{Call,Put,DigitCall,DigitPut}. Case insen-
sitive"),
            TempStrNoSize("\xFF""Spot price of the underlying"),
            TempStrNoSize("\xFF""Strike of the option"),
            TempStrNoSize("\xFF""Risk-free Rate. In terms of percentage, e.g. 0.04
or 4%"),
            TempStrNoSize("\xFF""Dividend of the underlying. In terms of
percentage, e.g. 0.02 or 2%"),
            TempStrNoSize("\xFF""Annualized Volatility of the underlying. In
terms of percentage, e.g. 0.3 or 30%"),
            TempStrNoSize("\xFF""Days left to maturity. e.g. 60 = 60 days. Day
counter is 240/yr. "),
            TempStrNoSize("\xFF""Number of nodes."));
    }
```

2. 利用 Excel-Addin 进行定价

在加载宏编译成功后，我们即可将其作为下一步在 Excel 中的定价分析工具。利用二叉树期权定价模型求解欧式期权和美式期权，除了需要用到通常的欧式期权和美式期权定价参数，还需要确定用于计算的节点数量。

首先建立期权定价的参数表，并为相应的参数单元格命名，然后使用 Excel-Addin 中的函数对欧式期权和美式期权进行定价。其中，option()和 AmericanOption()分别为欧式期权的解析解和美式期权的近似解函数，感兴趣的读者可在书中附带的程序中找到源代码。

```
    option(OptionType,Spot,Strike,Rate,Dividend,Volatility,DaysToMaturity,
Output)
    AmericanOption(OptionType,Spot,Strike,Rate,Dividend,Volatility,
DaysToMaturity,Output,"Analytic")
    BinomialOptionPrice(OptionType,Spot,Strike,Rate,Dividend,Volatility,
DaysToMaturity,Nodes)
     BinomialAmericanOptionPrice(OptionType,Spot,Strike,Rate,Dividend,
Volatility,DaysToMaturity,Nodes)
```

1.5.5 实验结果

实验结果表明运用风险中性定价方法使用 Excel-Addin 在 Excel 可以快速计算出经典欧式期权、经典美式期权和数字期权的价格。通过与其解析解进行对比，节点数选择 201时，二叉树期权定价模型算法的计算结果非常接近解析解。具体结果如图 1-34 所示。

图 1-34　二叉树期权定价模型的欧式期权和美式期权定价对比

实验中通过计算在不同标的资产价格下取不同节点数的有限差分法，并计算与解析解相比的均方误差可以看到，在误差分析表中，均方误差的对数与节点数量的对数确实成反比的线性关系，其斜率为-1.05，与我们之前的分析基本吻合。由此可见，二叉树期权定价模型的渐近收敛速度和节点数量成正比关系。具体结果如图1-35所示。

参数表		误差分析表						
OptionType	Call	节点数量 （对数）	1.00	1.30	1.60	1.90	2.20	2.51
Output	Price	均方误差 （对数）	-0.19	-0.54	-0.86	-1.13	-1.50	-1.79
Spot	100	斜率拟合						-1.05
Rate	0%							
Dividend	0%							
Volatility	20%							
Strike	100							
DaysToMaturity	240							

图 1-35　二叉树期权定价模型的欧式期权定价误差分析

## 第2章

连续时间BSM模型期权定价的数值实验

2.1 理 论 基 础

2.1.1 连续时间 BSM 模型

1. 连续时间 BSM 模型的数学准备

连续时间 BSM 模型是经典欧式期权定价模型,无论是采用动态复制定价方法还是采用风险中性定价方法,都可以得到著名的 BSM 期权定价公式。由于能够得到解析解的期权寥寥无几,因此在给诸多非经典期权定价时都需要采用两种主要的期权定价数值方法——蒙特卡罗方法和有限差分方法。其中,蒙特卡罗方法是期权的风险中性定价方法对应的数值方法,有限差分方法是动态复制定价方法(在连续时间模型中可以得到期权定价的偏微分方程)对应的数值方法,这里首先简要介绍 BSM 模型。由于 BSM 模型存在定价公式,因此它的定价计算非常直观简洁,但它更重要的意义在于为后续复杂期权的定价提供核心思路和方法。

在连续时间框架下,我们一般选择连续随机过程来描述标的资产价格的变化。就股票而言,早在 1900 年,法国人巴契里耶就用标准布朗运动来描述股票价格的变化,但正态分布有负值,而股票价格不应该出现负值。20 世纪 60 年代末期,在经济学家萨缪尔森的推动下,布莱克和斯科尔斯开始采用几何布朗运动来为股票价格变化建模。虽然后来的实证研究表明,股票价格变化并不是几何布朗运动,但当时这一选择是非常明智的。这是因为从经济金融的意义出发,反映股价变化的随机过程不应该拥有常数的漂移率和波动率,而应该是股票价格收益率的随机过程拥有常数的漂移率和波动率,也就是股票价格的收益率遵循一般维纳过程,这里我们用 S 表示股价,$\mathrm{d}W$ 是标准布朗运动增量,漂移率为 μ,波动率为 σ。上述分析可以表示为如下随机微分方程(Stochastic Differential Equation,SDE):

$$\frac{\mathrm{d}S}{S} = \mu\mathrm{d}t + \sigma\mathrm{d}W \tag{2-1}$$

$$\mathrm{d}S = \mu S\mathrm{d}t + \sigma S\mathrm{d}W$$

几何布朗运动是一种特殊的伊藤过程。下面给出伊藤过程的一般形式。

$$\mathrm{d}S = \mu(S,t)\mathrm{d}t + \sigma(S,t)\mathrm{d}W \tag{2-2}$$

式(2-2)中,$\mu(S,t)$ 是漂移率函数,$\sigma(S,t)$ 是波动率函数。

下面阐述伊藤引理,在后面的 BSM 模型推导中需要使用伊藤引理。假设随机过程 S 满足式（2-2），则期权价格的随机过程 $C(S,t)$ 满足如下的 SDE：

$$dC = \left(\frac{\partial C}{\partial t} + \mu(S,t)\frac{\partial C}{\partial S} + \frac{1}{2}\sigma^2(S,t)\frac{\partial^2 C}{\partial S^2} \right)dt + \sigma(S,t)\frac{\partial C}{\partial S}dW \qquad （2-3）$$

现在，我们运用伊藤引理来证明几何布朗运动是对数正态分布的。

$$d\ln S = \left[0 + \mu S \times \frac{1}{S} + \frac{1}{2}\sigma^2 S^2 \left(-\frac{1}{S^2} \right) \right]dt + \sigma S \times \frac{1}{S}dW$$

$$= \left(\mu - \frac{1}{2}\sigma^2 \right)dt + \sigma dW \qquad （2-4）$$

由式（2-4）可知，$\ln S$ 遵循一般维纳过程，符合正态分布，因此 S 符合对数正态分布。

2. BSM 模型的偏微分方程的推导

BSM 模型是一个关于无收益的欧式期权的连续时间定价模型，主要假设条件如下：

①期权交易的标的资产的价格变化呈对数正态分布。也就是说，期权交易的标的资产的价格运动遵循几何布朗运动。

②在期权有效期内，除因价格变动而形成的资本损益外，标的资产本身不产生收益（如作为股票期权的标的资产股票，在期权有效期内不支付股利）。

③标的资产及期权合约的买卖不涉及交易成本，不考虑税收问题，并且标的资产的卖空不受限制。

④投资者可按已知的，并在期权有效期内保持不变的无风险利率不受限制地进行借贷。

⑤不存在无风险套利机会。

⑥证券交易是连续的。

⑦所有资产可以无限细分。

下面我们运用动态复制定价方法推导 BSM 偏微分方程（Partial Differential Equation，PDE）。在讲述运用动态复制定价方法时我们的思路是用 $\Delta S + L$ 这一组合去复制期权的终端支付。但在接下来的 PDE 的推导过程中，我们的思路有所调整，即用 $\Delta S + C$ 构造一个无风险组合。我们之所以青睐无风险组合，是因为无风险组合的收益率是确定的，即无风险利率。由于我们这里研究的是股票期权，因此无风险利率为常数。

布莱克和斯科尔斯在推导 BSM 模型时，引用了一个由股票和股票期权构成的无风险对冲性资产组合，又称为无套利的资产组合，形式见式（2-5）：

$$V = Q_S S + Q_C C \qquad （2-5）$$

式中，V 是无套利资产组合的价值；Q_S 是组合中股票的数量；Q_C 是组合中股票看涨期权的数量。假定股票和股票期权的数量不变，在一个较短的时段里，无套利资产组合的价值变化源自股票市价的变化和看涨期权价格的变化，即：

$$dV = Q_S dS + Q_C dC \qquad （2-6）$$

由于期权价格是标的资产股票价格和时间的函数，运用伊藤引理，可以得到看涨期权价格变化的 SDE 为：

$$dC = \frac{\partial C}{\partial S}dS + \left(\frac{\partial C}{\partial t} + \frac{1}{2}\frac{\partial^2 C}{\partial S^2}\sigma^2 S^2\right)dt \qquad (2\text{-}7)$$

将表示看涨期权价格变化的式（2-7）代入式（2-6），无套利资产组合的价值变化为：

$$dV = Q_S dS + Q_C \left[\frac{\partial C}{\partial S}dS + \left(\frac{\partial C}{\partial t} + \frac{1}{2}\frac{\partial^2 C}{\partial S^2}\sigma^2 S^2\right)dt\right] \qquad (2\text{-}8)$$

从式（2-8）可以看出，通过适当选择股票与股票期权的数量，可以使式（2-8）中的 $Q_S dS$ 和 $Q_C\frac{\partial C}{\partial S}dS$ 这两项相互抵消，从而消除无套利资产组合中的随机因素（股票的市场价格变化）影响的部分，使该组合的价值成为可预测的。

如何才能做到这一点呢？其实一个适当的股票多头头寸和股票看涨期权的空头头寸就可以做到。从数量上讲，通过 $\frac{Q_S}{Q_c} = -\frac{\partial C}{\partial S}$ 使期权价格因股票价格涨跌而发生的变动被股票价格本身的变动抵消。因此，我们的结论是适当选取组合中股票和股票期权的头寸就可以构造无风险资产组合。为简单起见，设 $Q_C = -1$ 则 $Q_S = \frac{\partial C}{\partial S}$，式（2-8）变为：

$$dV = -\left(\frac{\partial C}{\partial t} + \frac{1}{2}\sigma^2 S^2 \frac{\partial^2 C}{\partial S^2}\right)dt \qquad (2\text{-}9)$$

由式（2-9）可知，组合 V 的价值变化是可以预测的，这就决定了无套利资产组合是无风险资产组合，其收益率等于无风险利率，即：

$$\frac{dV}{V} = rdt \qquad (2\text{-}10)$$

现在，式（2-5）式变为：

$$V = \frac{\partial C}{\partial S}S - C \qquad (2\text{-}11)$$

将式（2-9）和式（2-11）代入式（2-10），整理后可得：

$$\frac{\partial C}{\partial t} + rS\frac{\partial C}{\partial S} + \frac{1}{2}\sigma^2 S^2 \frac{\partial^2 C}{\partial S^2} = rC \qquad (2\text{-}12)$$

当然，导出的无套利组合并非一直是无风险的，它仅仅是在一个很短的时间内如此，所以为了从根本上确保无套利组合没有风险，必须经常进行调整，即根据股票价格的变动适当地改变股票和股票期权在资产组合中的比重。式（2-12）就是著名的 BSM 偏微分方程。得到 BSM 偏微分方程，事情才完成了一半。接下来艰巨的任务是求解这一偏微分方程。自从 BSM 偏微分方程以来先后出现了不少解法，我们这里给出的是最经典的解法。首先，通过分析发现式（2-12）是一个二阶齐次线性抛物线偏微分方程。这类方程被称为数学物理方程，用来描述热扩散现象，因此也被称为热传导方程。一百多年来，这类方程已经形成了一套相对成熟的解法。当然我们也会发现，式（2-12）与经典的热传导方程还是有一定区别的，要想利用热传导方程现成的解析解还需要进行一定的处理。而主要的思路就是将该偏微分方程通过变量代换、函数变换等方法转换为热传导方程，而该热传导方程是一个柯西问题，存在一个解析解，即泊松公式。在得到这一解析解的表达式之后，再通过变量逆变换和函数逆变换，写成用原有变量表达的解析公式，这样就得到了著名的 BSM 公式。据说这是在现代金融领域使用最广泛也是相对最复杂的一个公式。具体形式如下：

$$
\begin{cases}
C_t = S_t N(d_1) - K e^{-r(T-t)} N(d_2) \\[2mm]
d_1 = \dfrac{\ln\left(\dfrac{S_t}{K}\right) + \left(r + \dfrac{1}{2}\sigma^2\right)(T-t)}{\sigma\sqrt{T-t}} \\[4mm]
d_2 = \dfrac{\ln\left(\dfrac{S_t}{K}\right) + \left(r - \dfrac{1}{2}\sigma^2\right)(T-t)}{\sigma\sqrt{T-t}}
\end{cases}
\tag{2-13}
$$

式中，C_t 表示 t 时刻看涨期权的价格，S_t 表示 t 时刻的股票价格，K 表示执行价格，σ 表示波动率，r 表示无风险利率，T 表示期权的有效期。这里需要声明的是，由于理论模型不是我们的重点，因此这部分内容是十分概要而无法顾及其严谨性和细节的，有兴趣的读者可以参考关于衍生品定价理论的教材。这里之所以扼要阐述是因为在后续的敏感性分析部分也是基于连续时间模型而言的。鉴于计算欧式期权的 BSM 公式十分简洁，计算量很小，因此我们这里没有给出计算该公式的实验内容，而是将其作为检验数值方法精确度的标准。考虑到期权价格的敏感性指标和连续时间模型的关系十分密切，我们没有像同类教材那样将敏感性指标单独列为一章，而是从内容之间的密切程度出发，将其和连续时间模型内容放在同一章内。由于期权价格的敏感性指标多用希腊字母来表示，因此在期权价格敏感性分析中，我们有时会直接用希腊字母来指代期权价格敏感性指标。

2.1.2 期权价格敏感性分析

以股票期权为例，影响欧式期权价格的因素有七个：S_t 表示 t 时刻的股票价格，K 表示执行价格，σ 表示波动率，r 表示无风险利率，T 表示期权的期限，t 表示时间，q 表示股票的分红率。

接下来我们研究的问题是当其他因素保持不变时，某一因素变化对期权价格的影响。由于欧式期权有 BSM 公式，因此我们可以通过这一表达式来研究各个因素变化对期权价格的影响。在第 1 章中我们已经给出了欧式看涨期权的定价公式，欧式看跌期权的公式可以通过买卖权平价推算出来：

$$
\begin{cases}
C_t = e^{-q(T-t)} S_t N(d_1) - K e^{-r(T-t)} N(d_2) \\[1mm]
P_t = K e^{-r(T-t)} N(-d_2) - e^{-q(T-t)} S_t N(-d_1) \\[2mm]
d_1 = \dfrac{\ln\left(\dfrac{S_t}{K}\right) + \left(r + \dfrac{1}{2}\sigma^2\right)(T-t)}{\sigma\sqrt{T-t}} \\[4mm]
d_2 = \dfrac{\ln\left(\dfrac{S_t}{K}\right) + \left(r - \dfrac{1}{2}\sigma^2\right)(T-t)}{\sigma\sqrt{T-t}}
\end{cases}
\tag{2-14}
$$

1. 股票价格 S 对期权价格的影响

由计算可知

$$\frac{\partial d_1}{\partial S} = \frac{1}{S\sigma\sqrt{T-t}}$$

（2-15）

由此可以得到

$$\frac{\partial C}{\partial S} = N(d_1) > 0$$

$$\frac{\partial P}{\partial S} = -N(-d_1) < 0$$

（2-16）

因此，当股票价格上升时，看涨期权的价格上升，看跌期权的价格下降。由于股票价格变化对期权价格变化的影响非常重要，而这一偏导数又恰好是动态复制组合中的股票数量，因此我们用 Δ 来表示，从而成为期权价格敏感性分析指标中的第一个希腊字母。Δ 用来描述股票价格变化量引起的期权价格的变化量。当分红率为 0 时，看涨期权的 Δ 的取值在 0 和 1 之间，看跌期权的 Δ 的取值在–1 和 0 之间。

由于 $N(d_1)$ 总是 S 的递增函数，因此 Δ_c 随着 S 的增加而增加，而且 Δ_c 关于 S 的曲线在某一临界值从凸函数转变为凹函数。这一临界值为：

$$S_c = Ke^{-\left(r+\frac{3\sigma^2}{2}\right)(T-t)}$$

（2-17）

当 $0 \leqslant S \leqslant S_c$ 时，Δ_c 关于 S 的曲线是凸的；当 $S_c \leqslant S \leqslant \infty$ 时，Δ_c 关于 S 的曲线是凹的。

下面研究 Δ_c 关于距离到期日剩余时间 τ，也就是 $T-t$ 的曲线变化。由正态分布函数 $N(x)$ 的性质可知：

$$\begin{cases} \lim_{x \to +\infty} N(x) = 1 \\ \lim_{x \to 0} N(x) = \frac{1}{2} \\ \lim_{x \to -\infty} N(x) = 0 \end{cases}$$

（2-18）

当 $\tau \to 0^+$ 时，有如下三种情况：

（1）$S > K$，则 $d_1 \to +\infty$，于是 $\lim_{\tau \to +\infty} \Delta_c = 1$；

（2）$S = K$，则 $d_1 \to 0$，于是 $\lim_{\tau \to +\infty} \Delta_c = \frac{1}{2}$；

（3）$S < K$，则 $d_1 \to -\infty$，于是 $\lim_{\tau \to +\infty} \Delta_c = 0$。

还可以推出，当 $\tau \to +\infty$ 时，无论是 $S \geqslant K$ 还是 $S < K$，都有 $d_1 \to +\infty, \lim_{\tau \to \infty} \Delta_c = 1$。

2. 股票价格变化对 Δ 的影响

Δ 是动态复制的无风险资产组合中股票的头寸，由于是动态复制，因此理论上只有在无穷小的时间间隔内该组合才是无风险的，当股票价格发生变化时该组合必须动态调整，而在实际的动态复制中是无法实现瞬间连续调整的。因此我们需要考察 Δ 对股票价格变化的敏感性，从而作为调整组合头寸的重要参考。

$$\Gamma = \frac{\partial^2 C}{\partial S^2} = \frac{\partial^2 P}{\partial S^2} = \frac{1}{Se^{-q(T-t)}\sqrt{2\pi\sigma^2(T-t)}}e^{-\frac{d_1^2}{2}} \qquad （2\text{-}19）$$

如果 Γ 较小，则说明股票价格的一定变化引起的 Δ 的变化较小，可以不必急于调整组合的头寸；相反，如果 Γ 较大，则说明股票价格的一定变化引起的 Δ 的变化较大，如果不及时调整组合的头寸，则会带来较大的风险。由此可见，期权的出售者为了规避对冲风险，应该青睐那些 Γ 较小的期权。或者在出售期权之后密切关注 Γ 的变化，从而依据其对组合头寸进行适合的调整，一方面避免对冲风险，另一方面可以避免因频繁调整而造成的较高的交易成本。

3. 执行价格 *K* 对期权价格的影响

由计算可知

$$\frac{\partial C}{\partial K} = -e^{-r(T-t)}N(d_2) < 0$$
$$\frac{\partial P}{\partial K} = e^{-r(T-t)}N(-d_2) > 0 \qquad （2\text{-}20）$$

因此，当执行价格上升时，看涨期权的价格下降，看跌期权的价格上升。虽然执行价格对期权价格的影响也很重要，但是在期权价格敏感性分析的最重要的几个希腊字母里没有给这一偏导数指定一个希腊字母。

4. 波动率 *σ* 对期权价格的影响

由计算可知：

$$\frac{\partial C}{\partial \sigma} = \frac{\partial P}{\partial \sigma} = \frac{S\sqrt{T-t}e^{-\frac{d_1^2}{2}}}{\sqrt{2\pi}} > 0 \qquad （2\text{-}21）$$

由此可见，无论是看涨期权还是看跌期权，波动率的增加都会带来期权价格的上升。因为波动率的增加给期权的持有者带来了获得更大收益的可能性。在期权价格敏感性分析中，我们用 Vega 来表示波动率的变化对期权价格的影响。因为期权价格的敏感性分析的指标一般都用希腊字母来表示，因此我们自然也觉得 Vega 是希腊字母。不过希腊字母里其实并没有 Vega。我们并不清楚为何没有选择一个希腊字母来表示波动率的变化对期权价格的影响，也没有查到究竟是谁将这一指标命名为 Vega，并混在其他表示敏感性分析的希腊字母中。这里唯一可以确定的是 Vega 的读音有 V 的音，而这与英文波动率 volatility 的首字母是相同的。从 Vega 的定义可知，看涨期权和看跌期权的 Vega 是相同的，而且均为正值。希腊字母表及其读音见附录 A，有兴趣的读者可以系统学习一下。

5. 无风险利率 *r* 对期权价格的影响

由计算可知：

$$\begin{cases} \dfrac{\partial C}{\partial r} = K(T-t)e^{-r(T-t)}N(d_2) > 0 \\[2mm] \dfrac{\partial P}{\partial r} = -K(T-t)e^{-r(T-t)}N(-d_2) < 0 \end{cases} \qquad （2\text{-}22）$$

因此，当无风险利率上升时，看涨期权的价格上升，而看跌期权的价格下降。我们用 P 这一希腊字母来表示这一敏感性指标，而 P 的发音与无风险利率 r 比较接近。P 用来描述无风险利率变化引起的期权价格的变化量。从数值上看，看涨期权的 P 为正值，看跌期权的 P 为负值。

6. 股票分红率 q 对期权价格的影响

由计算可知：

$$\begin{cases} \dfrac{\partial C}{\partial q} = -S(T-t)\mathrm{e}^{-q(T-t)}N(d_1) < 0 \\[2mm] \dfrac{\partial P}{\partial q} = S(T-t)\mathrm{e}^{-q(T-t)}N(-d_1) > 0 \end{cases} \tag{2-23}$$

由此可见，随着股票分红率的上升，看涨期权的价格下降，看跌期权的价格上升。

7. 时间 t 和期权期限 T 对期权价格的影响

由计算可知：

$$\begin{cases} \dfrac{\partial C}{\partial t} = -rK\mathrm{e}^{-r(T-t)}N(d_2) - \dfrac{\sigma SN'(d_1)}{2\sqrt{T-t}} < 0 \\[3mm] \dfrac{\partial P}{\partial t} = rK\mathrm{e}^{-r(T-t)}N(-d_2) - \dfrac{\sigma SN'(-d_1)}{2\sqrt{T-t}} \\[3mm] \dfrac{\partial C}{\partial T} = -\dfrac{\partial C}{\partial t} \\[3mm] \dfrac{\partial P}{\partial T} = -\dfrac{\partial P}{\partial t} \end{cases} \tag{2-24}$$

我们用希腊字母 $\varTheta$ 来表示这一敏感性指标，因为 $\varTheta$ 的发音和时间 t 比较接近。$\varTheta$ 用来描述时间的流逝引起的期权价格的变化量。因为无股利支付的看涨期权的 $\varTheta$ 为负值，因此在其他因素不变的情况下，随着到期日的临近，期权价格越来越低。从经典衍生品定价教材中，我们也可知道在期权有效期内期权的时间价值始终为正，因此无股利支付的欧式看涨期权不会提前实施。

对于无股利支付的看跌期权的 $\varTheta$ 由于上述等式右端的符号无法确定，因此无论是期权时间还是期权期限，对欧式看跌期权价格的影响都是不确定的。由于欧式看跌期权只能在到期日实施，因此无论是期限长的期权还是期限短的期权，实施机会都只有一次，因此期限长的期权并不意味着比期限短的期权有更多的获利机会。因此，期限的长短和期权价格之间没有单调关系。对于时间 t 来说，随着 t 的增加，也就是随着时间的流逝，$T-t$ 越来越小，但无法得出距离到期日越近，期权价格越低的结论。如果用期权的内涵价值和时间价值来分析，则可以判断在这一过程中期权的时间价值的变化是非单调的。

下面分析期权处于三种不同价值状态下 $\varTheta$ 的取值。对于看涨期权有如下三种情况：

（1）$S \to +\infty$，$\displaystyle\lim_{s \to +\infty} \varTheta_c = \dfrac{\partial C}{\partial t} = -rK\mathrm{e}^{-r(T-t)}$；

（2）$S = K$，$\dfrac{\partial C}{\partial t} = -rK\mathrm{e}^{-r(T-t)}N(d_2) - \dfrac{\sigma SN(d_1)}{2\sqrt{T-t}}$，$\varTheta_c$ 最小；

（3）$S \to 0^+$，$\lim\limits_{s \to 0} \Theta_c = \dfrac{\partial C}{\partial t} = 0$。

看跌期权的 Θ 的情况比较复杂，可正可负，需要具体分析第一项 $rKe^{-r(T-t)}N(-d_2)$ 和第二项 $\dfrac{\sigma SN'(d_1)}{2\sqrt{T-t}}$ 的大小。$S \to 0^+$，看跌期权处于深度实值状态，因此 $N(-d_2)$ 趋近于 1，这样，第一项数值较大，因此 Θ_c 为正。可以这样理解，随着时间的流逝，欧式看跌期权的价格在上升。当看跌期权处于平值和虚值情况时，欧式看跌期权是日历时间 t 的减函数，因此 Θ_c 为负值。也就是说，随着时间的流逝，欧式看跌期权的价格在下降。由此可见，当股票价格逐渐上升，看跌期权从深度实值状态向平值状态转变时，随着时间的流逝，期权价格先是上升然后下降。在这一过程中有一个分水岭。如果这一看跌期权是美式看跌期权，当 Θ_c 由负值变成 0 或正值后就标志着美式看跌期权会提前行权。

除了上述介绍的几个指标，还有一些反映期权价格敏感性的指标，限于篇幅，这里不再展开介绍。

2.2 基于 Excel 的希腊字母的数值实验

2.2.1 实验目的

读者需要先掌握连续时间 BSM 期权定价模型及其理论计算方法，熟悉 Excel 的使用方法，结合数值方法中给出的各个步骤，完成各项实验任务。由于数值实验在较多情况下都采用同一套参数，因此各个数值实验结果可以相互比较，以验证结果的正确性。

在实验过程中，不但要保证数值实验结果的正确性，还必须牢记，一个完美的实验过程及实验结果的展示是需要实验者不断地思考、操作与优化的。这不仅可以提高学生对相关理论知识的掌握程度，培养学生的实验技能，更能培养学生善于思考、善于创新、追求精致和完美的人生态度。而这将在学生日后的职业生涯中起到关键性的作用。

该数值实验通过使用 Excel 来计算期权价格敏感性指标、绘制各种因素对期权价格有影响的图形，绘制股票价格变化与期权价格敏感性指标变化之间的关系。要求学生使用 Excel 绘制股票价格、执行价格、无风险利率、波动率、距离到期日剩余时间对期权价格的影响的图形。计算期权价格敏感性指标，并绘制股票价格变化对各敏感性指标影响的图形。

2.2.2 编程准备——Excel 部分功能要点

这里主要介绍模拟运算表。

【主要功能】 模拟运算表是一个单元格区域，用于显示公式中一个或两个变量的更改对公式结果的影响。模拟运算表提供了一种快捷手段，它可以通过一步操作计算多个结果；同时它还是一种有效的方法，可以查看和比较由工作表中不同变化所引起的各种结果。

【使用方式】 在"数据"选项卡上的"数据工具"组中，点击"模拟分析"，然后点击"模拟运算表"。具体操作请参考本章例 2-2 的第（2）步。

2.2.3 实验数据

由于希腊字母的计算属于数值实验，因此实验所需的参数是考虑该参数的真实取值区间并结合计算的便利而外生给定的。所需的主要数据有股票的初始价格、期权的执行价格、无风险利率、股票价格的波动率和期权的有效期。

2.2.4 实验过程

在利用 Excel 计算期权的希腊字母时，需要重点解决以下两个问题：

①明确看涨期权与看跌期权在计算希腊字母时的差异；

②如何快速计算出不同股票价格下的希腊字母值。

【例 2-1】 期初股价 $S_0 = 30$，执行价格 $K = 28$，无风险利率 $r = 0.04$，连续复利计算，期权有效期 $T = 1$，$\sigma = 0.71$。利用 Excel 计算该期权的各个希腊字母（delta，theta，Rho，vega，gamma）。

（1）建立基础数据表格

首先我们要在工作表中建立基础数据的输入表格，并预留结果输出的位置。因为题目并没有明确期权的类型，所以结果输出位置应当按照看涨期权与看跌期权进行划分。另外需要注意的是，为了在简化希腊字母的计算过程，我们需要在表格中预留出存放 d_1、d_2、$N(d_1)$、$N(d_2)$的位置。具体表格形式可参考 2-1。

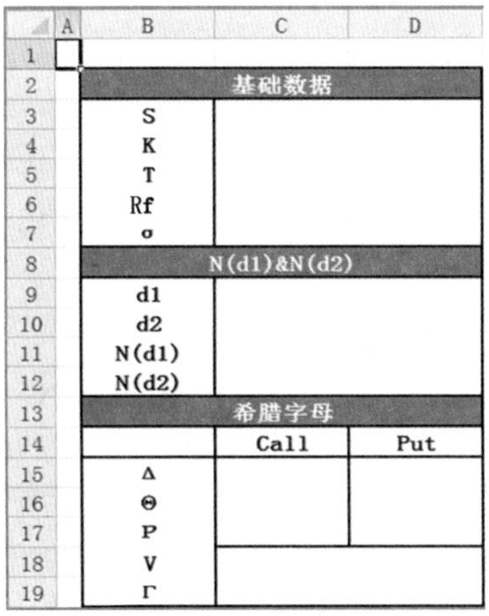

	A	B	C	D
1				
2		基础数据		
3		S		
4		K		
5		T		
6		Rf		
7		σ		
8		N(d1)&N(d2)		
9		d1		
10		d2		
11		N(d1)		
12		N(d2)		
13		希腊字母		
14			Call	Put
15		Δ		
16		Θ		
17		P		
18		V		
19		Γ		

图 2-1 基础数据输入与结果输出的 Excel 表格布局——希腊字母

（2）计算 $N(d_1)$和 $N(d_2)$

基础数据输入之后，我们可以根据 BSM 公式中 $N(d_1)$及 $N(d_2)$的表达式在表格中计算出该期权的 $N(d_1)$及 $N(d_2)$。

（3）计算敏感性指标——希腊字母

将上述参数值代入希腊字母的计算公式即可得出最终答案，在公式代入过程中需注意看涨期权与看跌期权的差异。最终结果可参考图 2-2。

	A	B	C	D
1				
2		基础数据		
3		S	30.00	
4		K	28.00	
5		T	1.00	
6		Rf	0.04	
7		σ	0.71	
8		N(d1)&N(d2)		
9		d1	0.5085	
10		d2	0.6945	
11		N(d1)	-0.2015	
12		N(d2)	0.4202	
13		希腊字母		
14			Call	Put
15		Δ	0.6945	-0.3055
16		Θ	-4.1856	-3.1095
17		P	11.3031	-15.5990
18		V	10.5167	
19		Γ	0.0165	

图 2-2　基础数据输入与结果输出——希腊字母

【例 2-2】 假设例 2-1 中其他条件不变，试利用 Excel 绘制各个希腊字母与股票价格之间的关系图。

（1）建立数据表

在希腊字母计算器所在工作表中建立数据表格，表格中包括 1～100 的数字序列，作为股票价格序列，表格中还包括全部希腊字母数据的预留空间。具体可参考图 2-3。

S	Δ_Call	Δ_Put	Θ_Call	Θ_Put	P_Call	P_Put	V	Γ
	此处填入公式							
1								
2								
3								
4								
5	此处为模拟运算表结果							
6								
7								
8								
9								
10								

图 2-3　希腊字母与股票价格之间的关系分析的 Excel 计算布局

（2）应用模拟运算表

在进行具体的模拟运算表操作前，需要将待运用的公式（希腊字母的计算公式）填入表格第 2 行中。由于已经在例 2-1 中建立了希腊字母计算器，所以可以直接引用各个希腊字母单元格。框选待计算表格区域，即空白区域及左侧股价列和上方公式行。准备工作做好之后便可以应用模拟运算表了。打开模拟运算表，在输入引用列的单元格中输入希腊字母计算器中的股票价格单元格，在本例中输入的是$C$3。最终表格计算结果如图 2-4 所示。

S	Δ_Call	Δ_Put	Θ_Call	Θ_Put	P_Call	P_Put	V	Γ
	0.6945	-0.3055	-4.1856	-3.1095	11.3031	-15.5990	10.5167	0.0165
1	0.0000	-1.0000	0.0000	1.0761	0.0000	-26.9021	0.0000	0.0001
2	0.0005	-0.9995	-0.0012	1.0749	0.0008	-26.9013	0.0034	0.0012
3	0.0031	-0.9969	-0.0104	1.0657	0.0077	-26.8944	0.0285	0.0045
4	0.0099	-0.9901	-0.0389	1.0372	0.0319	-26.8702	0.1059	0.0093
5	0.0219	-0.9781	-0.0964	0.9797	0.0865	-26.8156	0.2619	0.0148
6	0.0393	-0.9607	-0.1884	0.8877	0.1826	-26.7195	0.5102	0.0200
7	0.0616	-0.9384	-0.3154	0.7607	0.3278	-26.5743	0.8516	0.0245
8	0.0880	-0.9120	-0.4746	0.6015	0.5260	-26.3761	1.2777	0.0281
9	0.1176	-0.8824	-0.6611	0.4150	0.7774	-26.1247	1.7745	0.0309
10	0.1494	-0.8506	-0.8689	0.2072	1.0804	-25.8217	2.3258	0.0328

图 2-4　各个希腊字母与股票价格之间的数值关系计算结果

（3）绘制关系图

选中要绘制图像的希腊字母序列及股票价格序列，插入折线图，然后只需对图像做适当的格式调整即可得到最终结果。图 2-5 反映的是看涨（看跌）期权的 Δ 与股票价格的关系。从图 2-5 中可以发现，看涨期权的 Δ 在 0 和 1 之间。看跌期权的 Δ 在−1 和 0 之间。在股票价格相同的情况下，两者的 Δ 始终相差 1。随着股票价格的增加，看涨期权的 Δ 从 0 逐步增加到 1，看跌期权的 Δ 从−1 逐步增加到 0。这与我们之前的理论推导结果是一致的。

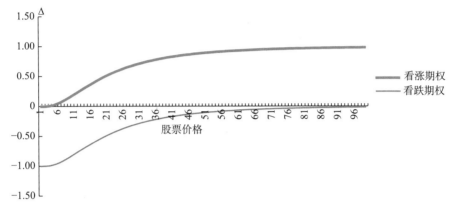

图 2-5　Δ 与股票价格的关系

图 2-6 反映的是看涨（看跌）期权的 Θ 与股票价格的关系。从图 2-6 中可以发现，看涨期权在无股利支付的情况下，Θ 始终是负值，随着股票价格的增加，Θ 值越来越小，在增至某一股票价格时达到最小值，在此之后，Θ 值逐步上升。看跌期权在无股利支付的情况下，在股票价格较低时 Θ 是正值，随着股票价格的增加，Θ 值越来越小，在增至某一股票价格时达到最小值，在此之后，Θ 值逐步上升。在股票价格相同的情况下，看涨期权的 Θ 始终低于看跌期权的 Θ。以上结论与我们之前的理论推导结果是一致的。

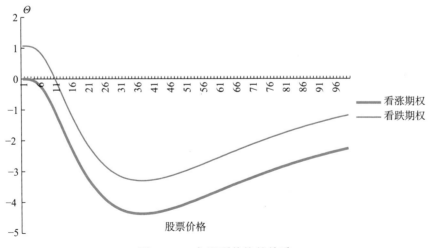

图 2-6　Θ 与股票价格的关系

图 2-7 反映的是看涨（看跌）期权的 P 与股票价格的关系。从图 2-7 中可以发现，看

涨期权的 P 始终是正值，而且随着股票价格的增加，P 值越来越大。看跌期权的 P 始终是负值，而且随着股票价格的增加，P 值越来越大，逐渐接近于 0。以上结论与我们之前的理论推导结果也是一致的。

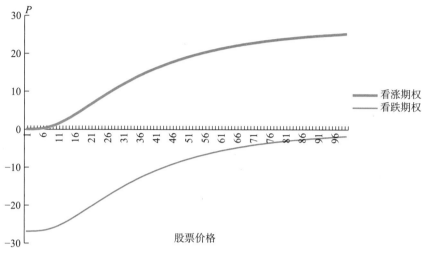

图 2-7 P 与股票价格的关系

图 2-8 反映的是看涨（看跌）期权的 V 与股票价格的关系。看涨期权与看跌期权的 V 值是一样的。从图 2-8 中可以发现，V 始终是正值，随着股票价格的增加，V 值也逐步上升，在增至某一股票价格时达到最大值，然后随着股票价格的增加逐步下降。

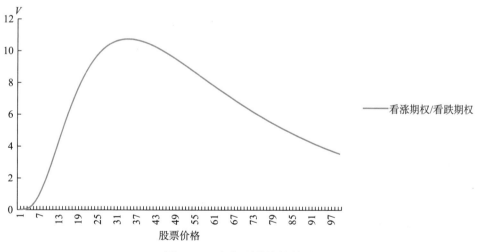

图 2-8 V 与股票价格的关系

图 2-9 反映的是看涨（看跌）期权的 Γ 与股票价格的关系。看涨期权与看跌期权具有相同的 Γ 值。从图 2-9 中可以发现 Γ 始终是正值，随着股票价格的增加逐步上升，Γ 在增至某一股票价格时达到最大值，然后随着股票价格的增加逐步下降，并收敛至 0。

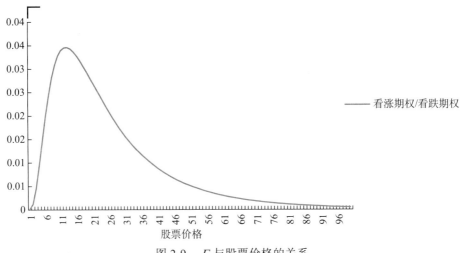

图 2-9 Γ 与股票价格的关系

【例 2-3】 假设例 2-1 中其他条件不变，试利用 Excel 绘制期权价格与其变量因素之间的关系图。

由于本章的重点在于希腊字母的计算与绘图，因此将这部分期权价格与其变量因素之间的关系放在本节的后面，也是为了进一步证明上述希腊字母所反映的关系。

例 2-3 的实现可完全参照例 2-2 中的方法。首先建立基础数据表并得到欧式看涨期权及欧式看跌期权的价格，再利用模拟运算表功能计算出当某一个输入数据发生改变而其他输入数据不变时的期权价格，最后选定数据，绘制折线图。

图 2-10 反映的是期权价格随股票价格变化的关系。从图 2-10 中可以发现，看涨期权的价格与股票价格呈正相关，看跌期权的价格与股票价格呈反相关。这与前面所讲的看涨期权的 Δ 为正，看跌期权的 Δ 为负是一致的，因为 Δ 度量的就是股票价格变化引起的期权价格的变化。

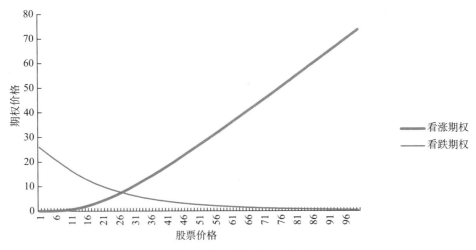

图 2-10   期权价格随股票价格变化的关系

图 2-11 反映的是期权价格随执行价格变化的关系。从图 2-11 中可以发现,看涨期权的价格与执行价格呈反相关,看跌期权的价格与执行价格呈正相关。这与前面的理论分析是一致的。

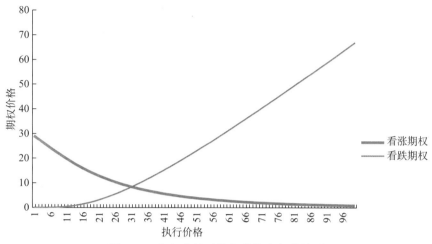

图 2-11　期权价格随执行价格之间的关系

图 2-12 反映的是期权价格随距离到期日剩余时间变化的关系。距离到期日剩余时间是 $T-t$。从图 2-12 中可以发现,看涨期权的价格与距离到期日剩余时间呈正相关,看跌期权的价格与距离到期日剩余时间也呈正相关。这看似与前面讲的希腊字母 Θ 度量的结果不一致,其实这是因为 Θ 度量的是日历时间 t 的变化所引起的期权价格的变化,刚好与距离到期日剩余时间 $T-t$ 的关系是相反的。这里之所以出现无论是看涨期权还是看跌期权都与距离到期日剩余时间呈正相关的图形,是因为图 2-12 中选取的股票的初始价格为 30 元,执行价格为 28 元,这时对于看涨期权来说处于实值期权状态,看涨期权的 Θ 为负值。对于看跌期权来说处于虚值状态,而一个虚值看跌期权的 Θ 也为负值。这样转换成与距离到期日剩余时间就都为正向关系了。

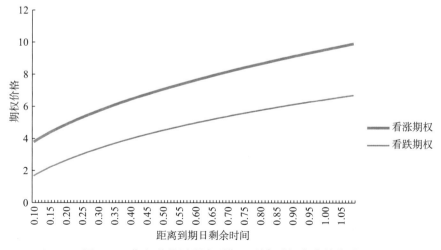

图 2-12　期权价格随距离到期日剩余时间变化的关系

图 2-13 反映的是期权价格随无风险利率变化的关系。从图 2-13 中可以发现，看涨期权的价格与无风险利率呈正相关，看跌期权的价格与无风险利率呈反相关。这与前面讲的看涨期权的 P 为正值，看跌期权的 P 为负值是一致的，因为 P 度量的就是无风险利率变化所引起的期权价格的变化。

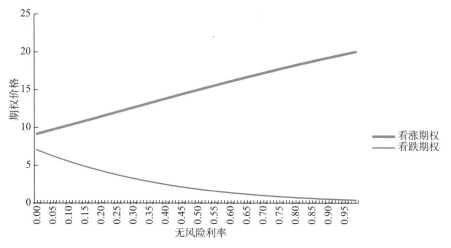

图 2-13　期权价格随无风险利率变化的关系

图 2-14 反映的是期权价格随波动率变化的关系。从图 2-14 中可以发现看涨期权、看跌期权的价格与波动率均呈正相关，这与前面讲的看涨期权、看跌期权的 V 均为正值是一致的，因为 V 度量的就是波动率变化所引起的期权价格的变化。

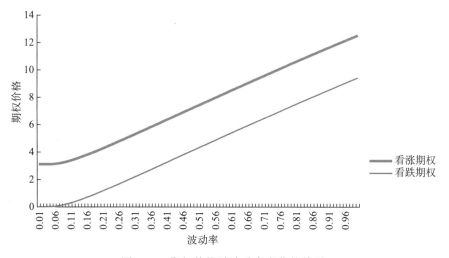

图 2-14　期权价格随波动率变化的关系

2.2.5　实验结果

本实验基于 Excel 计算了欧式看涨期权、欧式看跌期权的五个敏感性指标，为了考察股票价格变化对敏感性指标的影响，以便直观理解，我们依次绘制了标的资产股票价格变化对 Δ，Θ，P，V 和 Γ 的影响的图形。除此之外，为了验证股票价格、执行价格、距离到期日剩余时间、无风险利率、波动率对期权价格的影响，我们利用期权定价公式绘制了期权价格与股票价格、执行价格、距离到期日剩余时间、无风险利率、波动率关系的图形，图形结果也与之前我们的理论分析结果是一致的。

2.3　基于 MATLAB 的希腊字母的数值实验

2.3.1　实验目的

读者需要先掌握连续时间期权定价 BSM 模型及其理论计算方法，并熟悉 MATLAB 的使用方法，结合数值方法中给出的各个步骤，完成各项实验任务。由于数值实验在较多情况下都采用同一套参数，因此各个数值实验结果可以相互比较，以验证结果的正确性。

通过该数值实验，可以让学生在掌握连续时间期权定价 BSM 模型及其敏感性指标的理论计算方法的基础上，使用 MATLAB 计算期权价格敏感性指标。由于 MATLAB 提供了专门计算期权价格敏感性指标的公式，所以应用起来比较简单。此外，为了在后续章节中系统地学习图形用户界面（GUI），我们将在这一实验中结合期权价格敏感性指标简单阐述如何建立 GUI，以便为后续学习奠定基础。因此，本实验的主要内容放在 GUI 的建立方面。

由于 MATLAB 具有强大的可视化功能，可以很好地展示实验结果，因此这一数值实验对学生的美工设计理念有较高的要求，从而培养学生对事物精益求精的学习和工作态度。

2.3.2　编程准备——MATLAB 帮助的应用

当我们在计算期权的希腊字母时，可能会感到有些困惑。这时应当想到 MATLAB 强大的帮助功能，我们可以单击工具栏中的帮助按钮（工具栏中的问号），对所需完成的任务实施搜索。对于搜索的关键字，只要涉及这一方面，一般都能获得帮助。例如，就我们的问题，输入"option gamma"进行搜索，即可得到详细的系统帮助，具体搜索结果如图 2-15 所示。

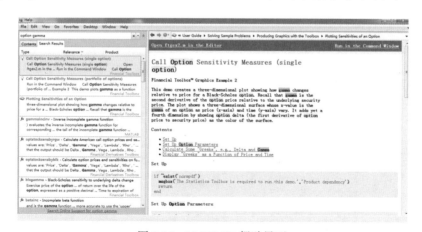

图 2-15　MATLAB 帮助界面

2.3.3　实验数据

由于希腊字母的计算属于数值实验，因此实验所需的参数是考虑该参数的真实取值区间并结合计算的便利而外生给定的。实验所需的主要数据包括股票的初始价格、期权的执行价格、无风险利率、股票价格的波动率和期权的有效期。

2.3.4　实验过程

通过使用 MATLAB 强大的帮助功能，我们发现，在计算期权敏感性（这里是 Gamma）时，多次用到 blsgamma()这一函数，并且在帮助结果的第七条中，就呈现了这一函数。点击进入后我们发现，这一函数就是我们所需要的计算函数（关于其内部具体运算原理参见 MATLAB 金融工具包下的 MATLAB\R2009b\toolbox\finance\finance blsgamma.m ）。同时在详细帮助的最后，还为我们列示了其他几个敏感性指标，如图 2-16 所示。

图 2-16　MATLAB 金融工具箱中的敏感性指标

还可以搜索其他关键词，如 option sensitivity 或 option 加其他希腊字母等，都能很方便地找到我们所需要的函数。对于 MATLAB 自带的函数如 blsgamma()等（事实上与我们编写的函数类似），我们只需要输入所需参数，便可由其自主计算并返回计算值。读者可就某一函数在命令窗口进行执行，这里不再单独举例，关于其函数的应用将同 GUI 一同在第 8 章中加以介绍。

为了与第 8 章形成自然过渡，在这里我们介绍一下 GUI 的有关知识。对比以往函数运算的结果，我们给出 GUI 界面下运行的结果，如图 2-17 所示。

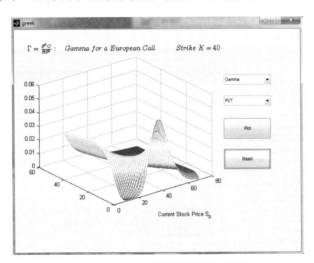

图 2-17　MATLAB 下运行 greek 得到的欧式看跌期权 Gamma 的三维图

从图 2-17 可以看出，运算参数的输入、输出均在一个独立的窗口进行，并且是通过按键执行操作的，上面的两个下拉列表按钮为选择键，通过前者可选择希腊字母，通过后者可选择看涨或看跌。下面的两个按钮为输出键，单击 Plot 键可画出线性二维图形，单击 Mesh 键可画出网状三维图形。可以说，图 2-17 就是执行价格是 40 元的股票期权，在不同期初价格、不同到期日下的 Gamma 值。

下面我们具体介绍在 GUI 界面中，如何制作出图 2-17 中的图形效果。为引出 GUI 的开发环境，在命令窗口中运行 guide 指令，会出现如图 2-18 所示的窗口，该窗口有两个页面："新建 GUI（Create New GUI）"和"打开 GUI（Open Existing GUI）"。建立完成的 GUI 也可以在这里运行。这里，我们在"create New GUI"页面，选择"Blank GUI（Default）"条目，单击"OK"按钮，引出空白界面编辑器，如图 2-19 所示。

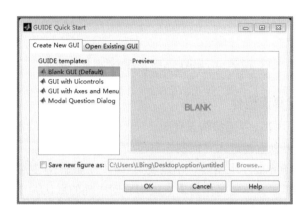

图 2-18　MATLAB 下创建一个新 GUI 界面

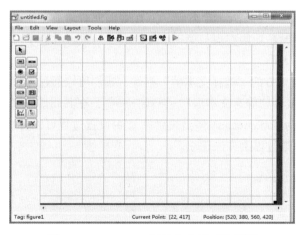

图 2-19　MATLAB 下的空白界面编辑器

这与我们在数据库设计中用到的界面设计十分相似，在后面的讲解中，你会发现二者在指针引用和文本框按键设置方面也十分类似。为了讲解方便，我们可以通过菜单栏｜File>Preference｜调出选项设置界面，并勾选"Show names in component palette"项，调出控件名称，如图 2-20 所示。

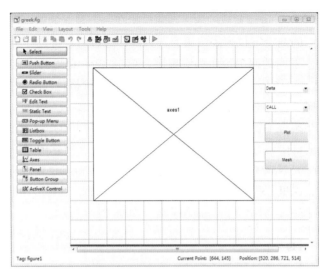

图 2-20　MATLAB 下的控件名称界面

1. 根据要求选定界面组件

一般来说，在进行 GUI 界面编辑设计时，应当首先根据任务绘制相应草图，由于本例的设计简单、清晰，可以直接进入界面制作阶段。

（1）通过操作位于界面左下角的"小黑块"，即"界面缩放句柄"，调整设计界面编辑器的大小，调整后的界面大小也将作为未来应用界面出现的默认大小。

（2）在"组件模块区"，点选"轴"图标 Axes ，然后在工作区合适的位置，拉出适当大小的"轴位框"，以供绘制相应曲线使用。

（3）点选"按键"图标 Button Group ，在轴位框右侧适当位置拖出两个，注意第二个按键可以通过复制粘贴功能实现与第一个按键大小一致。我们也可以双击按键，在属性编辑器中编辑各控件大小。

（4）对于界面左上方的"选择文本框"控件，我们可以通过先建立两个"可编辑文本框" Edit Text 或者"静态文本框" Static Text ，在其属性编辑器（如图 2-21 所示）中设置格式（Style）为 popupmenu（弹出式菜单）。由设置过程可以看出，其他类似控件（如按键按钮等）也可以通过以上方法建立。

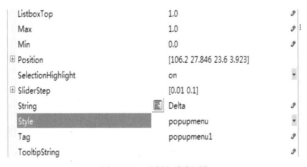

图 2-21　属性编辑器

对于属性编辑器中的内容，MATLAB 与数据库等程序有很高的相似度，这里不再详细说明，只对我们应用到的部分加以说明，有兴趣的读者可以自己尝试改变控件属性或通过阅读专业书籍进行学习。

2. 界面组件的参数设置

（1）双击第一个选择文本框，弹出属性编辑器，单击 String 属性右侧的扩展按钮 ，并在弹出的对话框中输入所需选择的内容，本例的输入如图 2-22 所示。

图 2-22　属性编辑器设置的属性值

（2）双击第二个选择文本框，并设置内容为"CALL""PUT"，保存并关闭属性编辑器。

（3）双击按键按钮，在弹出的属性编辑器中选中 String 项，通过与上面类似方法设置其内容为 Plot。这里也可直接在右侧空白处直接输入。

（4）将第二个按键按钮设置成 Mesh 并保存。

3. 初步设计界面的保存

（1）单击工具条上的 ▶ 按钮，弹出"确认提示"对话框。

（2）在该对话框中单击"是（Y）"按钮，引出 Windows 系统的标准"保存"对话框。

（3）选择文件夹和文件名（本例文件名为 greek），就完成了保存。

（4）随后，立即弹出两个窗口，即图形窗口 greek.fig 和 M 文件编辑器 greek.m。

4. 回调程序的编写

经由上面步骤产生的界面，虽然可以选择输入参数，单击"运行"按钮，却还是没有计算功能，无法画出图形。为了使界面具有工作能力，必须在界面编辑器自动生成的 M 文件中的适当位置填写相应的代码，具体步骤如下。

（1）在显示的 M 文件编辑器中，单击工作条中的 ▶ 按钮，在引出的菜单中选择回调子函数 pushbutton1_Callback（注意：M 文件中引用的控件名称显示在属性编辑器中的 Tag 中，应该与控件的显示名称相区分）。

（2）我们发现包括 pushbutton1_Callback 在内的全部子函数都是空的，我们在这部分插入以下命令（因程序过长，我们采用内部汉语解释的方法加以说明，不再另作逐句分析，引文注释为代码内部注释），以实现函数计算及二维图形的绘制。

```
% hObject    handle to pushbutton1 (see GCBO)
% eventdata  reserved - to be defined in a future version of MATLAB
% handles    structure with handles and user data (see GUIDATA)
   current_title='Select~a~Black-Scloles~Greek~then~press~a~plot~
   button';                          %程序默认标题
   range = [20,40,60];              % 40 is the strike price
   span = length(range);           % 这里请具体参照 MATLAB 帮助，为调用敏感性分
   j = 1:0.5:50;                    %析函数的数据准备
% Years until option expiration
   newj = j(ones(span,1),:)'/12;
   jspan = ones(length(j),1);
   newrange = range(jspan,:);
   pad = ones(size(newj));

%Calculate Some "Greeks", Delta and Gamma Theta
[delta_datacall,delta_dataput] = blsdelta(newrange, 40*pad, 0.1*pad,
newj, 0.7*pad);                     %注意看涨看跌期权贝塔值不同，输出两个参数
       delta_title='$\Delta=\frac{\partial{C}}{\partial{S}}:~~Delta~
       for~a~European~Call~~~~~~~~~Strike~K=40$';
%注意希腊字母格式的显示，具体参照运行界面
gamma_data = blsgamma(newrange, 40*pad, 0.1*pad, newj, 0.7*pad);
                                    %gamma 在看涨看跌期权中输出相同
       gamma_title='$\Gamma=\frac{\partial^2{C}}{\partial{S^2}}:~~~
       Gamma~for~a~European~Call~~~~~~~~~Strike~K=40$';
[theta_datacall,theta_dataput]= blstheta(newrange, 40*pad, 0.1*pad,
newj, 0.7*pad);
       the-
ta_title='$\Theta=\frac{\partial{C}}{\partial{t}}:~~~Theta~for~a~Europea
n~Call~~~~~~~~~Strike~K=40$';
   vega_data =blsvega(newrange, 40*pad, 0.1*pad, newj, 0.7*pad);
       vega_title='$\nu=\frac{\partial{C}}{\partial{\sigma}}:~~~Vega~
       for~a~European~Call~~~~~~~~~Strike~K=40$';
   [rho_datacall,rho_dataput] =blsrho(newrange, 40*pad, 0.1*pad, newj,
0.7*pad);
       rho_title='$\rho=\frac{\partial{C}}{\partial{r}}:~~~Rho~for~a~
       European~Call~~~~~~~~~Strike~K=40$';
   type = get(handles.popupmenu1,'String');          %提取选择文本框中的
   type = type{get(handles.popupmenu1,'Value')};    %输入内容，以数值
   type1=get(handles.popupmenu2,'String');           %格式显示
   type1 = type1{get(handles.popupmenu2,'Value')};  %注意所有输入参数的
   switch type                                        %格式在 GUI 中全部为
   case 'Delta'                                       %字符型
       switch type1
           case 'CALL'
           current_data = delta_datacall;             %switch 函数起到分
           case 'PUT'                                  %辨输入变量并控制
           current_data = delta_dataput;              %中间变量的作用
       end                                             %画图时将用到中间
```

```
                    current_title=delta_title;                      %变量 current_data
        case'Theta'                                                 %及 current_title
            switch type1
                case 'CALL'
                current_data = theta_datacall;
                case 'PUT'
                current_data = theta_dataput;
            end
                current_title=theta_title;
        case'Gamma'
                current_data = gamma_data;
                current_title=gamma_title;
        case'Rho'
                switch type1
                case 'CALL'
                current_data = rho_datacall;
                case 'PUT'
                current_data = rho_dataput;
                end
                current_title=rho_title;
        case'Vega'
                current_data = vega_data;
                current_title=vega_title;

    end

    switch type1
            case 'CALL'
            plot(j,current_data(:,1),'r',j,current_data(:,2),'y',j,
current_data(:,3),'c');
    legend('Out of the money','At the money','In the money');
    %plot 函数画出二维图像，并用 legend 函数标示图例
            case 'PUT'
            plot(j,current_data(:,3),'r',j,current_data(:,2),'y',j,
current_data(:,1),'c');
    legend('Out of the money','At the money','In the money');
    %注意在 CALL 和 PUT 中区分实值期权平值期权和虚值期权的不同
        end
        xlabel('Time to Maturity T (months)');
        title(current_title,'interpreter','latex','FontSize',13);
    %设置坐标轴以及标题，注意标题中的 current_title 变量
    %注意所画曲线顺序与图例顺序的对应
    End
```

注意： 一个完整的敏感指标函数格式为：

[CallDelta, PutDelta] = blsdelta（Price, Strike, Rate, Time, Volatility, Yield）

为了界面简洁及便于理解，这里我们采用内部固定变量值的方法，波动率均采用 0.7，改变这一变量会导致所画出的图形发生较大改变。

下面我们在显示的 M 文件编辑器中选择修改 pushbutton2_Callback 函数，这里除前面

的数据处理及最后绘制三维图形不同外，中间的希腊字母计算和变量选择完全一致，因而只对前后两部分代码加以说明：

```
% handles    structure with handles and user data (see GUIDATA)
range = 10:70;    % 这里我们选择 10 至 70 的整数而非前面的 20、40、60 三条线
 span = length(range);
    j = 1:0.5:50;
% Years until option expiration
    newj = j(ones(span,1),:)'/12;
    jspan = ones(length(j),1);
    newrange = range(jspan,:);
    pad = ones(size(newj));
%中间过程略去%
%画图部分代码%
mesh(range,j,current_data);
    %plot(j,current_data);
    xlabel('Current Stock Price S_0');
    ylabel('Time to Maturity T (months)');
    title(current_title,'interpreter','latex','FontSize',13);
```

注意：这里画的是三维图形，不便通过图例标记期权的三种存在形式，所以此处没有图例标注，三维图形可以很好地展示期权的变化过程。

（3）对于其他控件表示的子函数，它们也是空的，并且是不完整的，在 MATLAB R2009b 中，我们仍需逐个添加 end 表示函数终止，否则程序将报错。

小技巧：

在设计回调函数的过程中，M 文件编辑器滚动条右侧会显示不同的颜色，表示出现警告或者错误提示（见图 2-23），光标放到上面会显示具体的错误或警告及其位置。

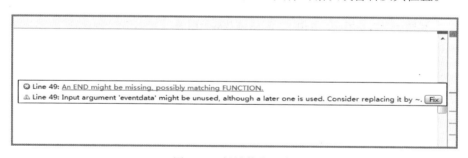

图 2-23　报错信息示意

图 2-23 显示了我们删除一个函数的 end 后的结果。最上方的红色表示该程序内存在错误导致无法运行，红色线部分显示错误的具体情况，橙色线部分表示程序可以改进的地方，这里都是改进以增加运行速度的提示，因为该改进在以前版本的 MATLAB 中可能无法运行，所以我们不去修改。当只有橙色线存在时，程序才是能够正常运行的。

5. 打开界面的方式

（1）可以通过建立 GUI 过程中的"打开已经存在的 GUI"，打开界面，改变输入变量，执行画图操作。

（2）可以通过在 M 文件中，单击"运行" 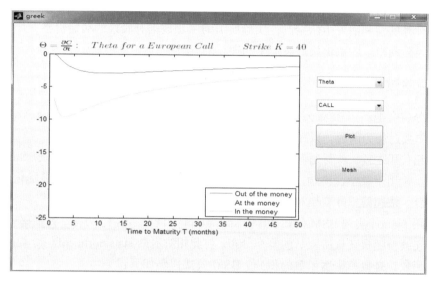 按钮，进行程序的调试及运行。

（3）可以在 MATLAB 主界面当前文件窗口中，右击 greek. m，选择 run file 运行程序。

（4）对于已经存在的图形文件如 greek. fig，可以选择右击 open in guide 打开，查看或者修改其界面布局，注意修改后其与 M 文件的匹配问题。

这里我们给出界面绘制二维图形的结果，以供参考，如图 2-24 所示。

图 2-24 欧式看涨期权三种价值状态下 Theta 随距离到期日剩余时间的变化

需要说明的是，以上操作步骤、属性设置都是出于简明角度考虑。实际上，界面编辑器还有许多辅助工具可以进行更加精确的设置，使界面更加规范、美观，这部分内容读者可以自己探索或参考专业的 MATLAB 书籍进行学习。

2.3.5 实验结果

本实验基于 MATLAB 计算了欧式看涨期权、欧式看跌期权的五个敏感性指标。此外通过 GUI，我们发现可以更加优美直观地展示希腊字母，还可以通过将不同价值形态的期权的希腊字母放在一张图上进行对比分析，以便给读者留下深刻印象，使其更加牢靠地掌握知识，激发他们学习新技能的热情。在图形展示方面，也提供了二维图形、三维图形两种图形展示选择。二维图形比较适合分析不同情况下的数值关系，而可旋转的三维图形在增加图形美观程度的同时，也给用户提供了观察图形的多种角度，更加灵活。

2.4 基于 Python 的希腊字母的数值实验

2.4.1 实验目的

读者需要先掌握连续时间期权定价 BSM 模型及其理论计算方法，并熟悉 Python 的使用方法，结合数值方法中给出的各个步骤，完成各项实验任务。由于数值实验在较多情况下都采用同一套参数，因此各个数值实验结果可以相互比较，以验证结果的正确性。通过该数值实验，可以让读者使用 Python 来计算期权价格的敏感性指标。

2.4.2　实验数据

由于希腊字母的计算属于数值实验，因此实验所需的参数是考虑该参数的真实取值区间并结合计算的便利而外生给定的。实验所需的主要数据有股票的初始价格、期权的执行价格、无风险利率、股票价格的波动率和期权的有效期。

2.4.3　实验过程

本部分将会把利用 BSM 公式计算期权价格和计算希腊字母 Delta、Gamma、Vega、Theta、Rho 分别单独封装为函数，以提高代码的可复用性。

在介绍代码之前，需要先引入新的 Python 库——Scipy。Scipy 是一个基于 Numpy 的科学计算库，常用于数学、科学、工程等领域，借助它能够非常方便地完成最优化、积分、插值、拟合、快速傅里叶变换和信号处理等任务。

我们用 Python 实现 BSM 公式，其中 stats.norm.pdf（α、均值、方差）为概率密度函数，用于描述连续型随机变量所服从的概率分布；与此相对应的 stats.norm.cdf（α、均值、方差）叫作分布函数，是概率密度函数的积分。BSM 公式代码如下：

```python
import numpy as np
# 由于scipy库较大，全部导入会造成资源浪费，所以仅导入需要的 stats 模块
from scipy import stats

def bsm_price(S0, K, r, sigma, T, type):
    '''
    功能：利用 BSM 公式计算期权价格
    参数：
        S0:股票的期初价格
        K :期权的执行价格
        r :无风险利率
        sigma:股票价格波动率
        T : 有效期
        type:1 表示看涨，0 表示看跌
    '''
    d1 = (np.log(S0/K) + (r + 0.5*sigma**2)*T) / (sigma*np.sqrt(T))
    d2 = d1 - sigma*np.sqrt(T)
    if type:
        price = S0*stats.norm.cdf(d1, 0, 1) - K*np.exp(-r*T)*stats.norm.cdf(d2, 0, 1)
    else:
        price = -S0*stats.norm.cdf(-d1, 0, 1) + K*np.exp(-r*T)*stats.norm.cdf(-d2, 0, 1)
    return price
```

我们用 Python 将希腊字母的计算公式进行实现，并计算股票初始价格 S_0 为 30、期权执行价格 K 为 28、无风险利率 r 为 0.04、有效期 T 为 1、股票波动率 sigma 为 0.71 的看涨期权敏感性指标，由于主要参数与 BSM 公式的代码相近，所以此处不再赘述。代码如下：

```python
import numpy as np
from scipy import stats

def bsm_delta(S0, K, r, sigma, T, type):
    '''
    计算 delta，股票价格变化对期权价格的影响
    '''
    d1 = (np.log(S0/K) + (r + 0.5*sigma**2)*T) / (sigma*np.sqrt(T))
    d2 = d1 - sigma*np.sqrt(T)
    if type:
        delta = stats.norm.cdf(d1, 0, 1)
    else:
        delta = -stats.norm.cdf(-d1, 0, 1)
    return delta

def bsm_gamma(S0, K, r, sigma, T):
    '''
    计算 gamma，股票价格变化对 delta 的影响
    '''
    d1 = (np.log(S0/K) + (r + 0.5*sigma**2)*T) / (sigma*np.sqrt(T))
    gamma = np.exp(-d1**2/2) / (S0*np.sqrt(2*np.pi*T*sigma**2))
    return gamma

def bsm_vega(S0, K, r, sigma, T):
    '''
    计算 vega，波动率变化对期权价格的影响
    '''
    d1 = (np.log(S0/K) + (r + 0.5*sigma**2)*T) / (sigma*np.sqrt(T))
    vega = S0*stats.norm.pdf(d1, 0, 1) * np.sqrt(T) / 100
    return vega

def bsm_rho(S0, K, r, sigma, T, type):
    '''
    计算 rho，无风险利率变化对期权价格的影响
    '''
    d1 = (np.log(S0/K) + (r + 0.5*sigma**2)*T) / (sigma*np.sqrt(T))
    d2 = d1 - sigma*np.sqrt(T)
    if type:
        rho = K*T*np.exp(-r*T) * stats.norm.cdf(d2, 0, 1) / 100
    else:
        rho = -K*T*np.exp(-r*T) * stats.norm.cdf(-d2, 0, 1) / 100
    return rho

def bsm_theta(S0, K, r, sigma, T, type):
    '''
```

```
计算 theta，时间变化对期权价格的影响
'''
d1 = (np.log(S0/K) + (r + 0.5*sigma**2)*T) / (sigma*np.sqrt(T))
d2 = d1 - sigma*np.sqrt(T)
if type:
    theta = -S0*stats.norm.pdf(d1, 0, 1)*sigma/(2*np.sqrt(T)) - \
r*K*np.exp(-r*T)*stats.norm.cdf(d2, 0, 1)
else:
    theta = -S0*stats.norm.pdf(-d1, 0, 1)*sigma/(2*np.sqrt(T)) + \
r*K*np.exp(-r*T)*stats.norm.cdf(-d2, 0, 1)
return theta

if __name__ == '__main__':
    S0 = 30
    K = 28
    T = 1
    r = 0.04
    sigma = 0.71
    type = 1
    price = bsm_price(S0, K, r, sigma, T, type)
    delta = bsm_delta(S0, K, r, sigma, T, type)
    gamma = bsm_gamma(S0, K, r, sigma, T)
    vega = bsm_vega(S0, K, r, sigma, T)
    rho = bsm_rho(S0, K, r, sigma, T, type)
    theta = bsm_theta(S0, K, r, sigma, T, type)
print(' price:%.4f,\ndelta:%.4f,\ngamma:%.4f,\nvega:%.4f,\nrho:%.4f,\
ntheta:%.4f ' \
    %(price, delta, gamma, vega, rho, theta))
```

通过运行代码，我们可以得到该看涨期权价格为 9.5304，Delta 为 0.6945、Theta 为 −4.1856，Vega 为 0.1052，Rho 为 0.1130，Gamma 为 0.0165，计算看跌期权的希腊字母仅需将 type 由 1 改为 0。

2.4.4　实验结果

本实验基于 Python 计算了欧式看涨期权、欧式看跌期权的价格及其五个主要的敏感性指标。由于篇幅所限，我们没有提供相应的图片展示。

2.5　基于 C++与 Excel-Addin 的希腊字母的数值实验

2.5.1　实验目的

读者需要先掌握连续时间期权定价 BSM 模型及其理论计算方法，并熟悉 C++与 Excel-Addin 的使用方法，结合数值方法中给出的各个步骤，完成各项实验任务。由于数值实验在较多情况下都采用同一套参数，因此各个数值实验结果可以相互比较，以验证结果的正确性。通过该数值实验，可以让读者使用 Quantlib 来计算期权价格敏感性指标。

2.5.2 实验数据

由于希腊字母的计算属于数值实验，因此实验所需的参数是考虑该参数的真实取值区间并结合计算的便利而外生给定的。实验所需的主要数据有股票的初始价格、期权的执行价格、无风险利率、股票价格的波动率和期权的有效期。

2.5.3 实验过程

在 QuantLib 中，所有经典类型的期权（如欧式看涨期权、欧式看跌期权，数字看涨期权、数字看跌期权等）均有希腊字母的解析计算方法。下面是一个包含四种经典类型期权定价与希腊字母的代码，包括最常用的 Delta、Gamma、Vega、Theta、Rho。

```cpp
using namespace QuantLib;

DLLEXPORT double option(char *optionType, double dSpot, double dStrike,
double dRate,
    double dDiv, double dVol, double dDaysToMaturity, char *output)
{
    try {
        double result;

        //================= Make Calendar ====================//
        double dYears = dDaysToMaturity / (double)TRADEDAY_COUNTER;
        DiscountFactor rDiscount = std::exp(-dRate*dYears);
        DiscountFactor qDiscount = std::exp(-dDiv*dYears);
        Real stdDev = dVol*std::sqrt(dYears);
        boost::shared_ptr<StrikedTypePayoff> payoff;

        //================= Make Option ====================//
        if ( (dYears <= 0 && !lstrcmpi(output,"Price")) ||
(!lstrcmpi(output,"Payoff")) ) {
            if ( !lstrcmpi(optionType,"Call") )
                return PlainVanillaPayoff(Option::Call,dStrike)(dSpot);
            else if ( !lstrcmpi(optionType, "Put") )
                return PlainVanillaPayoff(Option::Put,dStrike)(dSpot);
            else if ( !lstrcmpi(optionType, "DigitCall") )
                return     CashOrNothingPayoff(Option::Call,dStrike,
1.0)(dSpot);
            else if ( !lstrcmpi(optionType, "DigitPut") )
                return CashOrNothingPayoff(Option::Put,dStrike,1.0)(dSpot);
            else
                QL_FAIL("failed");
        }
        else if ( dYears <= 0 )
            return 0.0;
        else {
            if ( !lstrcmpi(optionType, "Call") )
                payoff =boost::shared_ptr<StrikedTypePayoff>(
                new PlainVanillaPayoff(Option::Call,dStrike));
            else if ( !lstrcmpi(optionType, "Put") )
```

```
                              payoff =boost::shared_ptr<StrikedTypePayoff>(
                                   new PlainVanillaPayoff(Option::Put,dStrike));
                         else if ( !lstrcmpi(optionType, "DigitCall")  )
                              payoff =boost::shared_ptr<StrikedTypePayoff>(
                                   new CashOrNothingPayoff(Option::Call,dStrike,1.0));
                         else if ( !lstrcmpi(optionType, "DigitPut") )
                              payoff =boost::shared_ptr<StrikedTypePayoff>(
                                   new CashOrNothingPayoff(Option::Put,dStrike,1.0));
                         else
                              QL_FAIL("failed");
            }

            BlackScholesCalculator    option(payoff,dSpot,qDiscount,stdDev,
rDiscount);

            //================= Make Output ====================//
            if ( !lstrcmpi(output,"Price") )
                 result = option.value();
            else if ( !lstrcmpi(output, "Delta") )
                 result = option.delta();
            else if ( !lstrcmpi(output,"Gamma") )
                 result = option.gamma();
            else if ( !lstrcmpi(output,"Vega") )
                 result = option.vega(dYears);
            else if ( !lstrcmpi(output,"Rho") )
                 result = option.rho(dYears);
            else if ( !lstrcmpi(output,"Theta") )
                 result = option.thetaPerDay(dYears);
            else if ( !lstrcmpi(output,"strikeSensitivity") )
                 result = option.strikeSensitivity();
            else if ( !lstrcmpi(output,"itmCashProbability") )
                 result = option.itmCashProbability();
            else
                 QL_FAIL("failed");

            return result;
    }

    catch (const std::exception &e) {
            std::ostringstream err;
            err <<"Error loading : "<< e.what();
    }
}
```

同样地，需要事先注册函数以便在 Excel 调用：

```
void registerOption(XLOPER &xDll){
EXCEL(xlfRegister, 0, 18, &xDll,
     // function code name
     TempStrNoSize(" option"),
     // parameter codes: First is OUTPUT, others are parms resp.
     TempStrNoSize(" BFBBBBBBF"),
     // function display name
```

```
        TempStrNoSize(" option"),
        // comma-delimited list of parameter names
    TempStrNoSize("\xFF" "OptionType,Spot,Strike,Rate,Dividend,Volatility,
DaysToMaturity,Output"),
        // function type (0 = hidden function, 1 = worksheet function, 2
= command macro)
        TempStrNoSize(" 1"),
        // function category
        TempStrNoSize(" Pricing Engine - Vanilla"),
        // shortcut text (command macros only)
        TempStrNoSize(""),
        // path to help file
        TempStrNoSize(""),
        // function description
        TempStrNoSize("\xFF""Compute prices and greeks of vanilla op-
tions"),
        // parameter descriptions
        TempStrNoSize("\xFF""{Call,Put,DigitCall,DigitPut}. Case insen-
sitive"),
        TempStrNoSize("\xFF""Spot price of the underlying"),
        TempStrNoSize("\xFF""Strike of the option"),
        TempStrNoSize("\xFF""Risk-free Rate. In terms of percentage, e.g.
0.04 or 4%"),
    TempStrNoSize("\xFF""Dividend of the underlying. In terms of percentage,
e.g. 0.02 or 2%"),
    TempStrNoSize("\xFF""Annualized Volatility of the underlying. In terms
of percentage, e.g. 0.3 or 30%"),
    TempStrNoSize("\xFF""Days left to maturity. e.g. 60 = 60 days. Day counter
is 240/yr."),
        TempStrNoSize("\xFF""{Price/Delta/Gamma/Vega/Rho/Theta/ strike-
Sensitivity/itmCashProbability}. Theta is ThetaPerDay. Case insensitive"));
    }
```

2.5.4 实验结果

本实验基于 Quantlib 计算了欧式看涨期权、欧式看跌期权，数字看涨期权、数字看跌期权的五个主要的希腊字母。由于篇幅所限，我们没有提供相应的图片展示。

## 第3章

隐含波动率与波动率微笑的数值实验

3.1 理论基础

在 BSM 公式中，波动率参数非常重要，而且与其他参数有较大区别，因为波动率是一个无法直接观测到的量。波动率的无法观测给期权定价的研究带来不少问题和挑战。在 BSM 公式问世不久后，就有学者质疑波动率常数这一假设。在现代金融市场中，期权多为场内交易品种，在场内交易时，如果有期权成交，就可以看到不同执行价格、不同到期日的多个期权合约的成交价，这些不同的执行价格使期权涵盖平值、实值和虚值三种状态。于是有学者提出这样的猜测，如果 BSM 公式是对的，把市场上观测到的期权价格作为输入量代入 BSM 公式，应该可以反推算出波动率这一原本的输入参数。而且，如果波动率常数假设是对的，不同的期权价格输入公式推算出来的应该是相同的结果，即隐含在股票价格中的常数这一波动率。但事实并非如此，实证研究表明，通过这样计算得到的隐含波动率并非常数，由不同执行价格和不同到期日的期权价格得到的股票的隐含波动率是一个关于执行价格 K 和到期日 T 的函数，即 $\sigma = \sigma(K, T)$。

在后面的数值计算中我们将使用真实数据计算隐含波动率，并绘制波动率微笑图形，因此这里我们只给出几种不同的隐含波动率随执行价格变化而变化的情况。一般来说，当横轴为执行价格时，隐含波动率随执行价格的变化有三种形态：波动率微笑（volatility smile）、波动率偏斜（volatility skrew）和波动率皱眉（volatility frown）。

根据 S，K，r，T 和期权价格 C 并不能将波动率 σ 明显地求出来，而是需要采取非线性方程的求解方法，通过迭代算法才能求出隐含波动率。计算隐含波动率常用的迭代算法是牛顿——拉夫森方法。具体的计算公式如下：

$$\sigma_{n+1} = \sigma_n - \frac{C(\sigma_n) - C_m}{C'(\sigma_n)} \tag{3-1}$$

式中，σ_n 表示隐含波动率 σ_{imp} 的第 n 次迭代。如果适当地选择初始值 σ_1，那么 $\{\sigma_n\}$ 的极限将收敛到隐含波动率的唯一解。将式（3-1）写成如下形式：

$$\frac{\sigma_{n+1} - \sigma_{imp}}{\sigma_n - \sigma_{imp}} = 1 - \frac{C(\sigma_n) - C(\sigma_{imp})}{\sigma_n - \sigma_{imp}} \frac{1}{C'(\sigma_n)} = 1 - \frac{C'(\sigma_n^*)}{C'(\sigma_n)} \tag{3-2}$$

由中值定理可以证明 σ_n^* 位于 σ_n 和 σ_{imp} 之间。Manaster 和 Koehler 在 1982 年提出，当 $\sigma = \sigma_1$ 时，$C'(\sigma)$ 是最大的。对于所有的 σ 有

$$C'(\sigma) = \frac{S\sqrt{T-t}\,\mathrm{e}^{-\frac{d_1^2}{2}}}{\sqrt{2\pi}} > 0 \tag{3-3}$$

因此，

$$C''(\sigma) = \frac{C'(\sigma)d_1 d_2}{\sigma} = \frac{S\sqrt{T-t}\,d_1 d_2 \mathrm{e}^{-\frac{d_1^2}{2}}}{\sqrt{2\pi}\,\sigma} \tag{3-4}$$

式中，d_1 和 d_2 的定义同前。当 $d_1 = 0$ 和 $d_2 = 0$ 时，$C'(\sigma)$ 函数取得极大值。由此可得

$$\sigma^2 = 2\frac{\ln\dfrac{S}{K} + r(T-t)}{T-t} \quad \text{和} \quad \sigma^2 = -2\frac{\ln\dfrac{S}{K} + r(T-t)}{T-t}$$

上面两个 σ^2 都给出 $C'''(\sigma) < 0$，因此，可以将 σ_1 设为

$$\sigma_1 = \sqrt{\frac{2}{T-t}\left[\ln\frac{S}{K} + r(T-t)\right]} \tag{3-5}$$

在式（3-2）中令 $n=1$，由于 $C'\left(\sigma_1^*\right) < C'(\sigma_1)$，于是得到

$$0 < \frac{\sigma_2 - \sigma_{imp}}{\sigma_1 - \sigma_{imp}} < 1 \tag{3-6}$$

推广到一般情况有

$$0 < \frac{\sigma_{n+1} - \sigma_{imp}}{\sigma_n - \sigma_{imp}} < 1, \ \ n \geqslant 1 \tag{3-7}$$

由此可见，$\{\sigma_n\}$ 是单调有界的，所以将 $\{\sigma_n\}$ 收敛到唯一解。

3.2 基于 Excel 的隐含波动率与波动率微笑的数值实验

3.2.1 实验目的

学生需要先掌握隐含波动率的理论计算方法，并熟悉 Excel 的使用方法，结合数值方法中给出的各个步骤，完成各项实验任务。由于数值实验一般都采用同一套真实数据，因此各个数值实验结果可以相互比较，以验证数值实验结果的正确性。要求学生使用 Excel 计算隐含波动率并利用苹果公司股票期权真实交易数据绘制波动率微笑图形[①]。

3.2.2 编程准备——Excel 部分功能要点

1. 宏

Excel 自动集成了"VBA"高级程序语言，用此语言编制出的程序就叫作"宏"。

---

① 本书第二版写作之际，内地已经有一些场内期权，如上证 50ETF 期权、沪深 300 指数期权等。我们也考虑过将第一版中波动率微笑图形重新用内地场内期权交易数据进行绘制。但为了不同编程语言版本下的波动率微笑图形进行对比，依然采用苹果期权的数据。当然，绘制波动率微笑图形的方法是一样的，读者可以自行用市场数据绘制自己想要的期权的波动微笑图形。——编者注

2. 创建函数

Excel 强大的函数功能，为我们带来了极大的方便。虽然它有 200 多个函数，但有时我们为实现一项功能，可能用到几个函数或者采用嵌套函数，这样应用起来也不太方便。其实，对于经常用到的功能，我们可以创建自定义函数，它的运行与 Excel 中自带的函数完全相同。建立自定义函数有以下优点：可以建立特殊功能和名称的函数；能将复杂的、嵌套的、多个原有的函数组合在一起，以发挥更大的威力。

使用方式：在 Excel 开发工具选项卡下单击宏选项，输入宏的名称，单击创建宏。这时便进入代码编辑区，用户可在此区域内编写代码，达到创建函数的目的。

3.2.3 实验数据

隐含波动率的计算与前面给出一定参数计算出的期权理论价格不同，其必须基于真实的市场数据。因此，我们先要找到股票市场上的股票价格、期权执行价格、到期时间、无风险利率等基础数据。

3.2.4 实验过程

在获得了实验所需的各项数据之后，就可以计算苹果公司股票期权的隐含波动率，并在此基础上绘制波动率微笑图形了。

【例 3-1】 计算苹果公司看涨期权的隐含波动率，并绘制波动率微笑。

（1）设计并建立数据表格

建立基础数据输入表格，内容包括股票价格等在上述步骤中查找到的数据。其中包括一系列的期权执行价格，以及将预留出的隐含波动率数据填入空间。

（2）创建期权价格计算函数

创建隐含波动率计算函数需要使用一系列的期权交易价格，因此在计算隐含波动率之前首先要创建期权价格计算函数，从而为创建隐含波动率计算函数奠定基础。具体参考代码如下：

```
Function BS_Call( _
    ByVal S As Double, _
    ByVal X As Double, _
    ByVal T As Double, _
    ByVal r As Double, _
    ByVal v As Double, _
    ByVal d As Double) As Double
    Dim d1 As Double
    Dim d2 As Double
    d1 = (Log(S / X) + (r - d + v ^ 2 / 2) * T) / v / Sqr(T)
    d2 = d1 - v * Sqr(T)
    BS_Call = Exp(-d * T) * S * Application.NormSDist(d1) - X * Exp(-r
* T) * Application.NormSDist(d2)
  End Function

  Function BS_Put( _
```

```
    ByVal S As Double, _
    ByVal X As Double, _
    ByVal T As Double, _
    ByVal r As Double, _
    ByVal v As Double, _
    ByVal d As Double) As Double
    Dim d1 As Double
    Dim d2 As Double
    d1 = (Log(S / X) + (r - d + v ^ 2 / 2) * T) / v / Sqr(T)
    d2 = d1 - v * Sqr(T)
    BS_Put = -Exp(-d * T) * S * Application.NormSDist(-d1) + X * Exp(-r
* T) * Application.NormSDist(-d2)
  End Function
```

通过上面的两段代码我们创建了两个函数 BS_Call 和 BS_Put，每个函数都包括 6 个参数，即股票价格 S、执行价格 X、距离到期日剩余时间 T、无风险利率 r、波动率 σ 和分红率 q。当用户在 Excel 单元格内使用此函数并输入相应的参数后，这些参数将传入这段代码，并计算出 BSM 模型下的期权价格，将其返回到该单元格中。

（3）创建隐含波动率计算函数

隐含波动率的理论解法有很多，这里为了便于 Excel 编程，我们使用二分法。二分法的思路是给定某一波动率的区间，取区间的中点计算期权价格，若所得价格与实际价格间差值小于某一给定数值，则取此波动率为该期权的隐含波动率，否则将所取波动率作为新的区间边界，再次进行计算。具体的参考代码如下：

```
Function IV( _
    ByVal S As Double, _
    ByVal X As Double, _
    ByVal T As Double, _
    ByVal r As Double, _
    ByVal Price As Double, _
    ByVal d As Double) As Double
    Dim epsilonABS As Double
    Dim epsilonSTEP As Double
    Dim volMid As Double
    Dim volLower As Double
    Dim volUpper As Double
    minimum = 0.0000001
    volLower = 0.001
    volUpper = 5
    Do While volUpper - volLower >= minimum
      volMid = (volLower + volUpper) / 2
      If Abs(BS_Call(S, X, T, r, volMid, d) - Price) <= minimum Then
        Exit Do
      ElseIf ((BS_Call(S, X, T, r, volLower, d) - Price) * (BS_Call(S,
X, T, r, volMid, d) - Price) < 0) Then
        volUpper = volMid
      Else
        volLower = volMid
      End If
    Loop
```

```
    IV = volMid

End Function
```

通过上述代码我们创建了 IV 函数，该函数有 6 个参数，即股票价格 S、执行价格 X、距离到期日剩余时间 T、无风险利率 r、期权市场价格 P、分红率 d。函数设定的初始波动率的范围是（0.001,5），差值给定为 0.000 000 1。此函数调用了第（2）步创建的期权价格计算函数，用于计算给定波动率的期权理论价格。

（4）计算隐含波动率并绘制波动率微笑

在第（1）步建立的数据表格中使用创建的隐含波动率计算函数求得不同执行价格期权的隐含波动率。利用隐含波动率数据及相应的执行价格数据绘制二者之间的关系图，得到了苹果公司股票期权的波动率微笑。最终结果如图 3-1 所以。

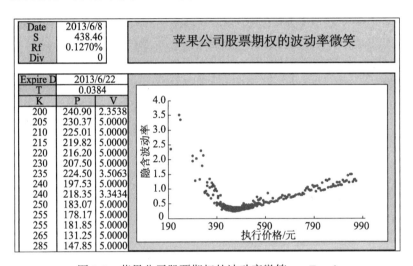

图 3-1   苹果公司股票期权的波动率微笑——Excel

3.2.5   实验结果

本实验基于 Excel 计算了苹果公司 2013 年 6 月 22 日到期的股票期权的隐含波动率并在此基础上绘制了波动率微笑图形。由于波动率微笑图形的横轴是执行价格，而真实的股票期权的执行价格是有一定报价间隔的，因此绘制出来的图形并不太光滑，但我们还是可以从图 3-1 中清楚地看到，随着执行价格的上升，隐含波动率呈现先下降后上升的走势，也就是著名的"波动率微笑"现象。

3.3   基于 MATLAB 的隐含波动率与波动率微笑的数值实验

3.3.1   实验目的

学生需要先掌握隐含波动率的理论计算方法，并熟悉 MATLAB 的使用方法，结合数值方法中给出的各个步骤，完成各项实验任务。由于数值实验一般都采用同一套真实数据，因此各个数值实验结果可以相互比较，以验证结果的正确性。要求学生使用 MATLAB 计算隐含波动率并利用苹果公司股票期权真实交易数据绘制波动率微笑图形。

3.3.2 编程准备——MATLAB 常用绘图命令

MATLAB 有很强大的作图功能，plot 属于最基本的绘图函数，在以后的程序中也将用到。这部分主要阐述 MATLAB 的常用绘图命令。

1. 基本形式

（1）>> y=[0 -3 1 3 5 -4]；

```
>> plot(y)
```

生成的图形是以序号为横坐标、以数组 y 的数值为纵坐标画出的折线。

（2）>> x=linspace(0,2*pi,30)；%生成一组线性等距的数值

```
>> y=sin(x);
>> plot(x,y)
```

生成的图形是 30 个点连成的光滑的正弦曲线（注意这类函数曲线也是采用列点描线的方法做出的，选点越密作图越精确）。

2. 多重线

（1）在同一个画面上可以画许多条曲线，只需多给出几个数组，例如：

```
>> x=0:pi/15:2*pi;
>> y1=sin(x);
>> y2=cos(x);
>> plot(x,y1,x,y2)
```

（2）另一种画法是利用 hold 命令。

在已经画好的图形上，设置命令 hold on，MATLAB 将把新的 plot 命令产生的图形画在原来的图形上。而命令 hold off 将结束这个过程。例如：

```
>> x=linspace(0,2*pi,30); y=sin(x); plot(x,y)
>> hold on
>> z=cos(x); plot(x,z)
>> hold off
```

3. 线型和颜色

MATLAB 对曲线的线型和颜色有许多选择，标注的方法是在每对数组后加一个字符串参数，说明如下：

（1）线型线方式：—（实线）；:（点线）；—·（虚点线）；——（波折线）。

（2）线型点方式：·（圆点）；+（加号）；*（星号）；x（x 形）；o（小圆）。

（3）颜色：y（黄）；r（红）；g（绿）；b（蓝）；w（白）；k（黑）；m（紫）；c（青）。

以下面的例子说明用法（我们画图的例子就是采用'.r'实现红色点状图形的）：

```
>> x=0:pi/15:2*pi;
>> y1=sin(x); y2=cos(x);
```

```
>> plot(x,y1,'b:+',x,y2,'g-.*')
```

4. 网格和标记

可以用下列命令在一个图形上加网格、标题、x 轴标记、y 轴标记：

```
>> x=linspace(0,2*pi,30); y=sin(x); z=cos(x);
>> plot(x,y,x,z)
>> grid
>> xlabel('Independent Variable X')
>> ylabel('Dependent Variables Y and Z')
>> title('Sine and Cosine Curves')
```

也可以在图形的任何位置加上一个字符串，如用

```
>> text(2.5,0.7,'sinx')
```

表示在坐标 $x = 2.5$，$y = 0.7$ 处加上字符串 sinx。更方便的做法是用鼠标来确定字符串的位置，方法是输入命令：

```
>> gtext('sinx')
```

在图形窗口十字线的交点是字符串的位置，单击鼠标就可以将字符串放在那里。

5. 坐标系的控制

在缺省情况下，MATLAB 将自动选择图形的横、纵坐标的比例，如果对这个比例不满意，可以用 axis 命令控制，常用的 axis 命令有以下几个：

axis([xmin xmax ymin ymax]) [ ] 中分别给出 x 轴和 y 轴的最大值、最小值；

axis equal 或 axis('equal') x 轴和 y 轴的单位长度相同；

axis square 或 axis('square') 图框呈方形；

axis off 或 axis('off') 清除坐标刻度。

以上是 plot 函数的基本功能，在以后的编程中都将用到。关于 plot 的其他功能及其他画图函数的用法，可参考 MATLAB 帮助系统。

3.3.3　实验数据

隐含波动率的计算与期权价格的计算不同，必须基于真实的市场数据。苹果公司的股票是股票期权市场上最为活跃的标的资产之一，成为近年来研究股票期权最为著名的股票之一。在前面基于 Excel 的实验中我们收集到了其大量的期权交易数据，这里我们采用同样的数据，展示其波动率微笑的情况。其中，K 为执行价格，P 为相应的执行价格下股票看涨期权的交易价格，2013 年 6 月 22 日苹果股票的价格为 438.46 美元。具体数据如下：

$$K = [290\ 300\ 305\ 320\ 325\ 330\ 335\ 340\ 340\ 345];$$
$$P = [158\ 140.99\ 147.5\ 123.7\ 138.72\ 124\ 128.5\ 100.35\ 100.65\ 96.55].$$

3.3.4　实验过程

1. 计算隐含波动率

在前面我们已经给出了隐含波动率的计算方法，MATLAB 金融函数工具箱中的隐含波

动率的计算正是采用牛顿—拉夫森算法。

计算隐含波动率的第一步是计算连续复利利率期限结构，这部分内容读者可以参考 intenvset 函数（详见 MATLAB 帮助系统），然后利用计算出来的期限结构计算期权隐含波动率。举例如下：

考虑一个欧式期权，其执行价格为 40 美元，行权日期是 2008 年 6 月 1 日，标的资产股票价格在 2008 年 1 月 1 日的价格为 45 美元，无风险利率为 5%。看涨期权价格为 7.10 美元，看跌价格为 2.85 美元。根据以上数据可以计算求得隐含波动率，具体代码如下（通过命令窗口直接运行）：

```
>> AssetPrice = 45;    %定义基本参数
Settlement = 'Jan-01-2008';
Maturity = 'June-01-2008';
Strike = 40;
Rates = 0.05;
OptionPrice = [7.10; 2.85];
OptSpec = {'call';'put'};
%定义 RateSpec 以及 StockSpec :
RateSpec = intenvset('ValuationDate', Settlement, 'StartDates', Set-
tlement,...
  'EndDates', Maturity, 'Rates', Rates, 'Compounding', -1, 'Basis', 1);

StockSpec = stockspec(NaN, AssetPrice);
%计算隐含波动率
ImpvVol =    impvbybls(RateSpec, StockSpec, Settlement, Maturity,
OptSpec,...
  Strike, OptionPrice)   %运行出现结果

ImpvVol =

   0.3175
  0.4878
```

可以看出，该看涨期权隐含波动率为 31.75%，看跌期权的隐含波动率为 48.78%。

2. 波动率微笑绘图——苹果公司股票期权

有了隐含波动率计算结果和其他相应数据，就可以运用 MATLAB 绘制苹果公司股票期权的波动率图形。具体代码如下：

```
K=[ 290 300 305 320 325 330 335 340 340 345];
P=[158 140.99 147.5 123.7 138.72  124 128.5 100.35 100.65 96.55  ];
    N=10;   % less than 260 please
    ImpvVol=zeros(1,N+10);
    for i=1:1:N;    %you may change this N to a little number and delete
the last '%' to speed up the programme
    AssetPrice =438.36;
    Settlement = 'June-08-2008';
    Maturity = 'June-022-2008';
    Strike =K(i);
```

```
        Rates = 0.0127;
        OptionPrice = P(i);
        OptSpec = {'call'};
        %Define RateSpec and StockSpec :
        RateSpec = intenvset('ValuationDate', Settlement, 'StartDates',
Settlement,...
        'EndDates', Maturity, 'Rates', Rates, 'Compounding', -1, 'Basis', 1);
        StockSpec = stockspec(NaN, AssetPrice);
        %Calculate the implied volatility of the options:
        ImpvVol(i) = impvbybls(RateSpec, StockSpec, Settlement, Ma-
turity, OptSpec,...
        Strike, OptionPrice);
        end
        %ImpvVol =[    1.9336    1.2624    2.0120 1.3104    2.2763
1.7737    2.1265    0.8511    0.8812    0.9176    ];
        plot(K(1:N),ImpvVol(1:N),'.r');
        xlabel('Strike Price');
        ylabel('Implied Volatility');
        title('Volatility Smile of APPLE','interpreter','latex','FontSize',
13);
```

我们采用的是苹果公司的全部数据，但是限于篇幅，无法在这里全部展开。关于数据的输入，建议大家使用 importdata 函数以实现数据的调用，这样便可将股票等数据保存在其他 M 文件或者直接引用 MATLAB 支持的其他文件中的数据，这能很好地保全数据的完整性和可靠性，同时增加了程序的灵活性。限于篇幅，这里不做过多展开，有兴趣的读者可以自行研究。

应当注意，在使用苹果公司全部数据的时候，程序运行将变慢，不方便将计算过程与画图过程放在同一个程序中进行。这时，我们可以选择通过双击 work space 窗口下的 ⊞ ImpvVol ⟨1x350 doub，获得期权全部的隐含波动率，另外储存在一个矩阵中，单独画图，以实现计算与画图二者功能的分离，提高运行效率。为了图形的相对美观，我们剔除不能计算期权隐含波动率的点（在理论研究中，我们不能随意剔除数据，这里只做展示用，故剔除）。利用剩余的其他点绘制的波动率微笑图形如图 3-2 所示。

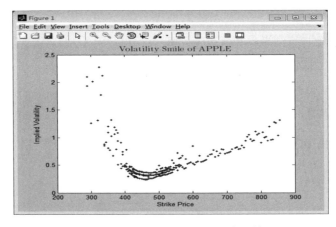

图 3-2　苹果公司股票期权的波动率微笑图形

由图 3-2 可知，苹果公司股票期权的隐含波动率具有较为明显的波动率微笑的特征。

3.3.5　实验结果

本实验基于 MATLAB 计算了苹果公司 2013 年 6 月 22 日到期的股票期权的隐含波动率，并在此基础上绘制了波动率微笑图形。由于波动率微笑图形的横轴是执行价格，而真实的股票期权的执行价格是有一定报价间隔的，因此绘制出来的图形并不太光滑，但我们还是可以从该图形中清楚地看到，随着执行价格的增加，隐含波动率呈现先下降后上升的走势，也就是著名的"波动率微笑"现象。将 MATLAB 绘制的波动率微笑图形和在此之前通过 EXCEL 绘制的波动率微笑图形相比，由于原始数据和计算方法相同，因此两者还是高度一致的。相比之下，MATLAB 绘制的图形的质量更好一些。因此在对图形质量有较高要求的情况下，我们通常采用 MATLAB 绘制图形。

3.4　基于 Python 的隐含波动率的数值实验

3.4.1　实验目的

前面我们已经介绍了如何通过 VBA 编程的方式利用二分法求解隐含波动率和通过在 MATLAB 中调用 impvbybls 函数的方式求解隐含波动率，本实验介绍如何利用 Python 分别实现牛顿–拉夫森算法和二分法求解隐含波动率。要求学生先掌握隐含波动率的理论计算方法，并灵活运用 Python 进行算法实现。此外，要求学生掌握使用 Python 中的 Matplotlib 库进行图形绘制，运用苹果公司股票期权真实交易数据计算隐含波动率并绘制波动率微笑图形。

3.4.2　编程准备

这里我们需要先引入新的 Python 库——pandas 和 matplotlib。Pandas 是基于 Numpy 的强大的分析结构化数据的工具库，不仅可以从各种文件格式（如 CSV、JSON、SQL、XLSX）导入数据，而且可以对各种数据进行运算操作，如归并、再成形、选择，还有数据清洗和数据加工特征，广泛应用在学术、金融、统计学等数据分析领域。Matplotlib 是 Python 中至关重要的绘图库，使用该图库可以轻松地将数据可视化，用来绘制线图、散点图、等高线图、条形图、柱状图、3D 图形，甚至图形动画等。对于该库的具体使用方法，读者可以自行查阅专业书籍进行学习。

3.4.3　实验数据

隐含波动率的计算与期权价格的计算不同，必须基于真实的市场数据。为了保持与前文的一致性，此处依然使用苹果公司股票期权真实交易数据，展示其波动率微笑的情况。其中，K 为执行价格，P 为相应的执行价格下股票看涨期权的交易价格，2013 年 6 月 22 日苹果股票的价格为 438.46 美元。具体数据如下：K = [290 300 305 320 325 330 335 340 340

345]；P = [158 140.99 147.5 123.7 138.72　124 128.5 100.35 100.65 96.55]。

3.4.4　实验过程

1. 计算隐含波动率

由于隐含波动率是通过将实际价格代入 BSM 公式倒推出的波动率，所以我们在这部分依然会用到第 2 章所定义的 bsm_price 函数。使用牛顿—拉夫森算法计算隐含波动率，需要计算期权的 Vega，可到第 2 章查找 bsm_vega 函数，直接调用。牛顿—拉夫森算法和二分法求隐含波动率代码如下：

```python
def imp_vol_newton(P, S0, K, r, sigma_est, T, type):
    '''
    功能：利用牛顿–拉夫森方法计算期权的隐含波动率
    参数：
        P: 期权的实际价格
        S0:股票的期初价格
        K :期权的执行价格
        r :无风险利率
        sigma_est:估计的波动率，作为迭代初始值
        T : 有效期
        type:1 表示看涨，0 表示看跌
    '''
    minimum = 1e-5
    while True:
        sigma = sigma_est
        sigma_est -= (bsm_price(S0, K, r, sigma_est, T, type)-P) \
                    / bsm_vega(S0, K, r, sigma_est, T)
        if abs(sigma-sigma_est) < minimum:
            break
    return sigma_est


def bsm_imp_dichotomy(P, S0, K, r, T, type):
    '''
    功能：利用二分法计算期权的隐含波动率
    '''
    volUpper = 3
    volLower = 0
    minimum = 1e-8
    volMid = (volLower + volUpper) / 2
    while volUpper - volLower > minimum:
        volMid = (volLower+volUpper) / 2
        if abs(bsm_price(S0, K, r, volMid, T, type) - P) <= minimum:
            break
        elif (bsm_price(S0, K, r, volLower, T, type) - P) \
                * (bsm_price(S0, K, r, volMid, T, type) - P) < 0:
```

```
            volUpper = volMid
        else:
            volLower = volMid
    imp_vol = volMid
    return imp_vol
```

下面举一个计算隐含波动率的例子：一个欧式看涨期权，其执行价格为 40 美元，行权日期是 2008 年 6 月 1 日，标的资产股票价格在 2008 年 1 月 1 日的价格为 45 美元，无风险利率为 5%，看涨期权价格为 7.10 美元。根据以上数据，调用函数 imp_vol_newton 或者 bsm_imp_dichotomy 可计算得到该看涨期权隐含波动率是 31.75%。

2. 绘制波动率微笑图形

我们可以通过苹果公司看涨期权的执行价格和期权价格数据计算每个执行价格对应的隐含波动率，进而根据计算结果绘制波动率微笑图形。下面的代码是基于二分法进行计算并绘制的，读者可以自行探索基于牛顿—拉夫森算法的绘制。在该代码中，用列表表达式来提高运算效率和代码的简洁性，如果难以理解，也可以采用注释掉的 for 循环代码。具体代码如下：

```
import numpy as np
import pandas as pd
import datetime
import matplotlib.pyplot as plt

def plot_imp_vol(P, K, S0, r, T, type):
    '''
    功能：基于二分法绘制波动率微笑图形
    参数：
        P: 期权的实际价格，数据类型为 list
        K : 期权的执行价格，数据类型为 list
        S0:股票的期初价格
        r :无风险利率
        T : 有效期
        type:1 表示看涨，0 表示看跌
    '''
imp_vol = [bsm_imp_dichotomy(p, S0, k, r, T, type) for (p, k) in zip(P,
K)]  # 列表表达式
#    imp_vol = []                    # 预定义列表
#    for i in range(len(P)):  # i 作为下标
#        imp_vol_temp = bsm_imp_dichotomy(P[i], S0, K[i], r, T, type)
#        imp_vol.append(imp_vol_temp)  # 将每个执行价对应的隐含波动率存到列表
imp_vol 中

    plt.figure()                   # 创建新画布
    plt.ylim(0, 2.5)               # 设置 y 轴坐标范围

    plt.title("Volality Smile of Apple")     # 添加图表标题
```

```
        plt.xlabel("Strike Price")         # 添加 x 轴标签
        plt.ylabel("Implied Volality")     # 添加 y 轴标签
        plt.scatter(K, imp_vol, s=3)       # 绘制散点图
        plt.show()                         # 展示图片

if __name__ == '__main__':
    S0 = 438.46
    T = (datetime.date(2013, 6, 22) - datetime.date(2013, 6, 8)).days / 365
    r = 0.0127
    type = 1
    data = pd.read_EXCEL("Apple.xlsx")  # 利用 pandas 库读取 Excel 中的数据
    P = data['P']
    K = data['K']
plot_imp_vol(P, K, S0, r, T, type)
```

绘制出的图形如图 3-3 所示，是比较典型的微笑形状。

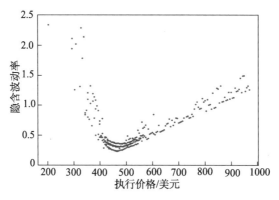

图 3-3　苹果公司股票期权的波动率微笑

3.4.5　实验结果

本实验给出了二分法和牛顿—拉夫森算法计算隐含波动率的 Python 代码，计算了苹果公司 2013 年 6 月 22 日到期的股票期权的隐含波动率，并在此基础上绘制了波动率微笑图形。从得到的波动率微笑图形可知，与前面 Excel 和 MATLAB 绘制的图形高度一致。

3.5　基于 Python 波动率微笑实验
——依托 GUI 绘制波动率微笑

3.5.1　实验目的

本实验运用 Python 制作 GUI，实现自动绘制波动率微笑图形的功能，我们将其命名为波动率微笑生成器。该生成器支持导入 Excel 文件（要求含有计算隐含波动率所必需的字

段——执行价、看涨期权市场价或看跌期权市场价）[①]，选择期权类型及计算方法（牛顿-拉夫森算法或二分法），一键操作完成隐含波动率计算和隐含波动率微笑图形绘制，保存计算得到的隐含波动率。该波动率微笑生成器界面简洁，能给使用者提供极大的便利。通过该实验能够更为直观地展示波动率微笑的特征，提升学生综合运用 Python 进行编程的能力。

3.5.2　实验数据

本实验所选择的测试数据来自苹果公司真实的期权数据，由于深度实值或深度虚值的期权在计算波动率时容易出现异常情况，所以仅挑选执行价格与标的资产价格偏离程度不大的 25 只期权进行展示。本实验在操作界面中需要导入保存有执行价和期权市场价格的 Excel 文件，输入标的资产价格 S_0、无风险利率 r、到期期限 T。如果选择基于牛顿—拉夫森算法计算隐含波动率，还需要输入预测波动率 σ 作为循环迭代的初始值。

3.5.3　实验准备

需要说明的是，使用 Python 制作 GUI 的难度要高于 MATLAB，我们建议优先选择基于 MATLAB 开发实现。本实验制作 GUI 是基于 PyQt5 库，该库文档较为成熟并且控件完善，还能够通过 Qt Designer 来辅助完成 GUI 的设计过程。在 Qt Designer 绘制完成之后，还可以将生成的.ui 文件通过 pyuic 直接转化为 Python 脚本文件，使用非常方便。对于 Qt Designer 的安装与配置及 pyuic 的配置，此处不进行讲述，读者可自行查阅相关专业资料进行学习。

基于 PyQt5 的编程过程中实现各个对象之间通信的基础是信号和槽。每个对象（包括各种窗口和控件）都支持信号和槽机制，如果我们要实现对象之间的通信和连接，就需要用到信号和槽。其实现方法中常用的是“（控件名称）.（信号名称）.connect（槽函数名称）”，当信号被发射时，所连接的槽函数会自动执行。本实验通过该机制实现的操作包括导入 Excel 文件、清除输入的数据内容、执行隐含波动率的计算和绘制波动率微笑图形、保存计算结果，在此过程中用到的信号是 clicked。也就是说，对象在被单击时会触发相应的函数从而实现对应的功能。

3.5.4　实验过程

1. 绘制界面组件

安装配置完成 Qt Designer 之后，我们便可以根据需求绘制相应的界面组件。

（1）标签绘制。由于 GUI 使用者在具体某个部件处执行对应操作，因此需要利用标签来说明何处进行 Excel 文件导入，何处选择期权类型和计算方法，何处输入标的资产价格 S_0 等参数。在 Qt Designer 中标签对应的控件是 🏷 Label 。

---

① 从这里读者可以发现，通过上传不同的期权的真实市场价格数据，可以绘制任一期权的波动微笑图形。——编者注

（2）文件导入。波动率微笑图形绘制需要多组期权执行价和市场价数据，逐组输入无疑会降低用户的使用效率、提升用户的使用成本，因此我们选择为按钮绑定槽函数的形式来实现 Excel 文件的导入。在 Qt Designer 中按钮对应的控件是 OK Push Button 。

该按钮所绑定的槽函数实现的功能主要是打开文件对话框—选择要导入的 Excel 文件—判断该文件中是否包含所必需的字段（执行价、最新价 C 或最新价 P）—提示文件导入、读取是否成功。槽函数具体代码如下：

```python
def msg(self):
    # 选择文件上传
    filename, _ = QFileDialog.getOpenFileName(self, "选取文件", "./",
"Excel Files (*.xls, *.xlsx)")
    self.lineEdit.setText(filename)
    if self.lineEdit.text() is not None:
        try:
            self.df = pd.read_excel(filename)
            if '执行价' not in self.df.columns or ('最新价 P' not in
self.df.columns and '最新价 C' not in self.df.columns):
                raise
        except Exception as e:
            print(e)
            QMessageBox.warning(self, '错误', '文件异常，请检查是否包含字段:
执行价、最新价 C 或 最新价 P')
        else:
            QMessageBox.about(self, '恭喜', '文件读取成功! 请输入其他参数')
```

（3）绘制控件为参数输入预留位置。在 GUI 设计中，一个参数直接对应一个输入控件，这可能是可编辑文本框或是单选按钮。考虑到 GUI 界面的直观性和易用性，我们选择可编辑文本框的形式输入标的资产价格 S_0、无风险利率 r、到期期限 T、预测波动率 σ；对于期权类型、计算方法，我们选择单选按钮的形式进行输入。可编辑文本框对应的控制是： ABI Line Edit ，单选按钮对应的控件是 ⊙ Radio Button 。

通过单选按钮选择期权类型和计算方法后，需要在代码中对当前按钮所选择的期权类型和计算方法进行判断，并且调整相应的参数值，确保最终的计算过程准确无误且符合使用需求。

```python
def select_type(self):
    # 选择期权类型
    button = self.sender()
    self.type = 0 if button.text() == 'Call' else 1
def select_method(self):
    # 选择计算方法
    button = self.sender()
    self.method = 0 if button.text() == '牛顿-拉夫森算法' else 1
    if self.method == 1:
```

```
        self.label_6.setVisible(False)
        self.lineEdit_sigma.setVisible(False)
    else:
        self.label_6.setVisible(True)
        self.lineEdit_sigma.setVisible(True)
```

（4）实现"清除""确认""保存"功能。可以通过按钮结合槽函数的形式分别实现"清除"（清除输入的数据内容）、"确认"（执行隐含波动率的计算和波动率微笑图形的绘制）、"保存"（保存隐含波动率计算结果）功能。

"清除"功能绑定的槽函数为：

```
def handle_clear(self):
    # 清除输入的数据内容和绘图
    self.lineEdit_s.clear()
    self.lineEdit_rate.clear()
    self.lineEdit_sigma.clear()
    self.lineEdit_t.clear()
    self.scene.deleteLater()
    self.impvol_canvas = FigureCanvas()
```

"确认"功能绑定的槽函数为：

```
def handle_get(self):
    # 计算隐含波动率
    try:
        self.s0 = float(self.lineEdit_s.text().strip())
        self.r = float(self.lineEdit_rate.text().strip())
        self.t = float(self.lineEdit_t.text().strip())
        if self.method == 0:
            self.sigma_est = float(self.lineEdit_sigma.text().strip())
    except:
        QMessageBox.warning(self, '错误', '请检查输入的数据是不是浮点数')
    else:
        self.k = self.df['执行价']
        self.p = self.df['最新价 C'] if self.type == 0 else self.df['最新价 P']

        # 计算隐含波动率
        if self.method == 0:
            self.impvol_sigma = [imp_vol_newton(p, self.s0, k, self.r,
self.sigma_est, self.t, type) for (p, k) in zip(self.p, self.k)]
        else:
            self.impvol_sigma = [bsm_imp_dichotomy(p, self.s0, k, self.r,
self.t, type) for (p, k) in zip(self.p, self.k)]
        # 绘图
        print('计算结束')
        self.draw()
```

"保存"功能绑定的槽函数为：

```
def save_result(self):
# 保存隐含波动率计算结果
try:
    data = {
        '执行价': self.k.values,
        '隐含波动率': self.impvol_sigma
    }
except:
    QMessageBox.warning(self, '错误', '请检查是否已单击"确认"按钮进行计算')
else:
    df = pd.DataFrame(data)
    fileName, _ = QFileDialog.getSaveFileName(self, "保存文件", "./",
'Excel 文件 (*.xlsx *.xls)')
    df.to_excel(fileName, index=False)
```

（5）绘制画布。由于最终需要在 GUI 中绘制波动率微笑图形，因此需要为其预留画布位置，画布对应的控件是 Graphics View 。为了实现画布形状能够根据 GUI 形状进行动态调整，编写如下代码：

```
def draw(self):
# 绘图
sizePolicy = QSizePolicy(QSizePolicy.Expanding, QSizePolicy.Expanding)
sizePolicy.setHorizontalStretch(0)
sizePolicy.setVerticalStretch(0)
sizePolicy.setHeightForWidth(self.label_9.sizePolicy().
    hasHeightForWidth())
self.impvol_canvas.setSizePolicy(sizePolicy)
self.plt = self.impvol_canvas.figure
self._impvol_ax = self.plt.subplots()
self._impvol_ax.scatter(self.k.values, self.impvol_sigma, s=3)
self._impvol_ax.set_xlabel('strike price')
self._impvol_ax.set_ylabel('impVol')
self._impvol_ax.set_title('the smile of impVol')
self._impvol_ax.autoscale_view()
self.plt.subplots_adjust(0.1, 0.1, 0.9, 0.9)
self.scene = QGraphicsScene()                    # 创建一个场景
self.scene.addWidget(self.impvol_canvas)         # 将图形元素添加到场景中
self.graphicsView.setScene(self.scene)           # 将创建添加到图形视图显示窗口
self.graphicsView.show()                         # 显示图形视图
```

绘制完成后，可以保存设计草稿得到.ui 文件，并且通过 pyuic 将其转化为 Python 脚本文件，此处命名为"impvolForm.py"。此后，可以新建一个 Python 脚本文件"mainRun.py"，作为波动率微笑生成器的主函数，可调用我们在本章第 4 节所编写的计算期权隐含波动率的代码"impvol.py"和 pyuic 生成的 GUI 代码"impvolForm.py"。这样操作的好处主要在

于可以使 GUI 的设计绘制过程与需要补充的计算、绘图等代码相互独立，借助 Qt Designer
实现代码的高效开发。图 3-4 所示为波动率微笑生成器设计界面。

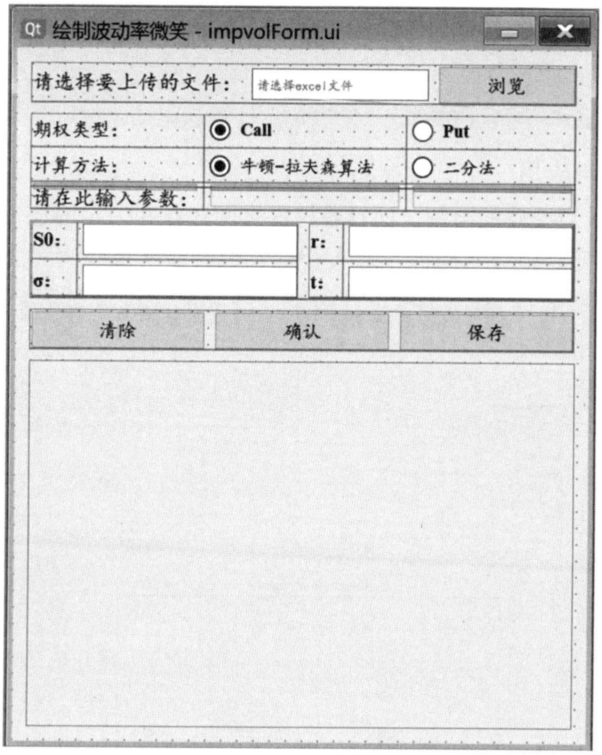

图 3-4　波动率微笑生成器设计界面

2. 设置控件属性

对于要输入的标的资产价格 S_0、无风险利率 r 等参数，需要预先对数据格式、大小范围等限制一定条件，避免用户输入不合常理的数据而导致程序崩溃。具体代码如下：

```python
def initUi(self):
  # 设置输入参数的约束条件
 self.lineEdit_s.setValidator(QDoubleValidator(0.000, 99999.999, 4))
 self.lineEdit_rate.setValidator(QDoubleValidator(0.000, 999.999, 4))
 self.lineEdit_sigma.setValidator(QDoubleValidator(0.000, 999.999, 4))
 self.lineEdit_t.setValidator(QDoubleValidator(0.000, 999.999, 4))
   # 绑定槽函数
 self.pushButton_consure.clicked.connect(self.handle_get)
 self.pushButton_clear.clicked.connect(self.handle_clear)
 self.pushButton_save.clicked.connect(self.save_result)
 self.pushButton_file.clicked.connect(self.msg)
   # 设置期权类型和计算方法参数
 self.type = 0  # 默认是 Call
```

```
self.radioButton_call.clicked.connect(self.select_type)
self.radioButton_put.clicked.connect(self.select_type)

self.method = 0   # 默认是牛顿-拉夫森算法
self.radioButton_newton.clicked.connect(self.select_method)
self.radioButton_half.clicked.connect(self.select_method)

self.impvol_canvas = FigureCanvas()
```

3. GUI 的检查与应用

GUI 设计不仅涉及控件的绘制，而且各控件之间还存在一定的逻辑关联，因此需要对所设计的 GUI 进行反复检查，确保在输入合理参数时能够得到真实、准确的计算结果。图 3-5 所示为根据测算数据，基于标的资产初始价格 154、无风险利率 1%、到期期限为 0.036 年绘制的波动率微笑图形。

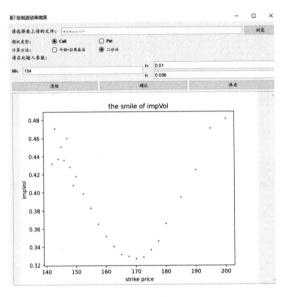

图 3-5   波动率微笑图形展示

3.5.5   实验结果

通过上述实验，我们运用 Python 制作了一个能够绘制波动率微笑图形的 GUI，使用简便，并且能够保存计算结果。

3.6   基于 C++与 Excel-Addin 的隐含波动率数值实验

3.6.1   实验目的

学生需要先掌握隐含波动率的理论计算方法，并熟悉 C++与 Excel-Addin 的使用方法，结合数值方法中给出的各个步骤，完成各项实验任务。

3.6.2 实验数据

由于在该实验中我们主要阐述 Quantlib 中计算隐含波动率的代码而不涉及波动率微笑绘制，因此没有采集期权的真实数据，而是给出一些常规的符合真实数据取值区间的参数值用于数值计算。

3.6.3 实验过程

最为常用的计算隐含波动率的方法为牛顿—拉夫森算法。该算法首先指定某一个波动率水平作为初始隐含波动率估计，计算当时的期权价格对波动率的一阶导数（也即期权的Vega），并计算新的隐含波动率（=原隐含波动率+Vega），直到误差足够小为止。

在 QuantLib 中大部分期权都具有隐含波动率解法，然而部分期权由于其 Gamma（或Vega）的符号可能发生变化，导致具有多个隐含波动率，因此此时求解出来的隐含波动率是没有意义的。利用 QuantLib 求解一般经典期权的隐含波动率的代码如下：

```
DLLEXPORT Volatility ImpVolOption(char *optionType, double dSpot, double
dStrike, double dRate,
    double dDiv, double dVolGuess, double dPrice, double dDaysToMaturity)
{
    try {
        double result;

        //================= Make Calendar ===================//
        // make calendar
        Calendar calendar = TARGET();

        //! \warning If use ContChinaTrading(), use "FRACTIONDAY * Days"
as one day.
        //  See macro.h for detail.
        DayCounter dayCounter = ContChinaTrading();

        // make settlement date
        Date settlementDate = Date::todaysDate();

        // make exercise date
        Date exerciseDate = settlementDate + dDaysToMaturity *
(double)FRACTIONDAY * Days;

        //================= Make Process ===================//
        // bootstrap the yield curve
        Handle<YieldTermStructure> riskFreeRate(
            boost::shared_ptr<YieldTermStructure>(new    FlatForward
(settlementDate, dRate, dayCounter)));

        // bootstrap the dividend curve
        Handle<YieldTermStructure> dividendRate(
            boost::shared_ptr<YieldTermStructure>(new    FlatForward
(settlementDate, dDiv, dayCounter)));

        // bootstrap the volatility curve
```

```
             Handle<BlackVolTermStructure> volatilityTS(
                  boost::shared_ptr<BlackVolTermStructure>(new        Black-
ConstantVol(settlementDate, calendar, dVolGuess, dayCounter)));

        // bootstrap the spot
        Handle<Quote>  underlying(boost::shared_ptr<Quote>(new  Sim-
pleQuote(dSpot)));

        // bootstrap the process
        boost::shared_ptr<BlackScholesMertonProcess> process(
            new BlackScholesMertonProcess(underlying, dividendRate,
riskFreeRate, volatilityTS));

        //================= Make Option ====================//
        // make payoff
        boost::shared_ptr<StrikedTypePayoff> payoff;
        if ( !lstrcmpi(optionType, "Call") )
              payoff   =   boost::shared_ptr<StrikedTypePayoff>(new
PlainVanillaPayoff(Option::Call, dStrike));
        else if ( !lstrcmpi(optionType, "Put") )
              payoff   =   boost::shared_ptr<StrikedTypePayoff>(new
PlainVanillaPayoff(Option::Put, dStrike));
        else if ( !lstrcmpi(optionType, "DigitCall") )
              payoff   =   boost::shared_ptr<StrikedTypePayoff>(new
CashOrNothingPayoff(Option::Call, dStrike,1));
        else if ( !lstrcmpi(optionType, "DigitPut") )
              payoff   =   boost::shared_ptr<StrikedTypePayoff>(new
CashOrNothingPayoff(Option::Put, dStrike,1));
        else
              QL_FAIL("failed");

        // make exercise
        boost::shared_ptr<Exercise>   exercise(new   EuropeanExer-
cise(exerciseDate));

        // make option
        VanillaOption option(payoff,exercise);

        // make engine
        boost::shared_ptr<PricingEngine>  engine(new  AnalyticEuro-
peanEngine(process));
        option.setPricingEngine(engine);

        //================= Make Output ====================//
        result = option.impliedVolatility(dPrice,process);
        return result;
    }

    catch (const std::exception &e) {
        std::ostringstream err;
        err <<"Error loading : "<< e.what();
    }
  }
```

同样地，需要在 Excel 注册代码：

```
void registerImpVolOption(XLOPER &xDll){
    EXCEL(xlfRegister, 0, 18, &xDll,
        // function code name
        TempStrNoSize(" ImpVolOption"),
        // parameter codes: First is OUTPUT, others are parms resp.
        TempStrNoSize(" BFBBBBBB"),
        // function display name
        TempStrNoSize(" ImpVolOption"),
        // comma-delimited list of parameter names
    TempStrNoSize("\xFF""OptionType,Spot,Strike,Rate,Dividend,
VolatilityGuess, Price,DaysToMaturity"),
        // function type (0 = hidden function, 1 = worksheet function,
2 = command macro)
        TempStrNoSize(" 1"),
        // function category
        TempStrNoSize(" Pricing Engine - Volatility"),
        // shortcut text (command macros only)
        TempStrNoSize(""),
        // path to help file
        TempStrNoSize(""),
        // function description
        TempStrNoSize("\xFF""Compute implied volatility of vanilla
options"),
        // parameter descriptions
        TempStrNoSize("\xFF""{Call,Put,DigitCall,DigitPut}.    Case
insensitive"),
        TempStrNoSize("\xFF""Spot price of the underlying"),
        TempStrNoSize("\xFF""Strike of the option"),
        TempStrNoSize("\xFF""Risk-free Rate. In terms of percentage,
e.g. 0.04 or 4%"),
        TempStrNoSize("\xFF""Dividend of the underlying. In terms of
percentage, e.g. 0.02 or 2%"),
        TempStrNoSize("\xFF""Guess  Annualized  Volatility  of  the
underlying. In terms of percentage, e.g. 0.3 or 30%"),
        TempStrNoSize("\xFF""Market price of the option"),
        TempStrNoSize("\xFF""Days left to maturity. e.g. 60 = 60 days.
Day counter is 240/yr."));
    }
```

3.6.4 实验结果

运行上述代码，可以计算出经典期权的隐含波动率，限于篇幅，本实验中没有绘制波动率微笑图形。

## 第4章

蒙特卡罗方法期权定价的数值实验

除了较少的期权定价的连续时间模型有解析解，大多数期权定价的连续时间模型是没有解析解的，需要借助数值方法来计算期权价格，而有限差分和蒙特卡罗方法是其中较为主流的数值方法，因此本章先给出连续时间模型。当然需要声明的是，本章给出的是有解析解的连续时间 BSM 模型，而后面我们在采用有限差分和蒙特卡罗方法计算欧式经典期权时，其解析解恰好可以作为数值解收敛的检验标准。在给其他复杂期权定价时，我们同样需要先给出其连续时间 BSM 模型的表达式，进而采用相应的数值方法进行计算。

4.1 理 论 基 础

4.1.1 标准蒙特卡罗方法

蒙特卡罗（Monte Carlo）方法出现在第二次世界大战后期，当时一些著名的美国物理学家，如冯·诺伊曼、曼彻波利斯，在计算机上用随机抽样的方法对中子的连锁反应进行了模拟。

蒙特卡罗方法的基本思想是，为了求解数学、物理、工程技术及金融等领域的问题，首先建立一个概率模型，使它的解等于问题的近似解；其次通过对模型或过程的抽样实验来计算所求解的统计特征；最后给出所求解的近似值。蒙特卡罗方法的计算精度与 $\frac{1}{\sqrt{n}}$（n 为随机抽样次数）成正比，即需要较大的计算量才能达到较高的计算精度。过去，在计算机还没有普及的情况下该方法无法普遍应用。现在，随着计算机的普及，计算成本大幅降低，通过编程很容易实现较高的计算精度。从理论上说，蒙特卡罗方法需要大量的随机实验。抽样次数越多，所得到的结果越精确。蒙特卡罗方法的基本步骤如下：

（1）根据实际问题建立一个概率模型，使所求解恰巧是模型的概率分布或模型中随机变量的数字特征；

（2）在计算机上模拟实验模型中的随机变量，获得足够的随机样本终值；

（3）给出所求解的估计及估计的精度；

（4）通过某些方法改进模拟效率和精度。

随着现代计算机技术的发展，借助计算机的高速计算能力，蒙特卡罗方法在最近几十年发展十分迅猛，在核物理、大气科学、管理科学、金融工程等科学计算中都占据了重要地位。

蒙特卡罗方法涉及两个重要定理：柯尔莫哥洛夫（Kolmogorov）强大数定律和莱维–林德贝格（Levy-Lindeberg）中心极限定理。蒙特卡罗方法中涉及的随机变量序列同分布的柯尔莫哥洛夫强大数定律如下：

设 $\xi_1, \xi_2, \cdots$ 为独立同分布的随机变量序列，若 $E[\xi_k] = \mu < +\infty, k = 1, 2, \cdots$，则有

$$P\left(\lim_{n \to +\infty} \frac{1}{n} \sum_{k=1}^{n} \xi_k = \mu\right) = 1 \qquad (4\text{-}1)$$

显然，若 $\xi_1, \cdots, \xi_n$ 是从同一总体中得到的抽样，那么由强大数定律可知样本均值 $\frac{1}{n} \sum_{k=1}^{n} \xi_k$ 当 n 很大时以概率 1 收敛到总体均值 μ。

中心极限定理则致力于研究随机变量之和的极限分布在何种情形下是正态的，并由此用正态分布的良好性质来解决实际问题。莱维–林德贝格中心极限定理也称为独立同分布的中心极限定理。

设 $\xi_1, \xi_2, \cdots$ 为独立同分布的随机变量序列，$E[\xi_k] = \mu < +\infty$，$D[\xi_k] = \sigma^2$，$k = 1, 2, \cdots$，则有

$$\frac{\sum\limits_{k=1}^{n} \xi_k - n\mu}{\sqrt{n}\sigma} \xrightarrow{d} N(0, 1) \qquad (4\text{-}2)$$

若令 $\eta_n = \dfrac{\dfrac{1}{n} \sum\limits_{k=1}^{n} \xi_k - \mu}{\sigma / \sqrt{n}}$，那么式（4-2）等价于

$$\lim_{n \to \infty} P(\eta_n \leqslant x) = \frac{1}{\sqrt{2\pi}} \int_{-\infty}^{x} e^{\frac{t^2}{2}} dt, \quad -\infty < x < +\infty \qquad (4\text{-}3)$$

假设 θ 为随机变量 ξ 的期望 $E[\xi]$，那么近似确定 θ 的蒙特卡罗方法是对 ξ 进行 n 次重复抽样，产生独立同分布的随机变量序列 $\xi_1, \cdots, \xi_n$，并计算样本均值 $\overline{\xi_n} = \frac{1}{n} \sum_{k=1}^{n} \xi_k$，则根据（4-1），有 $P(\lim\limits_{n \to \infty} \overline{\xi_n} = \theta) = 1$，即可用 $\overline{\xi_n}$ 作为所求量 θ 的估计值。

$\overline{\xi_n}$ 作为所求量 θ 的估计值，必然存在估计误差，由中心极限定理可得到估计值的误差。设随机变量 ξ 的方差是 $D[\xi_k] = \sigma^2 < +\infty$，则 σ 为 ξ 的标准差。对标准正态分布上的 $\frac{\delta}{2}$ 分位数 $Z_{\delta/2}\left(\phi(Z_{\delta/2}) = 1 - \frac{\delta}{2}\right)$，由式（4-3）可知

$$P\left(|\overline{\xi_n} - \theta| < Z_{\delta/2} \cdot \frac{\sigma}{\sqrt{n}}\right) \approx \frac{1}{\sqrt{2\pi}} \int_{-Z_{\delta/2}}^{Z_{\delta/2}} e^{-\frac{t^2}{2}} dt = 1 - \delta \qquad (4\text{-}4)$$

这表明不等式 $|\overline{\xi_n} - \theta| < Z_{\delta/2} \cdot \frac{\sigma}{\sqrt{n}}$ 近似地以概率 $1 - \delta$ 成立，即置信水平 $1 - \delta$ 对应的渐近有效置信区间是 $\overline{\xi_n} \pm Z_{\delta/2} \cdot \frac{\sigma}{\sqrt{n}}$。那么，蒙特卡罗方法的误差为 $Z_{\delta/2} \cdot \frac{\sigma}{\sqrt{n}}$，误差收敛速度为

$$O\left(\frac{1}{\sqrt{n}}\right).$$

期权定价的蒙特卡罗方法的理论基础是风险中性定价原理：在风险中性测度下，期权价格是其终端支付贴现值的期望，即

$$P = E_Q[\mathrm{e}^{-rT} \cdot f(S_t)] \tag{4-5}$$

式中，r 为无风险利率，T 为到期时间，$f(S_t)$ 为终端支付关于标的资产的价格路径 S 的函数，E_Q 为风险中性测度下的期望。由式（4-5）可知对期权价格的求解也就是计算期权终端支付函数的期望值。而蒙特卡罗方法恰巧可以用来估计所求期望值，下面我们给出期权定价的蒙特卡罗方法的具体步骤：

（1）在风险中性测度下模拟标的资产的路径；

（2）计算这条路径下的终端支付，并且根据无风险利率贴现；

（3）不断重复前两个步骤，从而得到大量的期权终端支付贴现值的抽样样本；

（4）求抽样样本均值，得到的蒙特卡罗估计值即为期权价格。

我们运用标准蒙特卡罗方法计算经典欧式期权。其中，S_t 满足以几何布朗运动

$$\mathrm{d}S_t = rS_t\mathrm{d}t + \sigma S_t\mathrm{d}W_t \tag{4-6}$$

由伊藤引理可得

$$\mathrm{d}(\ln S_t) = \left(r - \frac{\sigma^2}{2}\right)\mathrm{d}t + \sigma\mathrm{d}W_t$$

$$\ln S_{t+\Delta t} - \ln S_t = \left(r - \frac{\sigma^2}{2}\right)\Delta t + \sigma Z\sqrt{\Delta t} \tag{4-7}$$

$$S_{t+\Delta t} = S_t \cdot \exp\left[\left(r - \frac{\sigma^2}{2}\right)\Delta t + \sigma Z\sqrt{\Delta t}\right]$$

式中，Z 为标准正态分布中的一个样本，其中 $\Delta t = T/m$，即将 T 剖分为 m 期，每期时间长度为 Δt，迭代之，可得

$$S_T = S_0 \cdot \exp\left[\left(r - \frac{\sigma^2}{2}\right)T + \sigma Z\sqrt{T}\right] \tag{4-8}$$

只需知道标的资产的初始价格 S_0，即可求得股票在 T 时刻的价格 S_T，然后根据欧式看涨期权的定义与蒙特卡罗方法的计算步骤，即可求出欧式看涨期权价格（取 n 条路径）：

$$\hat{C} = \frac{1}{n}\sum_{i=1}^{n}C_i = \frac{1}{n}\sum_{i=1}^{n}\mathrm{e}^{-rT}\max(0, S_T^{(i)} - K) \tag{4-9}$$

同理，欧式看跌期权价格为

$$\hat{C} = \frac{1}{n}\sum_{i=1}^{n}C_i = \frac{1}{n}\sum_{i=1}^{n}\mathrm{e}^{-rT}\max(0, K - S_T^{(i)}) \tag{4-10}$$

计算所需参数如下：$S_0 = 30$，$K = 28$，$r = 0.04$，$T = 1$，$\sigma = 0.25$，那么欧式看涨期权的价格与模拟路径条数 n 的关系见图 4-1。由图 4-1 可以看出，由标准蒙特卡罗方法计算出的

欧式期权定价收敛速度与 n 关系明显，亦验证了蒙特卡罗方法的误差为 $Z_{\delta/2}\sigma/\sqrt{n}$，误差收敛速度为 $O(1/\sqrt{n})$。图 4-1 中，n 最大为 100 000 条，在接近 100 000 条时，期权价格仍在 4.6 与 4.7 之间震荡，收敛效果不显著。由于其收敛速度为 $O(1/\sqrt{n})$，要想收敛速度得到明显提升，n 必须向上提升一个数量级达到 1 000 000 条，但这将大大增加计算时间，不利于快速得到计算结果。

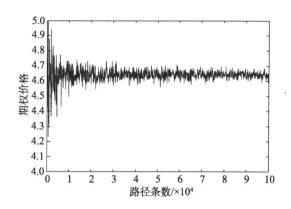

图 4-1　欧式看涨期权价格与模拟路径条数的关系

标准蒙特卡罗方法与 BSM 公式计算结果对比见表 4-1。图 4-2 反映出标准蒙特卡罗方法得出的期权价格与由 BSM 公式计算得出的期权价格具有相同的趋势，并且形象地比较了两者的计算结果，从图形上可看出两个价格高度吻合，但仍存在一定的误差。

表 4-1　标准蒙特卡罗方法与 BSM 公式计算结果对比（n=100 000）

S_0	26	26.5	27	27.5	28	28.5	29	29.5	30
BSM 公式	2.204 5	2.459 9	2.730 2	3.015 2	3.314 4	3.627 2	3.953 2	4.291 7	4.642 2
标准蒙特卡罗方法	2.200 2	2.453 6	2.720 8	3.031 8	3.311 3	3.630 6	3.973 4	4.326 6	4.647 5
误差	−0.004 3	−0.006 3	−0.009 4	**0.016 6**	−0.003 1	0.003 4	**0.020 2**	**0.034 9**	0.005 3

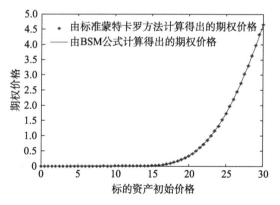

图 4-2　标准蒙特卡罗方法与 BSM 公式计算结果对比
（图中，每个价格对应的路径条数 n=100 000）

4.1.2 标准蒙特卡罗方法的方差减少技术

根据中心极限定理，蒙特卡罗方法得到的估计值的标准差数量级为 $\dfrac{1}{\sqrt{n}}$（其中 n 是随机抽样次数），显然要减小标准差仅靠增加随机抽样次数是不行的，因为这将大大提高计算成本，而且效果还不显著。为此学者们提出了许多"方差减少"技术，如对偶变量方法（Antithetic Variable Technique）、控制变量方法（Control Variable Technique）、矩阵匹配方法（Moment Matching Method）、分层抽样方法（Stratified sampling）、重要抽样方法（Importance Sampling）、低偏差序列方法（Low-Discrepancy Sequences）。当使用低偏差序列时，我们把这种蒙特卡罗方法称为准蒙特卡罗方法。

1. 对偶变量方法

设 $\{\varepsilon^i\}$ 为从标准正态分布中抽取的随机数样本，那么由几何布朗运动的解可知第 i 次模拟的资产价格的路径为：

$$S_T^i = S_0 \mathrm{e}^{\left(r - \frac{\sigma^2}{2}\right) \times T + \sigma \times \varepsilon^i \sqrt{T}}, i = 1, 2, \cdots, M \tag{4-11}$$

那么，欧式看涨期权价格的一个无偏估计为：

$$\hat{C} = \frac{1}{M} \sum_{i=1}^{M} C_i = \frac{1}{M} \sum_{i=1}^{M} \mathrm{e}^{-rT} \max(S_T^i - K) \tag{4-12}$$

各种符号所代表的意义和前面一致。由于 $\{\varepsilon^i\}$ 服从标准正态分布，因此 $\{-\varepsilon^i\}$ 也服从标准正态分布。由此得到的股票价格路径为

$$\tilde{S}_T^i = S_0 \mathrm{e}^{\left(r - \frac{\sigma^2}{2}\right) \times T - \sigma \times \varepsilon^i \sqrt{T}}, i = 1, 2, \cdots, M \tag{4-13}$$

那么，欧式看涨期权价格的另一个无偏估计为

$$\tilde{C} = \frac{1}{M} \sum_{i=1}^{M} C_i = \frac{1}{M} \sum_{i=1}^{M} \mathrm{e}^{-rT} \max(\tilde{S}_T^i - K) \tag{4-14}$$

通常情况下，$\hat{C}$ 和 $\tilde{C}$ 负相关，也就是说，其中一个高于真实值时另一个低于真实值，这样我们选择这两个无偏估计的平均值，即：

$$C_{av} = \frac{\hat{C} + \tilde{C}}{2} \tag{4-15}$$

这样，我们通过对偶变量方法提高了计算效率。

2. 控制变量方法

当有两个相似的期权时，可以采用控制变量方法。控制变量方法的基本思想就是尽量使用已知的信息。设 $\hat{C}$ 为期权的模拟价格，但其解析解未知；如果用相同的方法模拟计算出另一个解析解为 C_K 的期权价格 $\tilde{C}_K$，则可以用下面的方法估计 $\tilde{C}_{CV}$ 的真值：

$$\tilde{C}_{CV} = \hat{C} + \beta(C_K - \tilde{C}_K) \tag{4-16}$$

式（4-16）中，

$$\beta = \frac{\mathrm{cov}(\hat{C}, \tilde{C}_K)}{\mathrm{var}(\tilde{C}_K)} \qquad (4\text{-}17)$$

以算术平均亚式看涨期权定价为例，一般可以采用以下两种控制变量：

（1）以标准欧式期权作为控制变量，即：

$$\tilde{C}_{AA} = \hat{C}_{AMC} + \beta(C_{Euro} - \tilde{C}_{EuroMC}) \qquad (4\text{-}18)$$

式中，

$$\beta = \frac{\mathrm{cov}(\hat{C}_{AMC}, \tilde{C}_{EuroMC})}{\mathrm{var}(\tilde{C}_{EuroMC})} \qquad (4\text{-}19)$$

$\tilde{C}_{AA}$ 表示运用控制变量方法计算出来的算术平均亚式看涨期权，$\hat{C}_{AMC}$ 表示运用标准蒙特卡罗方法计算出的算术平均亚式看涨期权的价格，C_{Euro} 表示欧式看涨期权解析解，$\tilde{C}_{EuroMC}$ 表示运用标准蒙特卡罗方法计算出来的欧式看涨期权价格。

（2）以连续几何平均亚式看涨期权作为控制变量，即：

$$\tilde{C}_{AA} = \hat{C}_{AMC} + \beta(C_{geo} - \tilde{C}_{geoMC}) \qquad (4\text{-}20)$$

式中，

$$\beta = \frac{\mathrm{cov}(\hat{C}_{AMC}, \tilde{C}_{geoMC})}{\mathrm{var}(\tilde{C}_{geoMC})} \qquad (4\text{-}21)$$

$\tilde{C}_{AA}$ 表示运用控制变量方法计算出来的算术平均亚式看涨期权，$\hat{C}_{AMC}$ 表示运用标准蒙特卡罗方法计算出来的算术亚式看涨期权的价格，C_{geo} 表示连续几何平均亚式看涨期权的解析解，$\tilde{C}_{geoMC}$ 表示运用标准蒙特卡罗方法计算出来的连续几何平均亚式看涨期权。

4.1.3 准蒙特卡罗方法——运用低偏差序列

蒙特卡罗方法的计算精度在很大程度上取决于随机数的性质，一般来说随机数分为均匀随机数和非均匀随机数，均匀随机数可以产生均匀分布。而产生非均匀分布需要先生成均匀随机数，然后再转换成服从目标分布的随机数。

低偏差序列方法是用确定性的超均匀分布序列——拟随机数，代替蒙特卡罗方法中的伪随机数序列（Pseudo Random Sequences）。近年来，低偏差序列方法获得了迅速发展，对某些问题使用该方法的实际速度可比普通蒙特卡罗方法提高数百倍。本书采用 Halton 序列、Faure 序列和 Sobol 序列三种低偏差序列对蒙特卡罗方法进行改进，我们先介绍伪随机序列和这三种序列，并进行对比分析。

1. 伪随机数

计算机中的随机数表面上看像随机的，其实不然。在早期使用蒙特卡罗方法时，人们就认识到现实生活中不可能有真正的"随机"数，于是人们通过一定算法及几个种子参数用计算机产生伪随机数。例如，一个经典且现在仍在广泛使用的产生伪随机数的方法就是线性同余法。MATLAB 中的 rand 命令就是采用这种方法产生随机数的，图 4-3 所示便是用 rand 命令产生的一维和二维伪随机数分布图。

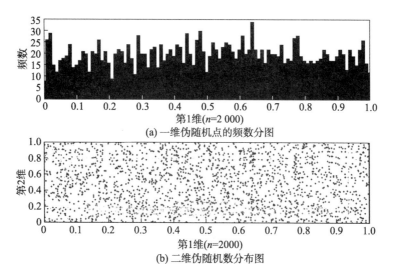

图 4-3　rand 命令产生的一维和二维伪随机数分布图

从图 4-3 中可以看出，伪随机数的分布不均匀，若使用这样的伪随机数进行蒙特卡罗模拟必将产生较大误差。

2. Halton 序列

Halton 序列是最基本的低偏差序列，其产生步骤如下：

（1）选 B 作为基底，如果是第 N 维，就在质数集合中选择第 N 大的质数作为基底。例如，第（1,2,3,4,5,6,7,8）维的基底 B 分别为（2,3,5,7,11,13,17,19）。

（2）将自然数中的每一个数 n 都表示成 B 进位：

$$X_n^i : n = d_0 + d_1 B + d_2 B^2 + \cdots + d_j B^j$$

（3）将 B 进位表示法的各项系数代入下列式子，即可得到转换的数字：

$$\theta_i(n) = \frac{d_0}{B} + \frac{d_1}{B^2} + \frac{d_2}{B^3} + \cdots + \frac{d_j}{B^{j+1}}$$

算例：第 2 维序列的基底 $B=3$ 时，

$$X_1^2 : 1 = 1 + 0 \times 3 \rightarrow \theta_2(1) = \frac{1}{3}$$

$$X_2^2 : 1 = 2 + 0 \times 3 \rightarrow \theta_2(2) = \frac{2}{3}$$

$$X_3^2 : 1 = 0 + 1 \times 3 \rightarrow \theta_3(1) = \frac{0}{3} + \frac{1}{3^2} = \frac{1}{9}$$

那么，第 2 维序列（基底 $B=3$）为 $\left(\frac{1}{3}, \frac{2}{3}, \frac{1}{9}, \frac{4}{9}, \frac{7}{9}, \frac{2}{9}, \frac{5}{9}, \frac{8}{9} \cdots \right)$。

在 MATLAB 中使用 haltonset() 命令便可以产生 Halton 序列，图 4-4 展示了 Halton 序列产生的一维和二维分布图。

从图 4-4 中可以看出，Halton 序列比伪随机序列要均匀得多。图 4-5 展示了随着维数的增多而出现的缺陷。

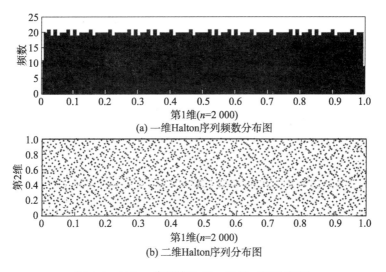

(a) 一维Halton序列频数分布图

(b) 二维Halton序列分布图

图 4-4   Halton 序列产生的一维和二维分布图

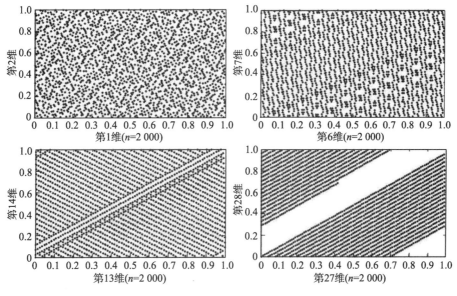

图 4-5   Halton 序列绘制的不同维数分布图

图 4-5 说明了 Halton 序列在不同维数情况下相邻两维的相关性，可以看出在高维情况下是高度相关的，并且最初几点都聚集在附近，这两个问题都会影响低偏差序列的模拟效果。对于第一个问题，可以从 $n = 200$ 开始取点。这种低偏差序列最主要的问题就是随着维数的增加而退化，因为维数越大，要均匀填充这个超立方体就越困难。因此，超过 14 维就开始不均匀，在实际情况下，应该避免用超过 8 维的 Halton 序列。

3. Faure 序列

Faure 序列也是一种被广泛使用的低偏差序列。与 Halton 序列不同，Faure 序列并不是以一列数列的方式计算的，而是计算出一组 N 维空间的点，也就是算出不同数列相同位置的点，其中 k 是每条数列的长度，也就是说有 k 组在 N 维空间的点。其产生步骤如下：

（1）选 B 作为基底，如果是第 N 维，则 B 是大于等于 N 的最小质数。第（1,2）维的基底 $B=2$，第（2,3）维的基底 $B=3$，第（4,5）维的基底 $B=5$，第（6,7）维的基底 $B=7\cdots$。

（2）每组 N 维空间的点都是从第 1 维算起的，第 1 维的产生与 Halton 序列相同：

$$\theta_B^1(n) = \frac{d_0^1}{B} + \frac{d_1^1}{B^2} + \frac{d_2^1}{B^3} + \cdots + \frac{d_j^1}{B^{j+1}} = \sum_{i=0}^{j} \frac{d_i^1}{B^{i+1}}$$

其中，

$$X_B^1(n): n = d_0^1 + d_1^1 B + d_2^1 B^2 + \cdots + d_j^1 B^j = \sum_{i=0}^{j} d_i^1 B^i$$

（3）第 2 维到第 N 维就是第 1 维的重排列，方法如下：

$$d_i^k = \sum_{j=i}^{I} \frac{j!}{i!(j-1)!} d_i^{k-1} \bmod B$$

其中，$A \bmod B$ 是指 A 除以 B 的余数。

算例：$N=3$，$B=3$，$n=3$，那么，

$$\theta_3^1(3) = \frac{0}{3} + \frac{1}{3^2} = \frac{1}{9}$$

$$\theta_3^2(3) = \frac{C_0^0 \times 0 + C_1^0 \times 1}{3} + \frac{C_1^1 \times 1}{3^2} = \frac{1}{3} + \frac{1}{9} = \frac{4}{9}$$

$B=3$ 的序列为

$$\left(\frac{1}{3}, \frac{2}{3}, \frac{1}{9}, \frac{4}{9}, \frac{7}{9}, \frac{2}{9}, \frac{5}{9}, \frac{8}{9}, \frac{1}{27}, \frac{10}{27} \cdots \right)$$

$$\left(\frac{1}{3}, \frac{2}{3}, \frac{4}{9}, \frac{7}{9}, \frac{1}{9}, \frac{8}{9}, \frac{2}{9}, \frac{5}{9}, \frac{16}{27}, \frac{25}{27} \cdots \right)$$

$$\left(\frac{1}{3}, \frac{2}{3}, \frac{7}{9}, \frac{1}{9}, \frac{4}{9}, \frac{5}{9}, \frac{8}{9}, \frac{2}{9}, \frac{13}{27}, \frac{22}{27} \cdots \right)$$

由于在 MATLAB 中没有直接可以产生的命令，因此我们在 MATLAB 中自行编程创建函数来产生 Faure 序列，程序代码见附录 B。图 4-6 展示了 Faure 序列产生的一维和二维分布图。

从图 4-6 中可以看出，Faure 序列分布比较均匀，图 4-7 展示了 Faure 序列随着维数的增多而产生的变化。

图 4-7 说明 Faure 序列也存在 Halton 序列的两个问题，在高维情况下存在很高的相关性，并且最初几点都聚集在附近，所以建议在使用时，将前 $base^4 - 1$ 个数都舍掉。

4. Sobol 序列

Sobol 序列是比较重要的低偏差序列，其产生步骤如下：

（1）决定每段数列的长度 k，以及长度上限 2^m，如果有 N 个维度就给定 N 个多项式。

$$P_i(x) = x^r + a_1 x^{r-1} + a_2 x^{r-2} + \cdots + a_{r-1} x^1 + 1 (i \leq N)$$

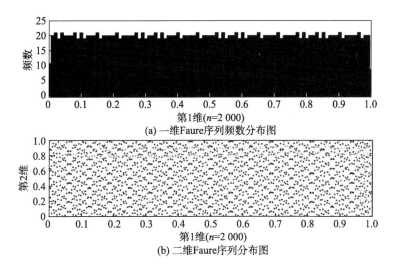

(a) 一维Faure序列频数分布图

(b) 二维Faure序列分布图

图 4-6　Faure 序列产生的一维和二维分布图

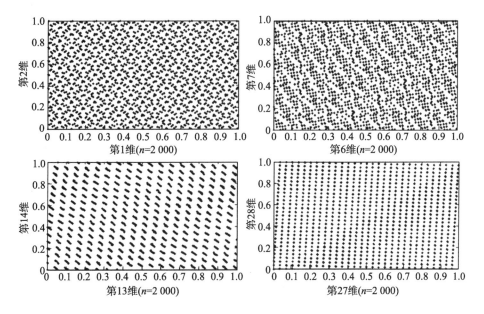

图 4-7　Faure 序列绘制的不同维数分布图

（2）给定 r 个直接数 $\gamma_1, \gamma_2, \gamma_3, \cdots, \gamma_r$，其中，$1 \leqslant \dfrac{\gamma_j}{2^{m-j}} \leqslant 2^j - 1$，且 $\dfrac{\gamma_j}{2^{m-j}}$ 是个偶数，如

$\gamma_j = 2^{m-j}(2^j - 1)$。

（3）由下列公式算出第 $r+1$，$r+2, \cdots, m$ 个直接数。

$$\gamma_j = a_1 \gamma_{j-1} \oplus a_2 \gamma_{j-2} \oplus \cdots \oplus a_{r-1} \gamma_{j-r+1} \oplus \gamma_{j-r} \oplus \dfrac{\gamma_{j-r}}{2^r} (j \leqslant m)$$

（4）根据下列公式计算每个数列，c 是 k 用二进制表示最早出现 1 的位置。

$$X_0^i = 0, \quad X_k^i = \frac{(X_{k-1}^i \times 2^m) \oplus \gamma_c}{2^m}$$

算例：①给定参数，$N = 3$，$k = 32 \to m = 5$，$p_3(x) = x^3 + x + 1$。

②找出前三个直接数，$r = 3$，$\gamma_j = 2^{5-j}(2^j - 1) \to \gamma_1 = 16$，$\gamma_2 = 24$，$\gamma_3 = 28$。

③算出接下来的直接数，$\gamma_j = a_1\gamma_{j-1} \oplus a_2\gamma_{j-2} \oplus \cdots \oplus a_{r-1}\gamma_{j-r+1} \oplus \gamma_{j-r} \oplus \dfrac{\gamma_{j-r}}{2^r}$

$$a_1 = 0, \quad a_2 = 1, \quad a_3 = 1, \quad r = 3$$

$$\gamma_j = \gamma_{j-2} \oplus \gamma_{j-3} \oplus \frac{\gamma_{j-3}}{8}$$

$$\gamma_4 = \gamma_1 \oplus \gamma_2 \oplus \frac{\gamma_1}{8} = [11\,000]_2 \oplus [10\,000]_2 \oplus [00\,010]_2 = [01\,010]_2 = 10$$

$$\gamma_5 = \gamma_2 \oplus \gamma_3 \oplus \frac{\gamma_2}{8} = [11\,100]_2 \oplus [11\,000]_2 \oplus [00\,011]_2 = [00\,111]_2 = 7$$

④ $X_0^3 = 0, X_k^3 = \dfrac{(X_{k-1}^3 \times 2^5) \oplus \gamma_c}{2^5}$，那么，

$$X_1^3 = \frac{(X_0^3 \times 2^5) \oplus \gamma_1}{2^5} = \frac{16}{32} = \frac{1}{2}$$

$$X_2^3 = \frac{(X_1^3 \times 2^5) \oplus \gamma_2}{2^5} = \frac{8}{32} = \frac{1}{4}$$

$$X_1^3 = \frac{(X_0^3 \times 2^5) \oplus \gamma_1}{2^5} = \frac{24}{32} = \frac{3}{4}$$

在 MATLAB 中使用 sobolset()命令可以产生 Sobol 序列。图 4-8 展示了 Sobol 序列绘制的一维和二维分布图。图 4-9 展示了 Sobol 序列绘制的不同维数分布图。

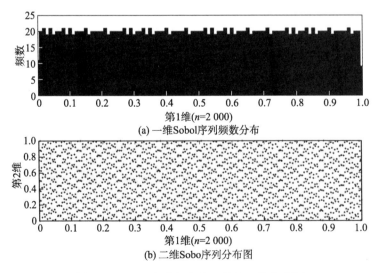

图 4-8　Sobol 序列产生的一维和二维分布图

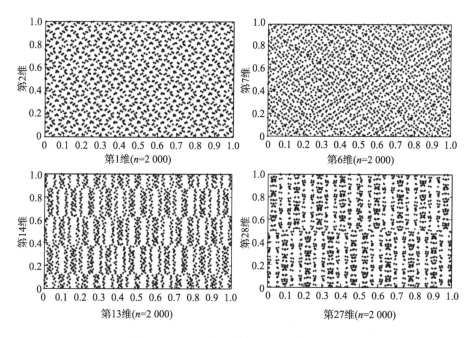

图 4-9　Sobol 序列绘制的不同维数分布图

在 Halton 序列和 Faure 序列中最主要的问题是高维度数列之间具有较高的相关性，所以在多目标需要用到较高维度时，这两种序列计算出来的结果不是很理想。虽然 Sobol 序列的演算较为复杂，但是它很好地解决了高维下数列的度相关性的问题。

5. 正态分布随机数的生成

得到了区间上的均匀分布，就可以用现有的一些算法将均匀分布转化为所需要的其他分布。转化的主要方法就是做累积分布函数的逆变换。一般金融应用中最重要的分布就是标准正态分布，所以本书只介绍转化为正态分布的方法。累积标准正态分布是标准正态分布密度函数的积分。累积标准正态分布函数如下：

$$Y(X) = \frac{1}{\sqrt{2\pi}} \int_{-\infty}^{X} e^{-\frac{t^2}{2}} dt \tag{4-22}$$

由均匀分布获得正态分布的逆变换的一个不错的方法是 Moro 算法，此方法是 Moro 在 1995 年提出的。他采用了一个混合算法：使用 Beasley & Springer 算法得出正态分布的中心部分，用其他算法给出正态分布的尾部。在 MATLAB 中标准正态分布函数就是采用 Moro 算法实现的。图 4-10 展示了四种序列模拟正态分布的情况。

从图 4-10 中可以看出，伪随机序列生成的正态分布非常不规则，而三种低偏差序列生成的正态分布却非常规则，这样可以大大提高蒙特卡罗模拟的精度，图 4-11 展示了三种低偏差序列的不同维度正态分布图。

从图 4-11 可以看出，三种低偏差序列在低维情况下转化后的正态分布都很好，但是在高维情况下，Halton 序列和 Faure 序列显然没有 Sobol 序列的正态性好。

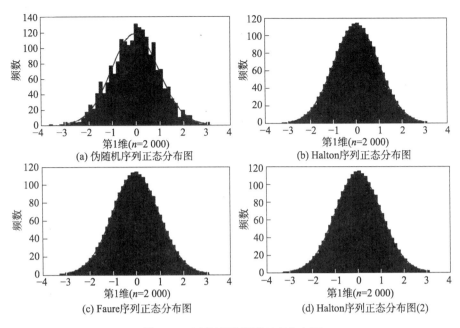

图 4-10　四种序列模拟正态分布图

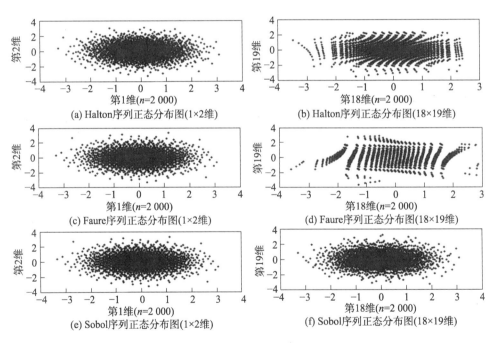

图 4-11　三种低偏差序列的不同维度正态分布图

4.1.4　美式期权的最优停时问题

时间 t^* 可以被看作一个值域在 $[0,T]$ 上的函数，而"在 t^* 时刻停止"的决策是由标的资产价格路径 S_u 决定的，其中 $0 \leqslant u \leqslant t^*$。如果一个美式看跌期权在 t^* 时刻实施，那么它的收

益是 $\max(K - S_{t^*}, 0)$，期权此刻的价值是 $E_Q^t[e^{-r(t^*-t)} \max(K - S_{t^*}, 0)]$，其中 E_Q^t 表示在风险中性测度 Q，$S_t = S$ 下的条件期望。

由于期权持有人能够在期权有效期内任意时刻执行期权，所以行权人的最优决策使得以上贴现收益最大，美式看跌期权的价值表达式如下：

$$P(S, t) = \sup_{t \leqslant t^* \leqslant T} E_Q^t[e^{-r(t^*-t)} \max(K - S_{t^*}, 0)] \qquad (4\text{-}23)$$

从式（4-23）可以看出，只要求出期权的期望支付，自然就可以计算得出期权的价值。最小二乘蒙特卡罗模拟就是通过模拟股票路径并采用最小二乘回归出期权的期望支付函数从而求解期权价值的。

4.1.5 最小二乘蒙特卡罗方法概述

最小二乘蒙特卡罗方法是用最小二乘法估计期权在 $t_{k-1}, t_{k-2}, \cdots, t_1$ 时刻的条件期望函数，通过不同离散时间点的期权价值比较得到使期权价值最大的停止策略。当 K 足够大时，便能较好地模拟出美式这种连续行权时间的期权。引入 $C(\omega, S; t_k, T)$ 作为期权在 t 时刻之前不实施的条件下产生的现金流路径。由于期权产生的现金 $C(\omega, S; t_{k+1}, T)$ 是递归生成的，我们在用最小二乘蒙特卡罗方法计算时从期末时刻开始，在期初时刻结束。需要注意的是，$C(\omega, S; t_k, T)$ 可能与 $C(\omega, S; t_{k+1}, T)$ 不等，因为 t_{k+1} 可能是期权最优行权点，从而改变了 ω 路径上的其他现金流。

在期权到期日，如果期权是实值，那么持有者会行使期权，如果是虚值则让期权作废。但是，在到期日之前的行权时间 t_k 上，期权持有者必须选择是立即执行期权还是等到下一个行权时间继续选择。如果期权立刻实施的价值大于继续持有的价值，那么持有者就应该行权。

在 t_k 时刻，持有者能够知道期权立刻实施的现金流，而立刻行使期权的价值就等于该现金流。但是，继续持有期权所带来的现金流在 t_k 时刻是未知的。不过，从无套利定价理论中可知继续持有期权的价值或者说只有在 t_k 时刻后才能行使期权时的期权价值，可以通过在风险中性测度 Q 下对预期现金流 $C(\omega, S; t_k, T)$ 贴现后得到。继续持有期权的价值 $F(\omega; t_k)$ 可以表达为：

$$F(\omega; t_k) = E_Q\left[\sum_{j=k+1}^{K} \exp\left(-\int_{t_k}^{t_j} r(\omega, s)\mathrm{d}s\right) C(\omega, t_j; t_k, T)\Big|\ F_{t_k}\right] \qquad (4\text{-}24)$$

特别地，在 t_{k-1} 时刻，上述不确定的表达式可以用一系列基函数的线性组合表示。在这里假设 X 是期权的标的资产价值，X 是一个马尔可夫过程。我们通常使用拉盖尔多项式作为基函数：

$$\begin{aligned}
&L_0(X) = \exp(-X/2)\\
&L_1(X) = \exp(-X/2)(1-X)\\
&L_n(X) = \exp(-X/2)\frac{\mathrm{e}^x}{n!}\frac{d^n}{\mathrm{d}X^n}(X^n\mathrm{e}^{-X})
\end{aligned} \qquad (4\text{-}25)$$

在这种情况下， $F(\omega;t_{k-1})$ 可以表述为 $F(\omega;t_{k-1}) = \sum_{j=0}^{\infty} a_j L_j(X)$ ，系数 a_j 为常数。

为了实施最小二乘蒙特卡罗模拟，我们用前 $M < +\infty$ 个基函数对 $F(\omega;t_{k-1})$ 进行估计，将估计结果定义为 $F_M(\omega;t_{k-1})$ 。一旦基函数子集被确定， $F_M(\omega;t_{k-1})$ 就可以通过在 t_{k-1} 时刻实值的期权路径产生的现金流回归到基函数。在这里我们只选取实值状态的期权路径，因为只有期权为实值时才有可能被提前实施。

在 t_{k-1} 时刻的条件期望函数被估计出来之后，通过比较立刻实施价值与 $\hat{F}_M(\omega;t_{k-1})$ 的大小，就能得出在 t_{k-1} 时刻实行期权是否最优。然后对每一条实值状态的期权路径 ω 重复这一步骤。一旦期权作出实施的决策，期权现金流路径 $C(\omega,S;t_{k-2},T)$ 就能被估计出来。美式期权的价值即是对 ω 条现金流结果进行贴现的平均值。

4.2   基于 Excel 的数值实验——标准蒙特卡罗方法及对偶变量方法

4.2.1   实验目的

读者需要先掌握标准蒙特卡罗方法及对偶变量方法，并熟悉 Excel 的使用方法，结合数值方法中给出的各个步骤，完成各项实验任务。要求读者使用 Excel 运用标准蒙特卡罗方法、加入对偶变量的蒙特卡罗方法计算欧式看涨期权、欧式看跌期权，并与欧式看涨期权和欧式看跌期权的解析解进行对比分析。从而深入认识对偶变量对于标准蒙特卡罗方法的改进效果。

4.2.2   编程准备——Excel 部分功能要点

1. RAND 函数
【主要功能】返回一个大于或等于 0 且小于 1 的随机数。
【使用格式】RAND()
【参数说明】不需要。

2. NORMSINV 函数
【主要功能】返回标准正态分布累积函数的逆函数。该分布的平均值为 0，标准偏差为 1。
【使用格式】NORMSINV(probability)
【参数说明】probability 是正态分布的概率值。

3. AVERAGE 函数
【主要功能】求出所有参数的算术平均值。
【使用格式】AVERAGE(number1,number2,…)
【参数说明】number1,number2,…：需要求平均值的数值或引用单元格（区域）。

4.2.3 实验数据

由于这部分内容属于数值实验，因此实验所需的参数是考虑该参数的真实取值区间并考虑到计算的便利而外生给定的。所需的主要数据有股票的初始价格、期权的执行价格、无风险利率、股票价格的波动率、期权的有效期及模拟计算的次数。

4.2.4 实验过程

在利用 Excel 建立期权定价的蒙特卡罗方法时需要重点解决以下两个问题：①如何得到期末的股票价格？②如何应用对偶变量方法？

【例 4-1】 期初股价 $S_0 = 30$，执行价格 $K = 28$，无风险利率 $r = 0.04$，连续复利计算，期权有效期 $T = 1$，$\sigma = 0.71$。采用标准蒙特卡罗方法，模拟次数为 1 000 次。在 Excel 中计算出以该股票为标的资产的欧式看涨期权的价格。

（1）建立基础数据表格

同二叉树期权定价模型的实现过程一样，首先我们需要在工作表中建立基础数据的输入表格并规划出结果输出区域，可参考图 4-12 进行设计。

（2）生成近似正态分布的序列

首先利用 RAND 函数生成 1 000 个 0～1 的随机数，再将生成的随机数作为参数代入 NORMSINV 函数中，从而可得到近似成正态分布的 1 000 个随机数。

（3）生成期末股票价格序列

之前我们已经假设股票价格服从几何布朗运动，并得到了该随机微分方程（SDE）的解：

	A	B	C
1			
2		基础数据	
3		S	
4		K	
5		T	
6		Rf	
7		σ	
8		结果	
9		案例1	
10		案例2	

图 4-12 基础数据输入与结果输出的 EXCEL 表格布局

$$S_T = S_0 \cdot \exp\left[\left(r - \frac{\sigma^2}{2}\right)T + \sigma Z \sqrt{T}\right] \tag{4-26}$$

接下来我们就利用这一解得到期末股票价格序列。解析式中的随机项用第二步的结果替代。具体公式为（以 D3 为例）：

=输入与输出!$C$3*EXP((输入与输出!$C$6-0.5*输入与输出!$C$7^2)*
输入与输出!$C$5+输入与输出!$C$7*SQRT(输入与输出!$C$5)*D3)

（4）生成期末支付序列

由于例 4-1 中的期权为欧式看涨期权，所以期末支付的值应表达为 $\mathrm{MAX}(S_T - K, 0)$。具体公式为（以 E3 为例）：

=MAX(E3-输入与输出!$C$4,0)

（5）生成结果

根据金融资产定价基本原理，该期权的价格可表示为期末支付期望的贴现。可以利用

AVERAGE 函数求得期末支付的平均数作为期末支付的期望，利用 EXP 函数将结果贴现，从而，得到了结果输出处所填写的公式：

```
=AVERAGE(例1!F3:F1002)/EXP(C6*C5)
```

具体计算过程如图 4-13 所示。

	B	C	D	E	F
1					
2	期数	随机数	正态分布的返回值	期末股价	期末支付
3	1	0.8809	1.1795	56.0710	28.0710
4	2	0.5190	0.0477	25.1045	0.0000
5	3	0.7597	0.7053	40.0400	12.0400
6	4	0.1147	-1.2018	10.3387	0.0000
7	5	0.8144	0.8943	45.7907	17.7907
8	6	0.4797	-0.0510	23.4042	0.0000
9	7	0.9370	1.5297	71.8990	43.8990
10	8	0.5820	0.2070	28.1094	0.1094
11	9	0.4645	-0.0891	22.7807	0.0000
12	10	0.7591	0.7033	39.9857	11.9857

图 4-13　标准蒙特卡罗方法计算期权价格具体计算过程

【例 4-2】 假设例 4-1 中其他条件不变，现引入对偶变量，试利用 Excel 计算欧式看跌期权的价格。

第（1）步与第（2）步同例 4-1。

（3）生成期末股价序列和对偶序列

在例 4-1 模拟股价序列的基础上，再根据对偶变量的公式生成另一列模拟股价，从而减小蒙特卡罗方法的误差。对偶变量公式为（以 D3 为例）：

```
=输入与输出!$C$3*EXP((输入与输出!$C$6-0.5*输入与输出!$C$7^2)*输入与输出!$C$5-输入与输出!$C$7*SQRT(输入与输出!$C$5)*D3)
```

（4）生成期末支付序列

由于第（3）步中我们得到了两列股票价格，因此在第（4）步中也需要针对这两列股票价格计算出两列期末支付，具体计算方法与例 4-1 略有不同。本例中的期权为欧式看跌期权，期末支付应当表示为 $\max(K - S_T, 0)$。

（5）生成结果

同样，最终结果表示为期末支付期望的贴现值。与例 4-1 不同的是，例 4-2 需要计算两列期末支付序列的平均数的贴现。

最终结果如图 4-14 所示。

	B	C
1		
2	基础数据	
3	S	30.00
4	K	28.00
5	T	1.00
6	Rf	0.04
7	σ	0.71
8	结果	
9	案例1	9.39
10	案例2	6.50

图 4-14　欧式看涨期权——
标准蒙特卡罗及欧式看跌
期权——对偶变量

4.2.5　实验结果

从图 4-14 中可以看到，运用标准蒙特卡罗方法计算的欧式看涨期权为 9.39。与解析解 9.48 相比还是有一定差距的，这是因为在 Excel 中运算比较缓慢，因此模拟次数较少，仅有 1 000 次，又没有采取其他方差减少技术，因此计算精度不高。运用加入对偶变量的蒙特卡罗计算的欧式看跌期权为 6.50，与解析解 6.48 还是非常接近的，说明虽然模拟了 1 000 次，但是对偶变量的引入还是提高了标准蒙特卡罗方法的精度。

4.3　基于 MATLAB 的数值实验——标准蒙特卡罗方法、对偶变量方法及准蒙特卡罗方法

4.3.1　实验目的

学生需要先掌握标准蒙特卡罗方法、对偶变量方法及准蒙特卡罗方法，并熟悉 MATLAB 的使用方法，结合数值方法中给出的各个步骤，完成各项实验任务。要求学生使用 MATLAB 运用标准蒙特卡罗方法、加入对偶变量的蒙特卡罗方法、准蒙特卡罗方法计算欧式看涨期权、欧式看跌期权，并对欧式看涨期权和看跌期权的解析解进行对比分析，从而深入认识对偶变量方法及准蒙特卡罗方法对于标准蒙特卡罗方法的改进效果。

4.3.2　编程准备

标准蒙特卡罗方法和对偶变量方法比较简单，无须进行编程准备。准蒙特卡罗方法有一定难度。准蒙特卡罗方法，即采用低偏差序列代替程序中原来的随机序列，运用蒙特卡罗方法估计期权价格。事实上，包括 MATLAB 在内的很多软件都内置随机数生成函数，标准蒙特卡罗方法因 MATLAB 强大的矩阵运算能力，在这一软件环境下更容易实现〔一种最简单的方法就是采用 rand() 函数，产生 0 到 1 之间的 N 个随机数，即（rand(N,1)）〕。

这里我们着重讲解低偏差序列的生成及使用，低偏差序列几乎可以应用到所有蒙特卡罗方法的改进中。随着统计学的发展，已经有很多种低偏差序列，我们采用目前应用比较广泛并且已内置于 MATLAB 中的两种低偏差序列——Sobol 序列和 Halton 序列。由于自行编写低偏差序列生成代码有一定难度，因此后面的实验中我们选择 MATLAB 内置的低偏差序列进行计算。

4.3.3　实验数据

由于这部分内容属于数值实验，因此实验所需的参数是考虑该参数的真实取值区间并考虑到计算的便利而外生给定的。所需的主要数据有股票的初始价格、期权的执行价格、无风险利率、股票价格的波动率、期权的有效期及模拟计算的次数。

4.3.4　实验过程

标准蒙特卡罗方法在 MATLAB 中的实现比较容易，这里只涉及一个随机数生成函数，MATLAB 中有很多类随机数生成函数，这里我们用的是最简单的 rand() 函数，它的作用是生成 0 到 1 之间的随机数。例如：

输入 rand(5) 运行，结果为

```
ans =

    0.4930    0.5344    0.7841    0.2851    0.0742
    0.5313    0.0063    0.1606    0.6573    0.6176
    0.3059    0.6620    0.1546    0.8067    0.1362
    0.8598    0.5388    0.8123    0.8200    0.8092
    0.0662    0.4456    0.9779    0.3051    0.9779
```

如果只需要其中一列，那么输入 rand(5,1)即可。运用标准蒙特卡罗方法计算期权价格的代码如下：

```
function [price] = MC(S,K,r,T,sigma,type,nSims)
%
%   sigma     - Annualized asset price volatility
%   nSims     - Number of Simulation used for the pricing
%
Numbers=rand(nSims,1);

    RandomNumbers = norminv(Numbers);
    mat = exp( (r-sigma^2/2)*T + sigma*sqrt(T).*RandomNumbers );
    mat = mat.*S;
      if type
      V = exp(-r*T) * max(mat-K , 0);
      else
      V = exp(-r*T) * max(K-mat , 0);
      end

    price= mean(V);
    end
```

我们知道，标准蒙特卡罗方法的误差是比较大的，因而需要对标准蒙特卡罗方法进行改进。前已述及，蒙特卡罗方法的方差减小技巧有很多，从要求编程实现的角度，我们这里阐述对偶变量方法。

对偶变量方法比较简单，代码中需要改动的地方较少，我们先给出其程序：

```
function [price] = MC(S,K,r,T,sigma,type,nSims)
%
%   sigma     - Annualized asset price volatility
%   nSims     - Number of Simulation used for the pricing
%
Numbers=rand(nSims,1);

    RandomNumbers = norminv(Numbers);
    mat = S*exp( (r-sigma^2/2)*T + sigma*sqrt(T).*RandomNumbers );
    mat2= S*exp( (r-sigma^2/2)*T - sigma*sqrt(T).*RandomNumbers );

      if type
      V = exp(-r*T) * (max(mat-K , 0)+max(mat2-K , 0))/2;
      else
      V = exp(-r*T) * (max(K-mat , 0)+max(K-mat2 , 0))/2;
      end
```

```
    price= mean(V);
    end
```

下面运用准蒙特卡罗方法计算欧式期权。首先是低偏差序列的生成，我们估计期权价格，只需确定序列维数、序列数字个数这两个参数即可。与其他蒙特卡罗估计类似，我们也将产生一个 $N \times 1$ 的列向量，其中 N 作为输入参数，确定序列数字的个数。具体代码如下（为了更清晰地展示本节效果，代码中已经删去部分曾经出现过的重复变量的注释）：

```
function [price]  = quasiMC(S,K,r,T,sigma,type,nSims,kind)
%
%   sigma     - Annualized asset price volatility
%   nSims       - Number of Simulation used for the pricing
%

%Generate the random numbers using SOBOL/HALTON sequences

if kind==1
    q = qrandstream('sobol',1);
    Numbers=qrand(q,nSims);
else
    if kind ==2
    q = qrandstream('halton',1);
    Numbers=qrand(q,nSims);
    else
    error('Input argument "kind" must be a positive integer 1 or 2')
    end
end
```

应当注意，我们产生的低偏差序列都是在(0,1)上，要想应用蒙特卡罗方法估计欧式期权价格，应将这些数字返回到标准正态累计分布的区间点上，这一点是通过 norminv() 函数实现的。当前面的这些准备都已完成时，剩下的部分便与标准蒙特卡罗方法无异。具体代码如下：

```
% Sobol numbers are between 0 and 1
% We need to get a normal distribution from this pseudo uniform drawing

RandomNumbers = norminv(Numbers');
mat = exp( (r-sigma^2/2)*T + sigma*sqrt(T)*RandomNumbers );

mat = mat*S;

% Discount and calculate the option price

    if type
    V = exp(-r*T) * max(mat(end,2:end)-K , 0);
else
    V = exp(-r*T) * max(K-mat(end,2:end) , 0);
    end

price= mean(V(1,2:end));
end
```

这里我们再介绍一个编程中用到的提取矩阵部分行列的运算方法。在最后的平均价格的计算中，我们用到公式"price= mean(V(1,2:end))"。我们知道 mean()函数是求内部矩阵平均值，而 V 是一维行向量，因为两种低偏差序列起始值都是 0，而 0 对应的是标准正态分布区间上的负无穷，故这一值在期权价格计算上意义不大，需要去掉，于是我们通过提取向量 V 的第一行（仅有一行），及其 2 到最后一列的各个数值加以平均，求得更为准确的期权价格。而这一提取过程用到的 V(1,2:end)即实现了上述提取目标，事实上，我们可以提取向量 V 的全部行（注意这里只有一行）V(:,2:end)，或最后一行 V(end,2:end)，都可实现上述目标，希望通过上述例子能够加深读者对 MATLAB 中关于矩阵行列提取这一运算的理解和认识。

4.3.5　实验结果

在本实验中我们将标准蒙特卡罗方法和对偶变量方法写成了函数形式，通过输入相同的参数，可以把对偶变量的运行结果及标准蒙特卡罗方法（在相同模拟次数的情况下）的运行结果与相应的 BSM 解析解进行对比，以验证对偶变量方法对标准蒙特卡罗方法的改进效果。在与 Excel 实验采用相同参数的条件下，标准蒙特卡罗方法在模拟次数为 15 000 次的情况下，计算的欧式看涨期权的价格为 9.254 4。加入对偶变量的蒙特卡罗方法在模拟次数为 15 000 次的情况下，计算的欧式看涨期权的价格为 9.407 5。在相同参数下，欧式看涨期权解析解价格为 9.48。由此可见，对偶变量方法的确对标准蒙特卡罗方法有明显的改进效果。

就准蒙特卡罗方法而言，对于实验结果，有两点需要注意。

第一点是有关低偏差序列，我们用前面的方法单独产生一维的 Sobol 序列（20 个），在 Workspace 窗口下双击数列名称，显示结果见图 4-15。

Num <1x20 double>									
1	2	3	4	5	6	7	8	9	10
0	0.5000	0.2500	0.7500	0.1250	0.6250	0.3750	0.8750	0.0625	0.5625

Num <1x20 double>									
11	12	13	14	15	16	17	18	19	20
0.3125	0.8125	0.1875	0.6875	0.4375	0.9375	0.0313	0.5313	0.2813	0.7813

图 4-15　MATLAB 自带 Sobol 函数生成的 Sobol 序列（20 个）

这一结果能帮助我们更加具体地了解低偏差序列。当然，要了解有关低偏差序列的理论知识，需要翻阅更加专业的数学、统计学方面的书籍。

第二点是关于期权计算的运行结果，因为低偏差序列是一列数字，只有数字个数不同才会对期权价格产生影响，这可能不同于我们以往的认知。我们给出 N = 15 000 情况下期权的计算价格，欧式看涨期权的价格为 9.492 9，欧式看跌期权的价格为 6.434 9（见图 4-16）。在相同参数下，欧式看涨期权解析解价格为 9.48，欧式看跌期权的解析解价格为 6.39。通过与 BSM 解析解进行对比，可以认为我们的计算结果还是比较准确的，是对标准蒙特卡罗方法的有效改进方法，也优于加入对偶变量后的蒙特卡罗方法。

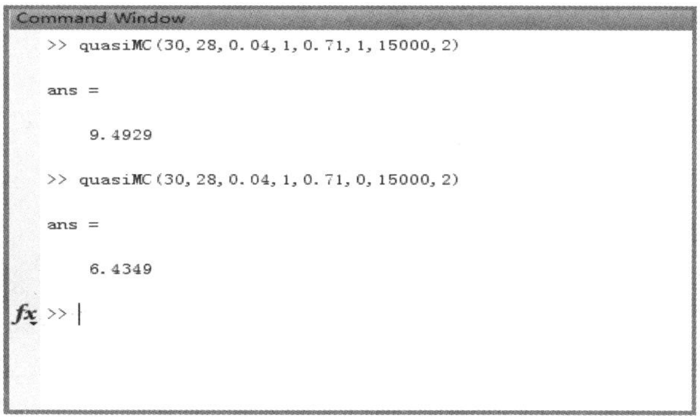

```
Command Window
>> quasiMC(30,28,0.04,1,0.71,1,15000,2)

ans =

    9.4929

>> quasiMC(30,28,0.04,1,0.71,0,15000,2)

ans =

    6.4349

>>
```

图 4-16　运用 Sobol 序列的准蒙特卡罗方法计算的期权价格

4.4　基于 MATLAB 的数值实验——最小二乘蒙特卡罗方法

4.4.1　实验目的

由于最小二乘蒙特卡罗方法与之前阐述的蒙特卡罗方法有较大区别，因此对其单独进行实验。学生需要先掌握最小二乘蒙特卡罗方法，并熟悉 MATLAB 的使用方法，结合数值方法中给出的各个步骤，完成各项实验任务。要求学生使用 MATLAB 运用最小二乘蒙特卡罗方法计算美式看涨期权、美式看跌期权。

4.4.2　实验数据

由于这部分内容属于数值实验，因此实验所需的参数是考虑该参数的真实取值区间并考虑到计算的便利而外生给定的。所需的主要数据有股票的初始价格、期权的执行价格、无风险利率、股票价格的波动率、期权的有效期、模拟计算的次数及股价路径的剖分次数。

4.4.3　实验过程

在这一部分我们运用最小二乘蒙特卡罗方法对美式看跌期权进行计算。期初股价 $S_0 = 18/20/22$，执行价格 $K = 20$，无风险利率 $r = 0.05$，期权有效期 $T = 1$，$\Delta t = 0.02$，$N = 50$，股价 $\sigma = 0.2/0.4$，股价模拟路径数 $M = 100\,000$，分别进行计算。

图 4-17 展示了蒙特卡罗方法模拟的股票价格路径，为了图形的清晰度，这里将股票价格路径模拟数设为 1 000 条。

图 4-18 为计算初期运用蒙特卡罗方法模拟出的 1 000 条股票价格路径中路径的实值虚值情况。

在模拟出股票路径后，根据最小二乘蒙特卡罗方法先从期末开始，判断期权实值虚值情况，由于计算的是美式看跌期权，股票价格低于 20 时为实值，图 4-19 中红色标出的是实值点，其所在路径用黑色表示，虚值路径用绿色表示。

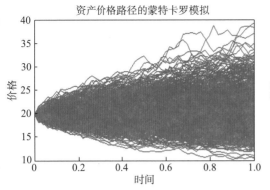

图 4-17　$S = 20$，$\sigma = 0.2$，$T = 1$ 时
模拟的 1 000 条股票价格路径

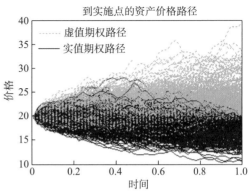

图 4-18　计算初期路径的实值虚值情况

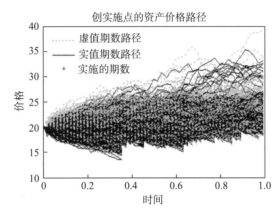

图 4-19　计算结束后显示的期权的实施情况及实值虚值路径

当期权为虚值时不存在实施可能，我们的计算仅限于实值路径，通过回归计算出此刻期望收益函数并与此刻实施价值进行比较，判断是否行权。如果行权则这条路径之后不参与计算，若不行权则清空该路径此时刻的数据继续循环计算，运行至 0 时刻得到图 4-19。

表 4-2 给出了最小二乘蒙特卡罗具体计算结果。

表 4-2　最小二乘蒙特卡罗计算方法结果汇总

S_0	σ	T	模拟结果	欧式期权价值	提前实施价值
18	0.2	1	2.284 9	2.042 8	0.242 1
18	0.2	2	2.509 2	2.078 5	0.430 7
18	0.4	1	3.616 6	3.474 5	0.142 1
18	0.4	2	4.380 5	4.068 0	0.312 5
20	0.2	1	1.207 7	1.114 7	0.093 0
20	0.2	2	1.539 7	1.322 1	0.217 6
20	0.4	1	2.731 3	2.629 2	0.102 1
20	0.4	2	3.613 1	3.354 8	0.258 3

S_0	σ	T	模拟结果	欧式期权价值	提前实施价值
22	0.2	1	0.596 9	0.557 2	0.039 7
22	0.2	2	0.918 2	0.814 8	0.103 4
22	0.4	1	2.032 0	1.972 8	0.059 2
22	0.4	2	2.934 2	2.768 7	0.165 5

　　为了增加直观性,下面我们绘制美式看跌期权的价格图形、相同参数下美式看跌期权与欧式看跌期权的价格对比图和美式看跌期权的实施边界。具体参数如下:$S_0 = 18$,执行价格 $K = 20$,无风险利率 $r = 0.05$,期权有效期 $T = 1$,$\Delta t = 0.02$,$N = 50$,股价波动率 $\sigma = 0.2$。图 4-20 所示为美式看跌期权价格的三维图,反映了美式看跌期权随着股票价格变化和时间变化的变化。图 4-21 所示为美式看跌期权与欧式看跌期权价格对比。从图 4-21 中可以发现,当股票价格较低时美式看跌期权的价格要高于欧式看跌期权。随着股票价格的上升,美式看跌期权提前实施的可能性逐步下降,两者价格趋于一致。图 4-22 所示为美式看跌期权的实施边界图。从图 4-22 中可以发现,在现有参数下,若股价很低,看跌期权将很快实施,随着股价逐步增加,实施的时间逐步推后,直至到期才实施。总体上看期权的持有区域要远大于实施区域。

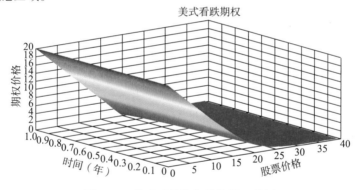

图 4-20　美式看跌期权价格的三维图

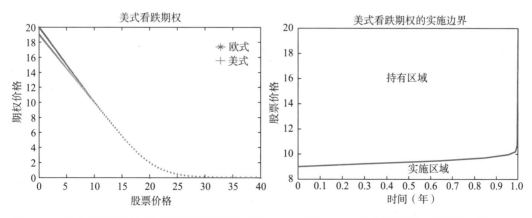

图 4-21　美式看跌期权与欧式看跌期权价格对比　　图 4-22　美式看跌期权的实施边界

美式期权的最小二乘蒙特卡罗方法的 MATLAB 实现所涉及的指针及矩阵运算的过程较为复杂，在此不做过多说明。这里，我们对以后利用较多的程序编写技巧给出一定的说明，同时对美式最小二乘蒙特卡罗方法给出简单提示，具体代码如下：

```
function [Price] = AmerMC(S0,K,r,T,sigma,N,M,type)
%
%   N       Number of points in time grid to use (minimum is 3, default
                                                  is 50)
%   M       Number of points in asset price grid to use (minimum is 3,
                                                  default is 50)
%

if nargin < 6 || isempty(N), N = 50; elseif N < 3, error('N has to be
at least 3'); end                                 %line 7
if nargin < 7 || isempty(M), M = 15000; elseif M < 3, error('M has to
be at least 3'); end
if nargin < 8, type = true; end                   %line 9
```

首先，通过观察代码可以发现，前半部分，也就是 7～9 行比较奇怪（由于编排问题，存在 M 文件代码在这里被截断的现象，我们所说的行指的是 M 文件中代码所在的行，下同）。

其实，对于输入变量比较多的函数，我们一般会采用 nargin 函数，判断函数中输入变量的个数，当输入变量不足时，通过设置变量默认值，使函数依然能够执行。这样设置还有一个好处就是便于根据人们的使用习惯设置函数，如本例的设置有利于使用最多的美式看涨期权使用者的输入。只有对计算模拟期数 N、估计个数 M 或期权形式均有特殊要求的使用者，才需要将每个变量全部输入。

在 if 函数中，可以看到两条竖线，这是 MATLAB 的逻辑运算符"或"，其结果是当其两边的表达式中有一个为真时，其逻辑结果就为真。相应补充其他两个逻辑运算符&"且"及~"非"。

其次，产生 N 期的股票价格模拟值，这里我们介绍两个函数。第一个函数是 cumprod()，即累积连乘函数，其在 MATLAB 中有很复杂的应用，但此处由于其只作用于用分号连接起来的一个矩阵上，故比较简单，其作用只是将被作用矩阵按列将每列各项累计连乘，例如：

```
输入 A=[1 2 3;4 5 6];
cumprod(A)=[1 2 3 ;4 10 18]
```

[S0*ones(1,M); R]仅仅是将向量 S0*ones(1,M)加到矩阵 R 上作为其第一行，形成一个连接起来的矩阵。第二个函数也比较实用，当需要每一项都是 1 或 0 的矩阵 A 时，只需令 A=ones(m,n)或 A=zeros(m,n)即可（m，n 是矩阵 A 的行数和列数），这一函数通常用来定义容器矩阵，也常见于累积连乘函数的使用中。

最后，用累积连乘函数模拟出来的股票价格与后面回归所得出的现金流进行比较，这一过程与二叉树期权定价模型计算美式期权价格时的思路类似，由于这次比较是在矩阵中完成的，所以代码构造较为复杂。find()函数起到寻找目标位置（指针）的作用。

```
if nargin < 8, type = true; end

dt = T/N;
R = exp((r-sigma^2/2)*dt+sigma*sqrt(dt)*randn(N,M));
S = cumprod([S0*ones(1,M); R]);

ExTime = (M+1)*ones(N,1);

    % Now for the algorithm
    CF = zeros(size(S)); % Cash flow matrix
    if type==0
        CF(end,:) = max(K-S(end,:),0); % Option only pays off if it is in
                     the money  the payoff of the bottom line
    else
        CF(end,:) = max(S(end,:)-K,0);
    end
    for ii = size(S)-1:-1:2
        if type==0
            Idx = find(S(ii,:) < K); % Find paths that are in the money at
                                      time ii
        else
    Idx = find(S(ii,:) > K); % Find paths that are in the money at time ii
        end
        X = S(ii,Idx)'; X1 = X/S0;
        Y = CF(ii+1,Idx)'*exp(-r*dt); % Discounted cashflow
        R = [ ones(size(X1)) (1-X1) 1/2*(2-4*X1-X1.^2)];
        a = R\Y; % Linear regression step                    %line 33
        C = R*a; % Cash flows as predicted by the model
```

在这一过程中，应当特别注意 MATLAB 回归的使用，注意 MATLAB 中反斜杠(\)运算符的应用。在代码中，a = R\Y 的数学含义是在矩阵运算 Y*a=R 中计算 a 的值。其与 a=inv(Y)*R 的含义一致，（inv()函数是对矩阵求逆的运算函数）。虽然二者能够达到的目标一致，但在以后我们需要利用 MATLAB 进行回归操作时，应尽量利用反斜杠进行计算，因为这样可以提高运算速度。代码关键的一步是将最小二乘回归预测值与之前的价格预测矩阵按要求进行替换，这里应用到了 setdiff()函数，以实现类似于统计学中事件减法的运算。一个 setdiff 的实例如下：

```
>> A=[1 1 2 3 5 8];
>> B=[1 2 3 4 5 6];
>> C=setdiff(A, B)

C =

    8

>> D=setdiff(B, A)

D =

    4    6
```

关于期权计算的这部分具体代码如下：

```
a = R\Y; % Linear regression step
C = R*a; % Cash flows as predicted by the model
    if type==0
        Jdx = max(K-X,0) > C; % Immediate exercise better than predicted
                              cashflow
    else
        Jdx = max(X-K,0) > C; % Immediate exercise better than predicted
                              cashflow
    end
    nIdx = setdiff((1:M),Idx(Jdx));   %setdiff
      if type==0
       CF(ii,Idx(Jdx)) = max(K-X(Jdx),0);
      else
        CF(ii,Idx(Jdx)) = max(X(Jdx)-K,0);
      end
    ExTime(Idx(Jdx)) = ii;
    CF(ii,nIdx) = exp(-r*dt)*CF(ii+1,nIdx);
end

Price = mean(CF(2,:))*exp(-r*dt);
end
```

4.4.4 实验结果

运用最小二乘蒙特卡罗方法计算的美式看涨期权的计算结果见图 4-23。这里之所以给出美式看涨期权，是因为无股利支付情况下美式看涨期权和欧式看涨期权的价格相同，而欧式看涨期权有解析解。利用最小二乘蒙特卡罗方法计算的美式看涨期权的价格为 9.5030，与之前相同参数下的欧式看涨期权价格 9.48 非常接近，有较好的精度。

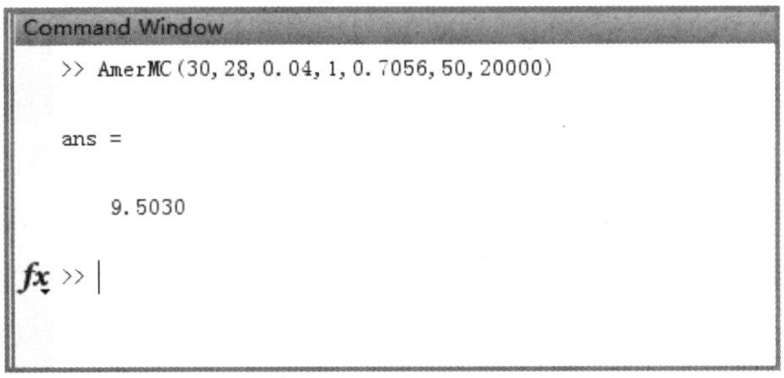

图 4-23 运用最小二乘蒙特卡罗方法计算的美式看涨期权的价格

4.5 基于 Python 的数值实验——蒙特卡罗方法

4.5.1 实验目的

学生需要先掌握标准蒙特卡罗方法、对偶变量方法、准蒙特卡罗方法及最小二乘蒙特卡罗方法，并熟悉 Python 的使用方法，结合数值方法中给出的各个步骤，完成各项实验任务。要求学生使用 Python 运用标准蒙特卡罗方法、加入对偶变量的蒙特卡罗方法、准蒙特卡罗方法计算欧式看涨期权、欧式看跌期权的价格，运用最小二乘蒙特卡罗方法计算美式看涨期权、美式看跌期权的价格。

4.5.2　实验数据

由于这部分内容属于数值实验，因此实验所需的参数是考虑该参数的真实取值区间并考虑到计算的便利而外生给定的。所需的主要数据有股票的初始价格、期权的执行价格、无风险利率、股票价格的波动率、期权的有效期、模拟计算的次数及股价路径的剖分次数等。

4.5.3　实验过程

利用 Python 实现标准蒙特卡罗方法较为简单，这里通过定义 mc_price 函数来实现该功能，并通过 np.random.randn 函数来构造随机数，除此之外的过程与 MATLAB 部分相似，在此不再赘述。具体代码如下：

```python
def mc_price(S, K, r, sigma, T, type, nSims=10000):
    '''
    功能：利用标准蒙特卡罗方法计算期权理论价格
    参数：
        S: 股票初始价格
        K:期权的执行价格
        r:无风险利率
        sigma:股票价格波动率
        T: 有效期
        type:1 表示看涨，0 表示看跌
        nSims:模拟的次数，默认为 10,000
    '''
    randnum = np.random.randn(nSims)
    mat = S * np.exp((r-0.5*pow(sigma, 2))*T + sigma*np.sqrt(T)*randnum)
    if type:
        V = np.exp(-r*T) * np.maximum(mat-K, 0)
    else:
        V = np.exp(-r*T) * np.maximum(K-mat, 0)
    price = np.mean(V)
    print("mc: the price of the option is %.4f" % price)
    return price
```

标准蒙特卡罗方法的误差是比较大的，蒙特卡罗方法的方差减小技巧有很多，在这里只介绍对偶变量方法。具体代码如下：

```python
def mc_antithetic_variable(S, K, r, sigma, T, type, nSims=10000):
    '''
    功能：利用对偶变量方法减少方差，标准蒙特卡洛方法的方差减小技术
    '''
    randnum = np.random.randn(nSims)
```

```
mat1 = S*np.exp((r-0.5*pow(sigma,2))*T + sigma*np.sqrt(T)*randnum)
mat2 = S*np.exp((r-0.5*pow(sigma,2))*T - sigma*np.sqrt(T)*randnum)
if type:
    V = np.exp(-r*T) * (np.maximum(mat1-K, 0) + np.maximum(mat2-K, 0)) / 2
else:
    V = np.exp(-r*T) * (np.maximum(K-mat1, 0) + np.maximum(K-mat2, 0)) / 2
price = np.mean(V)
print("the price of the option is %.4f" % price)
return price
```

我们借助 Python 库 chaospy 来实现低偏差序列，除此之外的代码与标准蒙特卡罗方法相近，具体代码如下：

```
def mc_low_discrepancy(S, K, r, sigma, T, type, kind, nSims=10000):
    '''
    功能：准蒙特卡罗方法，基于低偏差序列
    参数：
        kind: 低偏差序列类型，sobol or halton
    '''
    uniform_cube = cp.J(cp.Uniform(0, 1))
    if kind == "sobol":
        samples = uniform_cube.sample(nSims, rule='sobol')
    elif kind == "halton":
        samples = uniform_cube.sample(nSims, rule='halton')
else:
print("kind must be sobol or halton")
        return
    randnum = norm.ppf(samples)
    mat = S * np.exp((r-0.5*pow(sigma, 2))*T + sigma*np.sqrt(T)*randnum)

    if type:
        V = np.exp(-r*T) * np.maximum(mat-K, 0)
    else:
        V = np.exp(-r*T) * np.maximum(K-mat, 0)
    price = np.mean(V)
    print("the price of the option is %.4f" % price)
    return price
```

最后，我们定义 mc_least_square 函数，用最小二乘蒙特卡罗方法求解美式看涨期权、美式看跌期权的价格。具体代码如下：

```
def mc_least_square(S0, K, r, sigma, T, type, N=50, M=10000):
    '''
    功能：最小二乘蒙特卡罗方法，求解美式期权的价格
    参数：
        N: 每条价格路径上的价格点数量，默认为 50
        M: 标的资产价格路径条数，默认为 10000
    '''
    dt = T/N
    df = np.exp(-r*dt)
```

```
randnum = np.random.randn(N, M)
R = np.exp((r-0.5*pow(sigma, 2))*dt + sigma*np.sqrt(dt)*randnum)
S = np.row_stack((S0*np.ones((1, M)), R)).cumprod(axis=0)

if type:
    H = np.maximum(S-K, 0)
else:
    H = np.maximum(K-S, 0)

CF = np.copy(H)
for i in range(N-1, 0, -1):
    reg = np.polyfit(S[i], CF[i+1]*df, 7)
    C = np.polyval(reg, S[i])
    CF[i] = np.where(C > H[i], CF[i+1]*df, H[i])

price = np.mean(CF[1])*df
print("the price of the option is %.4f" % price)
return price
```

基于以上代码，我们对期初股价 $S_0 = 30$，执行价格 $K = 28$，无风险利率 $r = 0.04$，期权有效期 $T = 1$，股价 $\sigma = 0.7056$ 的欧式看涨期权及美式看涨期权价格进行计算，由于无股利支付情况下美式看涨期权和欧式看涨期权的价格相同，而欧式看涨期权价格可用 BSM 公式求得，因此可用此方法来观察最小二乘蒙特卡罗方法的准确程度。具体代码如下：

```
if __name__ == '__main__':
    S0 = 30
    K = 28
    r = 0.04
    T = 1
    sigma = 0.7056
    type = 1
    nSims = 10000
    np.random.seed(1234)  # 定义随机数种子
    bsm_price(S0, K, r, sigma, T, type)
    mc_price(S0, K, r, sigma, T, type, nSims)
    mc_antithetic_variable(S0, K, r, sigma, T, type, nSims)
    mc_low_discrepancy(S0, K, r, sigma, T, type, "sobol", nSims)
    mc_low_discrepancy(S0, K, r, sigma, T, type, "halton", nSims)
    mc_least_square(S0, K, r, sigma, T, type, N=50, M=100000)
```

上述代码用 np.random.seed()函数定义了随机数种子，主要目的是保证每次产生的随机数一致，从而保持每次计算结果的一致性。

4.5.4 实验结果

运用标准蒙特卡罗方法、对偶变量方法、准蒙特卡罗方法及最小二乘蒙特卡罗方法计算得出的看涨期权的价格如图 4-24 所示。可以发现，基于 Sobol 低偏差序列的计算结果与 BSM 公式计算出的结果最为接近，运用最小二乘蒙特卡罗方法计算得到的美式看涨期权价格存在一定的偏差。

```
bsm: the price of the option is 9.4841
mc: the price of the option is 9.5232
antithetic variable: the price of the option is 9.3750
low discrepancy sobol: the price of the option is 9.4613
low discrepancy halton: the price of the option is 9.4369
least square: the price of the option is 9.3466
```

图 4-24　运用蒙特卡罗方法计算得出的看涨期权价格

4.6　基于 C++ 与 Excel-Addin 的数值实验
——蒙特卡罗方法

4.6.1　实验目的

在研究衍生品定价的过程中，选择适合的反映金融资产价格变化的随机过程并进行模拟是十分关键的，这里我们运用 Quantlib 模拟几种重要的描述金融资产动态变化的随机过程。为以后的衍生品定价研究与分析服务。

4.6.2　编程准备

在金融领域，最为常用的随机变量包括正态分布与泊松分布。在绝大部分金融领域的模型中所使用的随机过程都可以利用上述两种随机变量构造。例如，使用最为广泛的 BSM模型及随机波动率模型可以通过正态分布变量生成，而跳跃扩散过程、随机波动跳跃（Stochastic Volatility Jump）等模型则可由正态分布变量与泊松分布变量生成。

通常，生成一般的随机变量 X 的算法有两种：逆函数法和接受—拒绝法。逆函数法通过将生成在[0,1]上均匀分布的随机变量 u 代入该随机变量 X 的累积密度函数的逆函数中，即可生成该随机变量的样本 x；而接受—拒绝法则是通过生成一种较为容易生成的随机变量样本 $Y \sim f_Y(y)$ 及在[0,1]上均匀分布的随机变量，并只在 $f_Y(y)/f_X(y) < u$ 时接受该生成的随机变量。此外，还有一些近似方法（如 Box Muller 生成正态分布变量的方法等），但由于本书关注的重点并不在于底层算法的具体实现，因此不再深入讨论，感兴趣的读者可参考相关书籍。但从上述讨论中我们可以发现，生成在[0,1]上均匀分布的随机数几乎是所有随机变量生成的基础。

在 QuantLib 中，我们有数种生成均匀随机变量的方法：KnuthUniformRng 可通过 Knuth方法生成均匀分布随机数，LecuyerUniformRng 则由 L'Ecuyer 方法生成，但更为广泛应用的是 MersenneTwisterUniformRng 所采用的 Mersenne-Twister 算法，而正态分布则可通过BoxMullerGaussianRng 所采用的 Box Muller 方法进行生成。

4.6.3　实验数据

由于这部分内容属于数值实验，因此实验所需的参数是考虑该参数的真实取值区间并考虑到计算的便利而外生给定的。所需的主要数据有股票的初始价格、漂移率、波动率及时间。

4.6.4 实验过程

几何布朗运动（也称为 Black-Scholes-Merton 过程）是在权益类金融衍生品定价中使用最为广泛的过程，也是最为简单的过程。QuantLib 提供了模拟几何布朗运动的类，通过 evolve() 函数即可实现几何布朗运动的演进。下面是几何布朗运动的 C++实现代码，在 Excel 中以数组形式输出，能有效提高运算速度。

```cpp
using namespace QuantLib;

DLLEXPORT LPXLOPER simulateBSMProcess(double dSpot, double dRate, double
                                      dDiv, double dVol,
   const FP* fpDates)
{
   static LPXLOPER lpReturn = (LPXLOPER)malloc(sizeof(XLOPER));
   try {
       //================= Make Size ===================//
       // make number of time steps
       int iTime = fpDates->rows * fpDates->columns;

       // make number of variables
       int iSize = 1;

       // make return
       lpReturn->xltype            = xltypeMulti;
       lpReturn->val.array.lparray = new OPER[iTime*iSize];
       lpReturn->val.array.rows    = iTime;
       lpReturn->val.array.columns = iSize;

       //================= Make Calendar ===================//
       Calendar calendar = TARGET();
       Date settlementDate = Date::todaysDate();
       DayCounter dayCounter = ChinaTrading();

       //================= Make Process ===================//
       // bootstrap the yield curve
       Handle<YieldTermStructure> riskFreeRate(
          boost::shared_ptr<YieldTermStructure>(new FlatForward
                  (settlementDate, dRate, dayCounter)));

       // bootstrap the dividend curve
       Handle<YieldTermStructure> dividendRate(
          boost::shared_ptr<YieldTermStructure>(new FlatForward
                  (settlementDate, dDiv, dayCounter)));

       // bootstrap the volatility curve
       Handle<BlackVolTermStructure> volatilityTS(
          boost::shared_ptr<BlackVolTermStructure>(new BlackConstantVol
                  (settlementDate, calendar, dVol, dayCounter)));
```

```
            // bootstrap the spot
            Handle<Quote> underlying(boost::shared_ptr<Quote>
                (new SimpleQuote(dSpot)));

            // bootstrap the process
            boost::shared_ptr<BlackScholesMertonProcess> process(
                new BlackScholesMertonProcess(underlying, dividendRate,
riskFreeRate, volatilityTS));

            //================= Make Evolution ===================//
            // make random seed
            BigInteger seed = SeedGenerator::instance().get();
            MersenneTwisterUniformRng unifMt(seed);

            // make Brownian motion
            BoxMullerGaussianRng<MersenneTwisterUniformRng> bmGauss(unifMt);

            // do initialization
            double dw;
            double x = underlying->value();
            double dCurrentTime = 0.0;
            double dt;

            // do evolution
            for ( Size i = 0 ; i < iTime ; i++){
                    // evolve Brownian motion
                    dw = bmGauss.next().value; // spot evolve

                    // update dt
                    dt = ( fpDates->array[i] - dCurrentTime ) /
                            (double)TRADEDAY_COUNTER;

                    // evolve process
                    x = process->evolve(dCurrentTime,x,dt,dw);

                    // update current time
                    dCurrentTime = fpDates->array[i];

                    // make output
                    lpReturn->val.array.lparray[i].xltype = xltypeNum;
                    lpReturn->val.array.lparray[i].val.num = x;
            }

            return lpReturn;
        }
    catch (const std::exception &e) {
        std::ostringstream err;
        err << "Error loading:" << e.what();
        return lpReturn;
    }
  }
```

为了使该函数能在 Excel 中调用，需要向 Excel 注册该函数：

```
void registerSimulateBSMProcess(XLOPER &xDll) {
  EXCEL(xlfRegister, 0, 15, &xDll,
    // function code name
    TempStrNoSize(" simulateBSMProcess"),
    // parameter codes: First is OUTPUT, others are parms resp.
    TempStrNoSize(" PBBBBK"),
    // function display name
    TempStrNoSize(" simulateBSMProcess"),
    // comma-delimited list of parameter names
    TempStrNoSize("\xFF""Spot,Rate,Dividend,Volatility,Dates"),
    // function type (0 = hidden function, 1 = worksheet function,
    //                2 = command macro)
    TempStrNoSize(" 1"),
    // function category
    TempStrNoSize(" Pricing Engine - Simulation"),
    // shortcut text (command macros only)
    TempStrNoSize(" "),
    // path to help file
    TempStrNoSize(" "),
    // function description
    TempStrNoSize("\xFF""Simulate Black-Scholes Process"),
    // parameter descriptions
    TempStrNoSize("\xFF""Spot price of the underlying at Today."),
    TempStrNoSize("\xFF""Risk-free Rate of the underlying. In terms of
                percentage, e.g. 0.04 or 4%."),
    TempStrNoSize("\xFF""Dividend of the underlying. In terms of percentage,
                e.g. 0.02 or 2%."),
    TempStrNoSize("\xFF""Annualized Volatility of the underlying. In terms
                of percentage, e.g. 0.3 or 30%"),
    TempStrNoSize("\xFF""Dates to simulate, DO NOT ADD 0. e.g. 60 = 60 days.
                Day counter is 240/yr. Vector."));
}
```

编译成功并在 Excel 中载入加载宏后，在 Excel 中可以以数组方式对 simulateBSMProcess(Spot,Rate,Dividend,Volatility,Dates)公式进行调用，实现 Black–Scholes–Merton 过程的模拟。

在 Excel 表格中，我们根据参数设计建立基础数据输入表格和结果输出表格，以便在建立模型时引用数据。由于模拟几何布朗运动需要的参数只有 4 个，即 Spot、Rate、Dividend、Volatility，因此只需要再加上一列日期 Dates 即可进行模拟。具体的基础数据表格形式可参见图 4-25。

建立表格后，我们可以对上述参数进行单元格命名，以方便调用。在图 4-25 所示的表格中，我们首先将 C4～C7 单元格分别命名为 Spot、Rate、Dividend、Volatility，并对下面的 1 000 个日期序列 B19:B1019 命名为 Dates。之后，可以在 C19:C1019 中输入数组公式

```
{=simulateBSMProcess(Spot,Rate,Dividend,Volatility,Dates)}
```

并将其命名为"价格过程 1"。同理，可对 D19:D1019 至 F19:F1019 分别输入相同的数组公式，并对运算表进行画图，如图 4-26 所示。

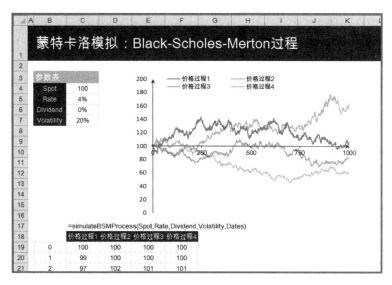

图 4-25　Excel 中建立价格过程模拟的表格

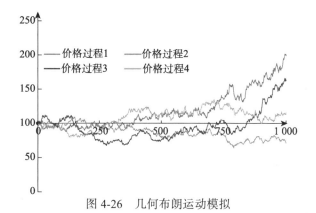

图 4-26　几何布朗运动模拟

　　在多资产的衍生产品定价中，多维的 BSM 过程也是最为广泛使用的模型。类似地，在高维的状态下，当方差—协方差系数矩阵确定时，QuantLib 可实现多维状态下的 BSM 过程。下面是多维 BSM 过程的 C++实现代码，在 Excel 中以数组形式输出，能有效提高运算速度。

```
using namespace QuantLib;

DLLEXPORT LPXLOPER simulateMultivariateBSMProcess(const FP* fpSpot,
const FP* fpRate, const FP* fpDiv,
    const FP* fpCorr, const FP* fpVol, const FP* fpDates)
{
    static LPXLOPER lpReturn = (LPXLOPER)malloc(sizeof(XLOPER));
    try {
        //================= Check Input ====================//
        if ( ( fpCorr->rows != fpCorr->columns ) || ( fpCorr->rows <=1 ) )
            QL_FAIL(请输入对称的相关性矩阵);
```

```cpp
//================= Make Size =====================//
// make number of time steps
int iTime = fpDates->rows * fpDates->columns;

// make number of variables
int iSize = fpCorr->rows;

// make return
lpReturn->xltype            = xltypeMulti;
lpReturn->val.array.lparray = new OPER[iTime*iSize];
lpReturn->val.array.rows    = iTime;
lpReturn->val.array.columns = iSize;

//================= Make Calendar =====================//
Calendar calendar = TARGET();
Date settlementDate = Date::todaysDate();
DayCounter dayCounter = ChinaTrading();

//================= Make Process =====================//
std::vector<boost::shared_ptr<StochasticProcess1D>>
    processes(iSize);
for ( unsigned i = 0 ; i < iSize ; i++ ) {
    processes[i] = boost::shared_ptr<StochasticProcess1D>
                   (new BlackScholesMertonProcess(
        // bootstrap the spot
        Handle<Quote>(boost::shared_ptr<Quote>
          (new SimpleQuote(fpSpot->array[i]))),
        // bootstrap the dividend curve
        Handle<YieldTermStructure>(boost::shared_ptr<
          YieldTermStructure>(new FlatForward(settlementDate,
          fpDiv->array[i], dayCounter))),
        // bootstrap the yield curve
        Handle<YieldTermStructure>(boost::shared_ptr<
          YieldTermStructure>(new FlatForward(settlementDate,
          fpRate->array[i], dayCounter))),
        // bootstrap the volatility curve
        Handle<BlackVolTermStructure>(boost::shared_ptr<
          BlackVolTermStructure>(new BlackConstantVol
          (settlementDate, calendar, fpVol->array[i],
          dayCounter)))));
}

// make correlation
Matrix mCorr(iSize,iSize);
for (unsigned row = 0 ; row < iSize ; row++ )
    for ( unsigned column = 0 ; column < iSize ; column++ )
        mCorr[row][column] = fpCorr->array[row*iSize + column];

// bootstrap the process
boost::shared_ptr<StochasticProcessArray>
    process(new StochasticProcessArray(processes, mCorr));
```

```
//================= Make Evolution ===================//
// make random seed
BigInteger seed = SeedGenerator::instance().get();
MersenneTwisterUniformRng unifMt(seed);

// make Brownian motion
BoxMullerGaussianRng<MersenneTwisterUniformRng> bmGauss(unifMt);

// do initialization
Array dw(iSize), x(iSize);
for ( Size i = 0 ; i < iSize ; i++) {
        dw[i] = bmGauss.next().value;
        x[i] = fpSpot->array[i];
}

double dCurrentTime = 0.0;
double dt;

// do evolution
for ( Size i = 0 ; i < iTime ; i++){
    // update dt
    dt = ( fpDates->array[i] - dCurrentTime ) /
            (double)TRADEDAY_COUNTER;

    // evolve process
    x = process->evolve(dCurrentTime,x,dt,dw);

    // update current time
    dCurrentTime = fpDates->array[i];

    // make output
    for ( Size j = 0 ; j < iSize ; j++) {
            // evolve Brownian motion
            dw[j] = bmGauss.next().value; // spot evolve
            // make output
            lpReturn->val.array.lparray[i*iSize + j].xltype =
                xltypeNum;
            lpReturn->val.array.lparray[i*iSize + j].val.num =
                x[j];
    }
}

return lpReturn;
}
catch (const std::exception &e) {
    std::ostringstream err;
    err << "Error loading : " << e.what();
    return lpReturn;
}
}
```

同样地，需要注册该函数以使得 Excel 可以调用。

```
void registerSimulateMultivariateBSMProcess(XLOPER &xDll) {
    EXCEL(xlfRegister, 0, 16, &xDll,
        // function code name
    TempStrNoSize(" simulateMultivariateBSMProcess"),
    // parameter codes: First is OUTPUT, others are parms resp.
    TempStrNoSize(" PKKKKKK"),
    // function display name
    TempStrNoSize(" simulateMultivariateBSMProcess"),
    // comma-delimited list of parameter names
    TempStrNoSize("\xFF""Spots,Rates,Dividends,Correlations,
                    Volatilities,Dates"),
    // function type (0 = hidden function, 1 = worksheet function, 2 =
                    command macro)
    TempStrNoSize(" 1"),
    // function category
    TempStrNoSize(" Pricing Engine - Simulation"),
    // shortcut text (command macros only)
    TempStrNoSize(" "),
    // path to help file
    TempStrNoSize(" "),
    // function description
    TempStrNoSize("\xFF""Simulate Multivariate Black-Scholes-Merton
                    Process"),
    // parameter descriptions
    TempStrNoSize("\xFF""Spot prices of the underlying at Today.
                    Vector."),
    TempStrNoSize("\xFF""Risk-free Rate of the underlying. In terms of
                    percentage, e.g. 0.04 or 4%. Vector."),
    TempStrNoSize("\xFF""Dividend of the underlying. In terms of
                    percentage, e.g. 0.02 or 2%. Vector."),
    TempStrNoSize("\xFF""Correlation matrix of the underlying. Make it
                    full and symmetric with diagonal. In terms of
                    percentage, e.g. 0.8 or 80%. Matrix."),
    TempStrNoSize("\xFF""Annualized Volatility of the underlying.
                    In terms of percentage, e.g. 0.3 or 30%. Vector."),
    TempStrNoSize("\xFF""Dates to simulate, DO NOT ADD 0. e.g. 60 =
                    60 days. Day counter is 240/yr. Vector."));
}
```

编译成功并在 Excel 中载入加载宏后，在 Excel 中可以以数组方式对 simulate-BSMProcess(Spot,Rate,Dividend,Volatility,Dates)公式进行调用，实现 BSM 过程的模拟。

在 Excel 表格中，我们根据参数设计建立基础数据输入表格和结果输出表格，以便在建立模型时引用数据。模拟多维 BSM 过程需要的参数有 5 个，即 Spots、Rates、Dividends、Correlations、Volatilities，其形式都是单元格区域，在此基础上我们只需要再加上一列日期 Dates 即可进行模拟。具体的基础数据表格形式可参见图 4-27。

建立表格后，我们可以对上述参数进行单元格命名，以方便调用。在图 4-27 所示的表格中，我们首先将 C5:F5 至 C12:F12 单元格区域分别命名为 Spots、Rates、Dividends、Correlations、Volatilities（注意 Correlations 区域应为 C8:F11），并对下面的 1 000 个日期序列 B17:B1017 命名为 Dates。命名作用域为该工作表。

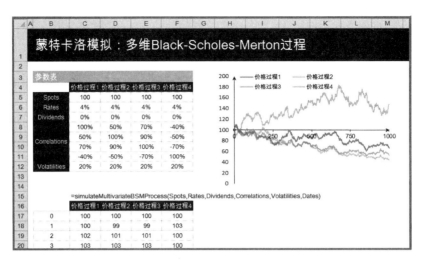

图 4-27   Excel 中建立价格过程模拟的表格

之后，我们可以在 C17:F1017 中输入数组公式

```
{=simulateMultivariateBSMProcess(Spots,Rates,Dividends,Correlations,
Volatilities,Dates)}
```

则可生成四维的 Black-Scholes-Merton 过程。然后再对运算表进行画图，如图 4-28 所示。

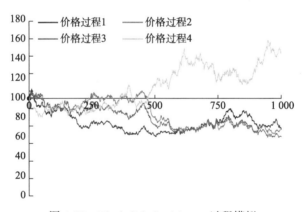

图 4-28   Black-Scholes-Merton 过程模拟

从图 4-28 中可以看出，由于价格过程 4 在相关系数矩阵中与其他价格过程都是负的，因此其价格模拟走势也与其他三个价格过程呈现出反向关系，而价格过程 2 和价格过程 3 由于相关性系数高达 90%，其走势也呈现出密切相关的关系。若所有价格过程之间的相关系数都为 0，则画出的模拟图与模拟四个一维 BSM 过程是相似的，感兴趣的读者可自行试一下。

除了上述 BSM 过程，QuantLib 还提供了更多高级模型的模拟方法，包括 CIR 过程、Heston 过程和 Bates 过程等。鉴于其编程代码及 Excel 表格实现与 BSM 过程类似，在此只给出简略的模型介绍及模拟例子，读者可自行查看书中附带的代码。

（1）Cox-Ross-Ingerson(CIR) 模型。

$$\begin{cases} \mathrm{d}x_t = \kappa(\theta - x_t)\mathrm{d}t + \sigma\sqrt{x_t}\,\mathrm{d}W_t \\ x_{t=0} = x_0 \end{cases} \quad (4\text{-}27)$$

式中，κ、θ、σ 为常数参数，当 $2\kappa\theta \geqslant \sigma^2$ 时，CIR 过程的值 $x_t \geqslant 0$ 几乎必然成立。此外，CIR 过程也具有均值回复的特性，当 $\kappa \geqslant 0$ 时，$x_t \geqslant \theta$ 会使 CIR 过程的漂移率小于 0，从而增加了 CIR 过程降低的概率，反之亦然。也正是这些原因，CIR 过程在利率建模及股票随机波动率模型中具有广泛应用。CIR 过程模型如图 4-29 所示。

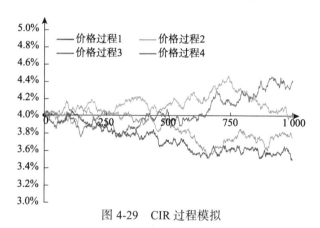

图 4-29　CIR 过程模拟

（2）Heston 模型。

Heston 模型假设股票价格的波动率并非常数，而是一个服从 CIR 过程的随机数。由于在实际经验中，股票的波动率一般围绕着一个常数波动，具有均值回复性，因此使用 CIR 过程为波动率建模具有一定的合理性。加上在许多金融衍生品定价研究中已经推导出基于 Heston 模型的期权近似解价格，带来了计算和参数估计上的方便，因此 Heston 模型在实际运用中具有非常广泛的应用性。

$$\begin{cases} \dfrac{\mathrm{d}S_t}{S_t} = (\mu - d)\mathrm{d}t + \sqrt{V_t}\,\mathrm{d}W_t^1 \\ \mathrm{d}V_t = \kappa(\theta - V_t)\mathrm{d}t + \sigma\sqrt{V_t}\,\mathrm{d}W_t^2 \\ \mathrm{d}W_t^1 W_t^2 = \rho\mathrm{d}t \\ V_{t=0} = V_0 \end{cases} \quad (4\text{-}28)$$

式中，κ、θ、σ、ρ 为常数参数。由上述关于 CIR 过程的分析可知，由于方差（波动率）过程是一个 CIR 过程，当 $2\kappa\theta \geqslant \sigma^2$ 时，方差（波动率）过程的值 $V_t \geqslant 0$ 几乎必然成立。图 4-30 所示是一个 Heston 过程的模拟实例。

从图 4-30 中可以看出，方差（波动率）过程和价格过程之间存在一定的负相关性。

（3）Bates 模型。

Bates 模型可看作在 Heston 模型中加入跳跃因素，并假设跳跃次数服从泊松过程，跳跃幅度服从正态分布。

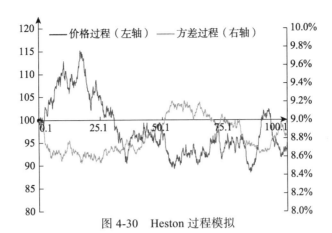

图 4-30　Heston 过程模拟

$$
\begin{cases}
\dfrac{\mathrm{d}S_t}{S_t} = (\mu - d)\mathrm{d}t + \sqrt{V_t}\,\mathrm{d}W_t^1 + \mathrm{d}Z_t \\[2mm]
\mathrm{d}V_t = \kappa(\theta - V_t)\mathrm{d}t + \sigma\sqrt{V_t}\,\mathrm{d}W_t^2 \\[2mm]
\mathrm{d}W_t^1 W_t^2 = \rho\mathrm{d}t \\[2mm]
V_{t=0} = V_0
\end{cases}
\tag{4-29}
$$

式中，κ、θ、σ、ρ 为常数参数，且 Z_t 为一个复合泊松过程，其强度为 λ，跳跃幅度为 J，其中 $\log(1+J) \sim N\left[\left(\log(1+v) - \dfrac{1}{2}\delta^2, \delta^2\right)\right]$。下面是一个 Bates 过程的模拟实例，如图 4-31 所示。

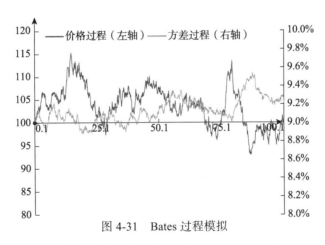

图 4-31　Bates 过程模拟

从图 4-31 中可以看出，加入跳跃之后，价格过程的变化更加剧烈，并且更加符合现实中"缓慢上涨+快速下跌"的现象。

4.6.5　实验结果

由上述实验可知，运用 Quantlib 可以十分便利地模拟 BSM 过程、CIR 过程、Heston 过程及 Bates 过程，这些随机过程适用于很多复杂期权的定价建模。对于这些过程的成功模拟为随之进行的定价研究奠定了坚实的基础。

## 第5章

蒙特卡罗方法期权定价的数值实验

5.1 基于 MATLAB 的数值实验——运用控制变量与准蒙特卡罗方法计算算术平均亚式期权

5.1.1 实验目的

第 4 章介绍了运用对偶变量方法和准蒙特卡罗方法进行期权定价。在蒙特卡罗方法的方差减少技术中，控制变量方法是一种很重要的方差减少技术。在运用蒙特卡罗方法进行期权定价时，大多将几种方差减少技术组合使用，本章介绍将控制变量方法和准蒙特卡罗方法结合起来用于计算算术平均亚式期权。

5.1.2 实验数据

由于这部分内容属于数值实验，因此实验所需的参数是考虑该参数的真实取值区间并考虑到计算的便利而外生给定的。所需的主要数据有股票的初始价格、期权的执行价格、无风险利率、股票价格的波动率、期权的有效期及模拟计算的次数。

5.1.3 实验过程

1. 产生标准正态分布随机序列 $\epsilon_i \left(i = 1, 2, 3, \cdots, m \right)$

要产生标准正态分布随机数，首先要产生[0,1]上的均匀分布的随机数，一般采用线性同余法（Linear Congruential Method）。然后通过对累积概率密度函数求逆，把随机数转化为期望的分布，此时要转化为正态分布，最佳方法是 Moro 算法。MATLAB 中的 normrnd 命令采用的就是这种方法。

2. 模拟股票价格 S 的变化路径

股票价格 S 服从对数正态分布，即

$$S_m = S_0 \mathrm{e}^{(r - \sigma^2/2)T + \sigma\sqrt{T}\epsilon_i}$$

同时股票价格 S 又是相互独立的，我们可以得到

$$S_{t+1} = S_t \mathrm{e}^{(r - \sigma^2/2)\mathrm{d}t + \sigma\sqrt{\mathrm{d}t}\epsilon_i}$$

3. 计算该条路径上算术平均亚式期权的价格

在第 2 步中我们模拟出了股票价格 S 可能路径上的变化值 $S_1, S_2, S_3, \cdots, S_m$，这样就可以计算出在这条路径上算术平均亚式期权的价格：

$$C_1 = e^{-rT} max \left(\frac{1}{m} \sum_{i=1}^{m} S_i - K, 0 \right)$$

4. 重复前 3 步 n 次，得到最终的算术平均亚式期权的价格

重复前 3 个步骤，我们可以得到 n 条路径上的期权价格 $C_1, C_2, C_3, \cdots, C_n$，那么我们取它们的算术平均值：

$$\overline{C} = \frac{1}{n} \sum_{i=1}^{n} C_i$$

式中，$\overline{C}$ 是算术平均亚式期权的估计值。

由于代码较长，限于篇幅，这里不一一展示，有兴趣的读者可以通过邮件索取。结果见表 5-1。

表 5-1　10 000 次循环后蒙特卡罗和改进的蒙特卡罗的误差情况

	控制变量	期权价格	误差
普通蒙特卡罗[①]		5.456 8	0.186 9
低偏差序列	几何亚式期权	5.563 6	0.083 4
	欧式期权	5.520 9	
低偏差序列	几何亚式期权	5.573 1	0.083 0
	欧式期权	5.541 1	
低偏差序列	几何亚式期权	5.562 1	0.082 7
	欧式期权	5.577 2	

从表 5-1 中可以看出经过 10 000 次模拟，6 种改进的蒙特卡罗的精度都能达到小数点后一位，而普通蒙特卡罗还不能够，可以说改进措施是有效果的，那么我们开始从这 6 种改进措施中找出最有效的一种作为最终的定价模型。

我们首先看看控制变量对定价模型是否有改进作用，图 5-1 展示了伪蒙特卡罗方法[②]运用这两种控制变量后的效果。

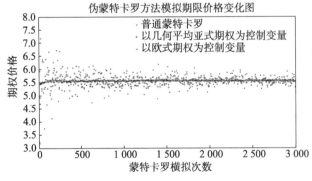

图 5-1　伪蒙特卡罗方法模拟期权价格变化图

---

① 考虑到重新作图的复杂性，并为了与图形中的图标名称保持一致，本章中的普通蒙特卡罗就是指标准蒙特卡罗方法。

② 这里的伪蒙特卡罗方法是相对于准蒙特卡罗方法而言的，因为采用的是伪随机数，由此得名。

从图 5-1 中可以看出，经过控制变量改进后的蒙特卡罗方法产生的价格波动幅度明显要小于普通蒙特卡罗，特别是以几何平均亚式期权为控制变量的定价方法尤其突出，在模拟 500 次以下的波动幅度就已经小于普通蒙特卡罗模拟 10 000 次的效果，这样就较大幅度地提高了期权定价的精度和速度。

图 5-2 展示了其他三种低偏差序列经过两种控制变量改进后，随着模拟次数增加的变化图。

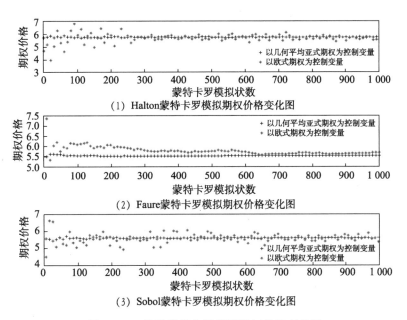

图 5-2　三种准蒙特卡罗模拟期权价格变化图

从图 5-2 中可看出，无论是运用到普通蒙特卡罗方法还是三种准蒙特卡罗方法，以几何平均亚式期权为控制变量都要优于以欧式期权为控制变量。这是因为几何平均亚式期权与算术平均亚式期权的相关系数较大；而欧式期权与算术平均亚式期权的相关系数较小。因此，把几何平均亚式期权作为控制变量是最好的选择，很好地解决了蒙特卡罗模拟误差大、速度慢的缺点。因此，我们最终采用几何平均亚式期权为控制变量。

关于三种低偏差序列的选择，我们首先看看三种低偏差序列的改进效果，图 5-3 展示了三种序列随着模拟次数增加的变化图。

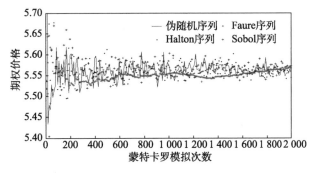

图 5-3　三种准蒙特卡罗价格变化图

图 5-3 不能明确地告诉我们哪种序列更好，但是我们可以隐约看出三种低偏差序列都要优于伪随机序列，特别是，波动幅度一直很小。

为了能够比较精确地判断这些数值方法的优劣，这里提出了一种判定方法：计算出得到一定精度需要的循环次数，哪种序列达到精度需要的循环次数最少，哪种序列就最优。由图 5-3 可推断 Faure 序列较好，不妨采用该方法计算出价格精度。经过 8 万次循环，期权价格为标准差，精度已经可以达到小数点后两位，即价格为 5.56。表 5-2 展示了四种数值方法达到这个精度所需的循环次数。

表 5-2　四种数值方法达到精度所需循环次数的比较

精度	5.564 1+0.05		5.564 1+0.01		5.564 1+0.007 5	
	循环次数	时间/s	循环次数	时间/s	循环次数	时间/ s
普通蒙特卡罗	68 900	17.216				
普通蒙特卡罗+控制变量	680	0.206	9 700	2.756	23 900	7.900
Halton 序列+控制变量	650	0.615	9 300	12.128	23 200	31.816
Faure 序列+控制变量	660	3.427	12 200	6.277	35 700	14.739
Sobol 序列+控制变量	390	0.210	5 900	3.046	12 800	6.939

5.1.4　实验结果

从表 5-2 中可以看出，以几何平均亚式期权作为控制变量在很大程度上减少了循环次数，几乎加快了 100 倍，而另外三种低偏差序列也在一定程度上改进了蒙特卡罗，进一步减少了循环所需的次数。同时我们也应该注意到，虽然从图 5-3 中看出 Faure 序列+控制变量波动幅度较小，但是从表 5-2 中可以看出还是 Sobol 序列+控制变量所需循环次数最少，而且所花的时间最少。由此看来我们应该采用基于 Sobol 序列，以几何平均亚式期权作为控制变量的准蒙特卡罗方法来求解算术平均亚式期权。

5.2　基于 C++ 与 Excel-Addin 的数值实验
——运用蒙特卡罗方法计算自动赎回票据价格

5.2.1　实验目的

自动赎回票据是一种路径依赖型衍生品，其价值不仅取决于标的资产期末价格，还取决于标的资产在运行期间的价格。具体而言，自动赎回票据在运行期间设立观察日，当观察日的标的资产价格满足一定条件时，则产品自动终止（实现了"自动赎回"的功能）。要求学生运用蒙特卡罗方法计算结构化产品市场上常见的"自动赎回票据"（Autocallable Notes，ACN）价格（可以看成期权价格）。

5.2.2　实验数据

一款三年期的自动赎回票据，每年有四个观察期，分别对应发行日后的 3 月、6 月、9

月、12月。若任意观察期当日挂钩标的收盘点位不高于且相当于发行日105%的赎回价格，则票据继续运行，投资者于当日累计年化16%的收益；否则，票据于当日自动赎回，投资者可获得期间所有累计的年化收益。若在产品运行期间未触发自动赎回条款，则投资者在期末视标的价格获得期末支付：若标的期末价格高于赎回价格，则投资者可获得期间所有累计的年化16%的收益；若标的期末价格低于赎回价格但高于80%的保护价格，则投资者可获得期初的投资本金；否则投资者获得的金额=本金×（参与率×标的期末价格÷标的期初价格＋保底收益）。

5.2.3　实验过程

在掌握了计算方法和计算所需的数据之后，现给出具体代码如下。

```cpp
DLLEXPORT double ACNprice(double dToday, double dSpot, double dRefSpot,
double dRate, double dDiv, double dVol,
        double dStrike, double nominalAmount, double participation, double
floor, double dBarrier, int M, const FP* dates, const FP* dCoupon) {
        //! Pricing algorithm of ACN using Monte Carlo
        try{
            // Generate Random seeds
            BigInteger seed = SeedGenerator::instance().get();
            MersenneTwisterUniformRng unifMt(seed);
            BoxMullerGaussianRng<MersenneTwisterUniformRng>
                bmGauss(unifMt);

            // Dim variables
            if ( std::min(dates->columns,dates->rows) > 1 ||
                std::min(dCoupon-> columns,dCoupon->rows) > 1 )
                QL_FAIL("you should input a vector");

                // Make structure of a dated dCoupon
                double daysPerYear = (double)TRADEDAY_COUNTER;
                std::vector<std::pair<double,double>> datedCoupon_ =
                    getDatedCoupon (dates,dCoupon,dToday,daysPerYear);
                    // dated dCoupon

                if ( datedCoupon_.empty() )
                    QL_FAIL("failed");

                int observation_ = datedCoupon_.size();

                // Dim variables
                bool isCouponPaid;
                double valuationDay_, discPayoff_, dTenure, S_, price_
                    = 0.0;

                //Run MC pricing
                for ( Size j = 0; j < M ; j++ ) { // # paths
                    isCouponPaid = false;
                    S_ = dSpot; // initialize dSpot price
                    valuationDay_ = 0; // initialize valuation day
```

```
                          // Before maturity
                          for ( int i = 0; i < observation_ ; i++ ) { // # steps
                              dTenure = datedCoupon_.at(i).first -
                              valuationDay_ ; // tenure in terms of days
                              S_ *= std::exp((dRate - dDiv - dVol*dVol/2)*
                                    dTenure + std::sqrt(dTenure)*dVol*
                                    bmGauss.next().value);
                              if ( S_ >= dStrike ) { // If early redemption
                                  occurs, can be generic fct discPayoff_ =
                                  (1- dRate * datedCoupon_.at (i).first )
                                  * nominalAmount * ( 1 + datedCoupon_.
                                  at(i).second );
                                  isCouponPaid = true;
                                  break;// Break the loop. Add stopping
                                      dDaysToMaturity if necessary
                              }
                              valuationDay_ = datedCoupon_.at(i).first;
                                  // update valuation day to next one
                          }

                          if ( isCouponPaid == false ) { // At maturity
                              if ( S_ >= dBarrier ) // Middle level
                                  discPayoff_ = (1- dRate * datedCoupon_.back().
                                                first) * nominalAmount ;
                              else // Low level
                                  discPayoff_ = (1- dRate * datedCoupon_.
                                    back().first) * nominalAmount *
                                    ( participation * S_ / dRefSpot + floor );
                                    // Not "1+..."
                          }

                          price_ += discPayoff_;
                      }

                  price_ /= M; // compute mean

                  return price_;
              }
          catch (const std::exception &e) {
              //return NULL;
          }
      }
```

在上述函数中我们需要用到 getDatedCoupon 函数，以实现将日期和票据利息支付的捆绑。

```
std::vector<std::pair<double,double>>  getDatedCoupon(const  FP*  dates,
const FP* dCoupon, const double dToday, double daysPerYear) {
    std::vector<std::pair<double,double>> datedCoupon_;
    try{
        int length_ = dates->columns * dates->rows;
        // push_back all the non-zero dated coupons
        for (int i=0; i<length_; i++) {
            if ( (dates->array)[i] - dToday >= 0.0 ) { // if it is valid..
```

```
                    // add a pair with "days from dToday" and the respective
                    dCoupon datedCoupon_.push_back( std::make_pair
                        ( ((dates->array)[i] - dToday)/daysPerYear,
                        (dCoupon->array)[i]) );
                }
            }

            // sort termCounpon_ in increasing order based on the first element
            std::sort(datedCoupon_.begin(), datedCoupon_.end(),
                boost::bind(&std::pair<double,double>::first, _1) <
                boost::bind(&std::pair<double,double>::first, _2) );

            return datedCoupon_;
        }
        catch (const std::exception &e) {
            err << "Error loading : " << e.what();
            return datedCoupon_;
        }
}
```

在实际应用中，除了需要知道自动赎回票据的价格，还需要知道自动赎回票据的对冲率 Delta。在蒙特卡罗方法中，对 Delta 的求解可通过"平行模拟法"进行模拟，其思路非常简单，就是按照路径生成股票价格的微分序列，并将其终端值改为期权价格的终端值的微分。在实际应用中，该方法比直接的以基于蒙特卡罗方法计算的差分法精准很多。

```
DLLEXPORT double ACNdelta(double dToday, double dSpot, double dRefSpot,
double dRate, double dDiv, double dVol,
    double dStrike, double nominalAmount, double participation, double
floor, double dBarrier, int M, const FP* dates, const FP* dCoupon)
    {
    try{
        // Generate Random seeds
        BigInteger seed = 1234;//SeedGenerator::instance().get();
        MersenneTwisterUniformRng unifMt(seed);
        BoxMullerGaussianRng<MersenneTwisterUniformRng> bmGauss(unifMt);

        // Dim variables
        if ( std::min(dates->columns,dates->rows) > 1 || std::min(dCoupon->
            columns,dCoupon->rows) > 1 )
            QL_FAIL("you should input a vector");

        // Make structure of a dated dCoupon
        double daysPerYear = (double)TRADEDAY_COUNTER;
        std::vector<std::pair<double,double>> datedCoupon_ = getDatedCoupon
            (dates,dCoupon,dToday,daysPerYear); // dated dCoupon

        if ( datedCoupon_.empty() )
            QL_FAIL("failed");

        int observation_ = datedCoupon_.size();

        // Dim variables
```

```
bool payCouponu_,payCoupond_;
double valuationDay_, tenure_, dW_, result_ = 0.0;
double discPayoffu_,discPayoffd_, Su_, Sd_;

//Run MC pricing
for ( Size j = 0; j < M ; j++ ) { // # paths
     payCouponu_ = false;
     payCoupond_ = false;
     Su_ = dSpot + dSpot * GREEK_DIFF_MC; // initialize dSpot price
     Sd_ = dSpot - dSpot * GREEK_DIFF_MC; // initialize dSpot price
     valuationDay_ = 0; // initialize valuation day
     // Before maturity
     for ( int i = 0 ; i < observation_ ; i++ ) { // # steps
          tenure_ = datedCoupon_.at(i).first - valuationDay_ ;
                    // tenure in terms of days
         dW_ = std::sqrt(tenure_) * dVol * bmGauss.next(). value;
         Su_ *= std::exp(( dRate - dDiv - dVol*dVol/2)*
                   tenure_ + dW_ );
          Sd_ *= std::exp(( dRate - dDiv - dVol*dVol/2)*
                   tenure_ + dW_ );
          if ( (Su_ >= dStrike) && (payCouponu_==false) ) { //
              If early redemption occurs, can be generic fct,
              discPayoffu_ = (1- dRate * datedCoupon_.at(i).
                             first) * nominalAmount * ( 1 +
                             datedCoupon_.at(i).second );
                payCouponu_ = true;
          }
          if ( (Sd_ >= dStrike) && (payCoupond_==false) ) { //
              If early redemption occurs, can be generic fct,
              discPayoffd_ = (1- dRate * datedCoupon_.at (i).
              first) * nominalAmount * ( 1 + datedCoupon_.
              at(i).second );
              payCoupond_ = true;
          }
         valuationDay_ = datedCoupon_.at(i).first;
            // update valuation day to next one
     }

     if ( payCouponu_ == false ) { // At maturity
        if ( Su_ >= dBarrier ) {// Middle level
            discPayoffu_ = (1-dRate*datedCoupon_.back().
            first) * nominalAmount ;
        }
        else { // Low level
            discPayoffu_ = (1-dRate*datedCoupon_.back().
            first) * nominalAmount * ( participation * Su_ /
            dRefSpot + floor );
        }
     }

     if ( payCoupond_ == false ) { // At maturity
         if ( Sd_ >= dBarrier ) {// Middle level
             discPayoffd_ = (1-dRate*datedCoupon_.back().
```

```
                              first) * nominalAmount ;
                  }
              else { // Low level
                      discPayoffd_ = (1-dRate*datedCoupon_.back().
                      first) * nominalAmount * ( participation * Sd_ /
                      dRefSpot + floor );
                  }
          }

          result_ += ( discPayoffu_ - discPayoffd_ ) /
              ( 2 * dSpot * GREEK_DIFF_MC );
      }

      result_ /= M; // compute mean

      return result_;
    }
    catch (const std::exception &e) {
        //return NULL;
    }
}
```

当然，需要在 Excel 中注册该函数：

```
void registerAutocallableNote(XLOPER &xDll) {
    EXCEL(xlfRegister, 0, 25, &xDll,
      // function code name
      TempStrNoSize("AutocallableNote"),
      // parameter codes: First is OUTPUT, others are parms resp.
      TempStrNoSize("BBBBBBBBBBBBBJKKF"),
      // function display name
      TempStrNoSize("AutocallableNote"),
      // comma-delimited list of parameter names
    TempStrNoSize("\xFF""Today,ReferencePrice,Spot,Rate,Dividend,Volatility,
Strike,NominalAmount,Participation,Floor,Barrier,Dates,Coupon,MC#,output"),
      // function type (0 = hidden function, 1 = worksheet function, 2 =
command macro)
      TempStrNoSize("1"),
      // function category
      TempStrNoSize("Pricing Engine - Light Exotic"),
      // shortcut text (command macros only)
      TempStrNoSize(" "),
      // path to help file
      TempStrNoSize(" "),
      // function description
      TempStrNoSize("\xFF""Compute prices and Greeks of Autocallable
Note."),
      // parameter descriptions
      TempStrNoSize("\xFF""Running day since inception"),
      TempStrNoSize("\xFF""Spot price of the underlying at inception."),
      TempStrNoSize("\xFF""Spot price of the underlying at today"),
      TempStrNoSize("\xFF""Risk-free Rate. In terms of percentage, e.g.
0.04 or 4%"),
```

```
    TempStrNoSize("\xFF""Dividend of the underlying. In terms of
percentage, e.g. 0.02 or 2%"),
    TempStrNoSize("\xFF""Annualized Volatility of the underlying. In
terms of percentage, e.g. 0.3 or 30%"),
    TempStrNoSize("\xFF""Strike of the option"),
    TempStrNoSize("\xFF""Nominal amount of the note."),
    TempStrNoSize("\xFF""Participation rate at downside."),
    TempStrNoSize("\xFF""Global floor at downside."),
    TempStrNoSize("\xFF""Upper barrier that can give high performance
coupon"),
    TempStrNoSize("\xFF""Fixing dates to pay coupons. e.g. 60 = 60 days.
Day counter is 240/yr. Vector"),
    TempStrNoSize("\xFF""Coupons at fixing dates. In terms of percentage,
e.g. 0.04 or 4%. Vector"),
    TempStrNoSize("\xFF""Number of simulations in Monte-Carlo simu-
lation"),
    TempStrNoSize("\xFF""{Price/Delta}. Theta is ThetaPerDay, case
insensitive"));
    }
```

5.2.4 实验结果

通过计算自动赎回票据的价格，我们不但深入了解了蒙特卡罗方法的大致步骤，也体会到由于 QuantLib 为我们提供了一个良好的随机数生成器，使得在 C++中实现蒙特卡罗方法变得相对简单且易于操作。

## 第6章

有限差分方法期权定价的数值实验

6.1　理　论　基　础

在 B-S 框架下，经典欧式看涨期权的偏微分方程（PDE）形式如下：

$$\frac{\partial V_{BS}}{\partial t} + rS\frac{\partial V_{BS}}{\partial S} + \frac{1}{2}\sigma^2 S^2 \frac{\partial^2 V_{BS}}{\partial S^2} = rV_{BS} \tag{6-1}$$

为了确定在期权有效期内期权的价值，要在区域 $\Sigma : \{0 \leqslant S < +\infty, 0 \leqslant t \leqslant T\}$ 上求解定价问题，其终值条件为

$$V_{BS}\mid t = T = \begin{cases} (S-K)^+, & \text{看涨期权} \\ (K-S)^+, & \text{看跌期权} \end{cases} \tag{6-2}$$

方程（6-1）是一个变系数的反抛物线方程，而定解问题（6-1）、式（6-2）是一个倒向定解问题，它是在已知终端条件（这里是终端支付），在 $0 \leqslant t \leqslant T$ 区间内求解 V，使它适合方程（6-1）和终值条件（6-2）。这里我们不讨论如何求得该方程的解析解，而是将重点放在如何运用有限差分方法求解期权价格的偏微分方程上。我们从方程（6-1）入手来说明差分的具体过程。

6.1.1　网格剖分

用有限差分方法求解偏微分方程问题的本质是连续问题的离散化，为此首先要求对求解区域进行网格剖分，以方程（6-1）为例。欧式期权价值 $V_{BS}(S,t)$ 是关于 S 和 t 的二元函数，我们首先构造以 S 为纵轴、t 为横轴的坐标系，进而对其进行剖分，如图 6-1 所示。

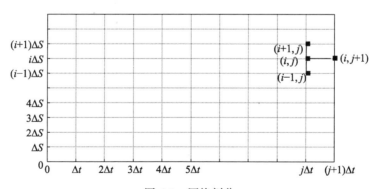

图 6-1　网格剖分

我们在 (S,t) 平面内作平行于 S 轴和 t 轴的直线，把平面分成矩形网格，这些直线叫作网

格线，网格间距相等；交点为网格点或节点，空间步长取值为 ΔS，时间步长取值为 Δt，那么点（i,j）的取值可以表示为 $S = S_i = i\Delta S$，$t = t_j = j\Delta t$。说明：图中的点(i,j)并不是我们熟知的坐标的表示格式，而是对应(S,t)组合的离散格式，即代表($i\Delta S$，$j\Delta t$)。

6.1.2　边界条件和终值条件

根据终值条件（6-2）可以得到

$$V_{BS}\left(i\Delta S, T\right) = \left(i\Delta S - K\right)^{+}, \quad i = 0,1,2,\cdots,M \tag{6-3}$$

其中，M 为 S 轴剖分的格数。边界条件对应到网格是右边界。就看涨期权来讲，当 $S \to \infty$ 时，$\lim\limits_{S \to \infty} V_{BS}(S,t) = S$，对应到网格是上界。当 $S \to 0$ 时，$\lim\limits_{S \to 0} V_{BS}(S,t) = 0$，对应到网格是下界。

所求的期权在 0 时刻的价值对应到网格是左边界，暂时未知。欧式期权 PDE 差分问题的求解可以归结为：在右、上、下三个边界取值已知的情况下，求解左边界上期权的价值，采用的是从右往左的逆推思路，下面研究求解过程。

用隐性差分格式离散偏导数

方程（6-1）中的三个偏导数：$\dfrac{\partial V_{BS}}{\partial t}, \dfrac{\partial V_{BS}}{\partial S}, \dfrac{\partial^2 V_{BS}}{\partial S^2}$，一个是对 t 的偏导，一个是对 S 的偏导，一个是对 S 的二阶偏导，依据已经剖分好的网格，可以将这三个偏导数离散化，并且以差分的形式表示出来，以利于后续的数值计算。下面以点（i,j）进行说明。

1. 差分 $\dfrac{\partial V_{BS}}{\partial t}$

首先研究该点 V_{BS} 对 t 的偏导，对其离散化，有两种写法：

$$\frac{\Delta V_{BS}}{\Delta t} = \frac{V_{BS}\left(S, t+\Delta t\right) - V_{BS}\left(S,t\right)}{\Delta t} = \frac{V_{BS}\left(i, j+1\right) - V_{BS}\left(i, j\right)}{\Delta t} \tag{6-4}$$

$$\frac{\Delta V_{BS}}{\Delta t} = \frac{V_{BS}\left(S, t\right) - V_{BS}\left(S, t-\Delta t\right)}{\Delta t} = \frac{V_{BS}\left(i, j\right) - V_{BS}\left(i, j-1\right)}{\Delta t} \tag{6-5}$$

2. 差分 $\dfrac{\partial V_{BS}}{\partial S}$

该点 V_{BS} 对 S 偏导数的离散有两种写法：

$$\frac{\partial V_{BS}}{\partial S} = \frac{\Delta V_{BS}}{\Delta S} = \frac{V_{BS}\left(S+\Delta S, t\right) - V_{BS}\left(S,t\right)}{\Delta S} = \frac{V_{BS}\left(i+1, j\right) - V_{BS}\left(i, j\right)}{\Delta S} \tag{6-6}$$

$$\frac{\partial V_{BS}}{\partial S} = \frac{\Delta V_{BS}}{\Delta S} = \frac{V_{BS}\left(S, t\right) - V_{BS}\left(S-\Delta S, t\right)}{\Delta S} = \frac{V_{BS}\left(i, j\right) - V_{BS}\left(i-1, j\right)}{\Delta S} \tag{6-7}$$

将式（6-6）、式（6-7）相加除以 2，得到

$$\frac{\partial V_{BS}}{\partial S} = \frac{V_{BS}\left(i+1, j\right) - V_{BS}\left(i-1, j\right)}{2\Delta S} \tag{6-8}$$

式（6-4）、式（6-6）叫作前向差分，式（6-5）、式（6-7）叫作后向差分，式（6-8）叫作两个区间的中心差分。

3. 差分 $\dfrac{\partial^2 V_{BS}}{\partial S^2}$

由偏导数的知识可得 $\dfrac{\partial^2 V_{BS}}{\partial S^2} = \dfrac{\partial}{\partial S}\left(\dfrac{\partial V_{BS}}{\partial S}\right)$，对其离散化就是一阶差分的再差分，取式

（6-4），也就是 $V_{BS}(i,j)$ 的前向差分，再做一次后向差分可得：

$$\frac{\partial^2 V_{BS}}{\partial S^2} = \frac{\dfrac{V_{BS}(i+1,j)-V_{BS}(i,j)}{\Delta S} - \dfrac{V_{BS}(i,j)-V_{BS}(i-1,j)}{\Delta S}}{\Delta S}$$

$$= \frac{V_{BS}(i+1,j)-2V_{BS}(i,j)+V_{BS}(i-1,j)}{\Delta S^2} \qquad (6\text{-}9)$$

式（6-9）的计算稍显复杂，因为要对一个前向差分做后向差分，容易混淆，在此引入一种差分格式：

$$\frac{\partial V_{BS}}{\partial S} = \frac{\Delta V_{BS}}{\Delta S} = \frac{V_{BS}\left(S+\dfrac{1}{2}\Delta S,t\right)-V_{BS}\left(S-\dfrac{1}{2}\Delta S,t\right)}{\Delta S} \qquad (6\text{-}10)$$

$$\frac{\partial V_{BS}}{\partial t} = \frac{\Delta V_{BS}}{\Delta t} = \frac{V_{BS}\left(S,t+\dfrac{1}{2}\Delta t\right)-V_{BS}\left(S,t-\dfrac{1}{2}\Delta t\right)}{\Delta t} \qquad (6\text{-}11)$$

式（6-10）、式（6-11）叫作一个区间上的中心差分。对式（6-10）再做一次一个区间上的中心差分，即可得到式（6-9），所以式（6-9）的二阶差分可以记为中心差分的中心差分。

将式（6-4）、式（6-6）、式（6-9）三个偏导数的差分形式代入方程（6-1），整理可得：

$$\begin{cases} a_i V_{BS}(i-1,j)+b_i V_{BS}(i,j)+c_i V_{BS}(i+1,j)=V_{BS}(i,j+1) \\ a_i = \dfrac{1}{2}ri\Delta t - \dfrac{1}{2}\sigma^2 i^2 \Delta t \\ b_i = 1+\sigma^2 i^2 \Delta t + r\Delta t \\ c_i = -\dfrac{1}{2}ri\Delta t - \dfrac{1}{2}\sigma^2 i^2 \Delta t \end{cases} \qquad (6\text{-}12)$$

式（6-12）即为隐性差分的定价方程。

6.1.4 用显性差分格式离散偏导数

如 6.1.2 节中所述，我们采用逆推的方式来求解 $t=0$ 时刻期权的价值（对应左边界），那么可以从 $t=(j+1)\Delta t = T$ 时刻开始计算，此时刻的期权价值已知，即为终值条件（6-3），反观式（6-12）左边三项 $V_{BS}(i-1,j), V_{BS}(i,j), V_{BS}(i+1,j)$，此三项表示 $t=j\Delta t$ 时刻的期权价值，此时未知。在隐性差分的情况下，没有更多的条件来计算期权价值，此路看似不通〔说明：点(i,j)对时间 t 差分时，没有选择误差更小的中心差分格式，也是因为点$(i,j-1)$处期权价值不可得，而且后面也会分析，这种差分格式是绝对不稳定的，没有实用价值〕。于是人们想出了一种代替方法来求解该问题，即接下来要分析的显性差分格式。

1. 近似取点

既然用差分格式近似代替偏微分，那么也可以用已知的点代替未知的点，以使计算简单。据前分析，$V_{BS}(i-1,j)$、$V_{BS}(i,j)$、$V_{BS}(i+1,j)$ 这三项未知，我们可以用点 $V_{BS}(i,j+1)$ 的两个偏导数 $\dfrac{\partial V_{BS}}{\partial S}$、$\dfrac{\partial^2 V_{BS}}{\partial S^2}$ 来代替 $V_{BS}(i,j)$ 的两个偏导数，如图 6-2 中的虚线箭头所示。

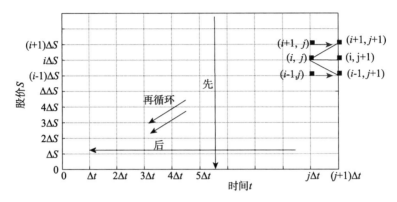

图 6-2　显性差分近似取点图

2. 重新差分

如此，可以对 6.1.3 节中的 $\dfrac{\partial V_{BS}}{\partial S}$ 和 $\dfrac{\partial^2 V_{BS}}{\partial S^2}$ 重新计算：

$$\frac{\partial V_{BS}}{\partial S} = \frac{V_{BS}(i+1,j+1) - V_{BS}(i-1,j+1)}{2\Delta S} \qquad (6\text{-}13)$$

$$\frac{\partial^2 V_{BS}}{\partial S^2} = \frac{V_{BS}(i+1,j+1) - 2V_{BS}(i,j+1) + V_{BS}(i-1,j+1)}{\Delta S^2} \qquad (6\text{-}14)$$

并代入方程（6-2）得：

$$
\begin{aligned}
V_{BS}(i,j) &= a_i V_{BS}(i-1,j+1) + b_i V_{BS}(i,j+1) + c_i V_{BS}(i+1,j+1)\\[4pt]
a_i &= \frac{1}{1+r\Delta t}\left(-\frac{1}{2}ri\Delta t + \frac{1}{2}\sigma^2 i^2 \Delta t\right)\\[4pt]
b_i &= \frac{1}{1+r\Delta t}\left(1 - \sigma^2 i^2 \Delta t\right)\\[4pt]
c_i &= \frac{1}{1+r\Delta t}\left(\frac{1}{2}ri\Delta t + \frac{1}{2}\sigma^2 i^2 \Delta t\right)
\end{aligned}
\qquad (6\text{-}15)
$$

式（6-15）就是 John Hull 的显性差分定价方程。

下面我们从 $t = (j+1)\Delta t = T$ 开始分析，我们要得到 $t = j\Delta t$ 时刻期权的价值。通过式（6-15），只有其左边的 $V_{BS}(i,j)$ 未知，右边三项都是已知的，才能算得 $t = j\Delta t$ 时刻的期权价值。依此类推，$t = j-1, j-2, j-3, \cdots, 0$ 时刻的期权价值都可以通过式（6-15）计算得出。具体的计算过程如图 6-2 中的箭头所示。计算 $V_{BS}(i,j)$ 时对 S 的一阶、二阶差分都用

$V_{BS}(i,j+1)$ 的相应值代替。以上借用 $V_{BS}(i,j+1)$ 的偏导数代替 $V_{BS}(i,j)$ 处的偏导数，这种处理方法来自 John Hull，姜礼尚也沿用了该结果，经过查找文献和研究，更为常见的差分格式与此不同，具体差分格式见下文。

3. 另一种差分格式

既然我们用 $V_{BS}(i,j+1)$ 处的两个偏导数代替 $V_{BS}(i,j)$ 处的两个偏导数，索性我们就站在 $V_{BS}(i,j+1)$ 的角度来进行计算，此时式（6-13）、式（6-14）仍然满足要求，唯一要做出修正的是 $\dfrac{\partial V_{BS}}{\partial t}$，对 t 的偏导数取后向差分格式，也就是

$$\frac{\partial V_{BS}}{\partial t} = \frac{\Delta V_{BS}}{\Delta t} = \frac{V_{BS}(S,t) - V_{BS}(S,t-\Delta t)}{\Delta t} = \frac{V_{BS}(i,j+1) - V_{BS}(i,j)}{\Delta t}$$

且方程（6-2）中的 rV_{BS} 一项中的 V_{BS} 应用 $V_{BS}(i,j+1)$ 代入，而非 John Hull 采取的 $V_{BS}(i,j)$，因为我们此时的出发点是 $(i,j+1)$，即我们再代入式（6-2）进行计算得到如下公式：

$$\begin{cases} V_{BS}(i,j) = a_i V_{BS}(i-1,j+1) + b_i V_{BS}(i,j+1) + c_i V_{BS}(i+1,j+1) \\ a_i = -\dfrac{1}{2}ri\Delta t + \dfrac{1}{2}\sigma^2 i^2 \Delta t \\ b_i = 1 - \sigma^2 i^2 \Delta t - r\Delta t \\ c_i = \dfrac{1}{2}ri\Delta t + \dfrac{1}{2}\sigma^2 i^2 \Delta t \end{cases} \tag{6-16}$$

式（6-16）就是更为常用的显性差分格式。

综上所述，显性差分是从点 $(i,j+1)$ 的角度出发，选择时间 t 的一阶后向差分，S 的一阶和二阶中心差分进行计算。隐性差分是从点 (i,j) 的角度出发，选择时间 t 的一阶前向差分，S 的一阶和二阶中心差分做计算。因此，最大的差异在于对时间 t 做差分时，选择前向差分还是后向差分。

从后面的分析中可知，这两种差分方式的截断误差相同，但两种差分的稳定性却不相同。

6.1.5　隐性差分格式求解

接前所述，隐性差分不能直接通过式（6-12）计算得出，是否有其他办法进行计算呢？

假设我们将 S 轴剖分为 M 格，t 轴剖分为 N 轴，仍然从 $t=(j+1)\Delta t = T$ 开始，第一次计算的是 $t=j\Delta t$ 列，从上往下，通过式（6-12），分别令 $i=M-1$，$M-2$，$M-3$，$\cdots$，1，总共 $M-1$ 次，可得 $M-1$ 个如同式（6-12）的方程，方程左边总共有 $M+1$ 项，但上边界和下边界已知，这 $M+1$ 项中只有 $M-1$ 项未知，正常情况下，$M-1$ 个方程求解 $M-1$ 个未知数，可以求解，该方程如下：

$$
\begin{pmatrix}
c_1 & b_1 & a_1 & & & \\
 & c_2 & b_2 & a_2 & & \\
 & & c_3 & b_3 & a_3 & \\
 & & & \cdots & \cdots & \cdots & \\
 & & & & c_{M-1} & b_{M-1} & a_{M-1}
\end{pmatrix}_{(M-1)(M+1)}
\begin{pmatrix}
V_{BS}(i+1,j) \\
V_{BS}(i,j) \\
V_{BS}(i-1,j) \\
V_{BS}(i-2,j) \\
\cdots \\
V_{BS}(1,j) \\
V_{BS}(0,j)
\end{pmatrix}_{(M+1)\times 1}
=
\begin{pmatrix}
V_{BS}(i,j+1) \\
V_{BS}(i-1,j+1) \\
V_{BS}(i-2,j+1) \\
\cdots \\
V_{BS}(1,j+1)
\end{pmatrix}_{(M-1)\times 1}
$$

（6-17）

因上边界和下边界已知，可将 c_1，a_{M-1} 移到右边，得如下的方程组

$$
\begin{pmatrix}
b_1 & a_1 & & & \\
c_2 & b_2 & a_2 & & \\
 & c_3 & b_3 & a_3 & \\
 & & \cdots & \cdots & \cdots \\
 & & & c_{M-1} & b_{M-1}
\end{pmatrix}_{(M-1)(M-1)}
\begin{pmatrix}
V_{BS}(i,j) \\
V_{BS}(i-1,j) \\
V_{BS}(i-2,j) \\
\cdots \\
V_{BS}(1,j)
\end{pmatrix}_{(M-1)\times 1}
=
\begin{pmatrix}
V_{BS}(i,j+1)-c_1 V_{BS}(i+1,j) \\
V_{BS}(i-1,j+1) \\
V_{BS}(i-2,j+1) \\
\cdots \\
V_{BS}(1,j+1)-a_{M-1}V_{BS}(0,j)
\end{pmatrix}_{(M-1)\times 1}
$$

（6-18）

求解该方程组，可得 $V_{BS}(i,j),V_{BS}(i-1,j),\cdots,V_{BS}(1,j)$，再往左循环，可求得 $t=0$ 时刻期权的价值。

研究隐性差分的求解方式可以发现，隐性差分的求解过程比较复杂，假使 $M=200$ 或者更多，运算一次，必须解一个含有 $M-1$ 个未知数的方程组，整个过程就要计算 N 次求解含 $M-1$ 个未知数的方程组，运算量非常大，比较影响计算速度，也就是说隐性差分的计算成本相对比较高。但是隐性差分稳定性强，可以允许较大时间步长，而且现在的个人电脑就可以完成这样的计算任务，因此计算成本不再是约束隐性差分格式使用的瓶颈。

从计算的复杂程度判断，显性差分比隐性差分优势明显，但由后面的章节分析可知，隐性差分绝对稳定，稳定性与网格比的剖分无关，而显性差分会出现振荡、不稳定等问题，甚至在某些情况下，显性差分格式绝对不稳定，也就是说，无论怎样调整网格比，显性差分都不会稳定，从而失去实际价值。

用离散的差分代替偏微分，肯定会产生误差，下面将研究差分的截断误差和稳定性问题。此外，为了减小误差和保证稳定性问题，有学者研究了多种其他差分格式，但是基本都是基于显性和隐性差分格式，在此不再展开表述。

6.1.6　差分的截断误差

用差分格式代替偏微分形式，无论 Δt、ΔS 取得多小，都会有误差的存在，从本节开始逐步研究差分的截断误差问题。

6.1.5 节中都是直接给出了微分表达式的差分形式，但并没有解释这么做的理由，能这么做完全是依赖于 Taylor 公式。

1. Taylor 公式

$$f\left(x_0 + \Delta x\right) = f\left(x_0\right) + \frac{f^{(1)}\left(x_0\right)}{1!}\Delta x + \frac{f^{(2)}\left(x_0\right)}{2!}\Delta x^2 + \cdots + \frac{f^{(n)}\left(x_0\right)}{n!}\Delta x^2 + R_n\left(x_0 + \Delta x\right) \quad （6\text{-}19）$$

其中

$$R_n\left(x_0 + \Delta x\right) = \frac{f^{(n+1)}\left(\xi\right)}{(n+1)!}\Delta x^{n+1}, \quad x_0 < \xi < x_0 + \Delta x \quad （6\text{-}20）$$

式（6-20）就是一维函数的 Taylor 公式，同样适用于多维函数的偏导数。下面对涉及的差分格式一一进行分析。

2. 对 $\dfrac{\partial V_{BS}}{\partial t}$ 差分格式的截断误差

$$V_{BS}\left(x_0, t_0 + \Delta t\right) = V_{BS}\left(x_0, t_0\right) + \frac{\partial V_{BS}\left(x_0, t_0\right)}{\partial t}\Delta t + R_1\left(x_0, t_0 + \Delta t\right)$$

上式，

$$R_1\left(x_0, t_0 + \Delta t\right) = \frac{\partial V_{BS}^2\left(x_0, \xi\right)}{\partial t^2}\Delta t^2, t_0 < \xi < t_0 + \Delta t \quad （6\text{-}21）$$

那么，

$$\frac{\partial V_{BS}\left(x_0, t_0\right)}{\partial t} = \frac{V_{BS}\left(x_0, t_0 + \Delta t\right) - V_{BS}\left(x_0, t_0\right)}{\Delta t} - \frac{R_1\left(x_0, t_0 + \Delta t\right)}{\Delta t}$$

即

$$\frac{\partial V_{BS}\left(x_0, t_0\right)}{\partial t} = \frac{V_{BS}\left(x_0, t_0 + \Delta t\right) - V_{BS}\left(x_0, t_0\right)}{\Delta t} - O\left(\Delta t\right) \quad （6\text{-}22）$$

$O(\cdot)$ 表示 "$\cdot$" 的同阶无穷小。式（6-21）表明式（6-4）前向差分是对 Δt 一阶精度的。同理，式（6-5）的后向差分也是对 Δt 一阶精度的。可见，如果 Δt 取得比较大，差分格式就比微分格式大很多。因此，做差分时，在运算速度条件允许的情况下，Δt 尽量取小。

3. 对 $\dfrac{\partial V_{BS}}{\partial S}$ 差分格式的截断误差

$$V_{BS}\left(x_0 + \Delta S, t_0\right) = V_{BS}\left(x_0, t_0\right) + \frac{\partial V_{BS}\left(x_0, t_0\right)}{\partial S}\Delta S + \frac{\partial V_{BS}^2\left(x_0, t_0\right)}{2!\partial S^2}\Delta S^2 + R_2\left(x_0 + \Delta S, t_0\right)$$

式，

$$R_2\left(x_0 + \Delta S, t_0\right) = \frac{\partial V_{BS}^3\left(\xi, t_0\right)}{3!\partial S^3}\Delta S^3, x_0 < \xi < x_0 + \Delta x$$

那么，

$$\frac{\partial V_{BS}\left(x_0, t_0\right)}{\partial S} = \frac{V_{BS}\left(x_0 + \Delta S, t_0\right) - V_{BS}\left(x_0, t_0\right)}{\Delta S} - \frac{\partial V_{BS}^2\left(x_0, t_0\right)}{2!\partial S^2}\Delta S - \frac{R_2\left(x_0 + \Delta S, t_0\right)}{\Delta S} \quad （6\text{-}23）$$

即

$$\frac{\partial V_{BS}\left(x_0, t_0\right)}{\partial S} = \frac{V_{BS}\left(x_0 + \Delta S, t_0\right) - V_{BS}\left(x_0, t_0\right)}{\Delta S} - O\left(\Delta S\right) \quad （6\text{-}24）$$

可知式（6-6）、式（6-7）的前、后项差分都是对 ΔS 一阶精度的，不同于研究对 Δt 的情况，此次多展开一项，以研究式（6-8）两个区间中心差分的截断误差情况。如：

$$V_{BS}(x_0 - \Delta S, t_0) = V_{BS}(x_0, t_0) + \frac{\partial V_{BS}(x_0, t_0)}{\partial S}(-\Delta S) + \frac{\partial^2 V_{BS}(x_0, t_0)}{2!\partial S^2}(-\Delta S)^2 + R_2(x_0 - \Delta S, t_0)$$

式中，

$$R_2(x_0 + \Delta S, t_0) = \frac{\partial V_{BS}^3(\xi, t_0)}{3!\partial S^3} \Delta S^3, x_0 < \xi < x_0 + \Delta x$$

那么，

$$\frac{\partial V_{BS}(x_0, t_0)}{\partial S} = \frac{V_{BS}(x_0, t_0) - V_{BS}(x_0 - \Delta S, t_0)}{\Delta S} + \frac{\partial^2 V_{BS}(x_0, t_0)}{2!\partial S^2}(-\Delta S) + \frac{R_2(x_0 - \Delta S, t_0)}{\Delta S} \quad （6-25）$$

即

$$\frac{\partial V_{BS}(x_0, t_0)}{\partial S} = \frac{V_{BS}(x_0, t_0) - V_{BS}(x_0 - \Delta S, t_0)}{\Delta S} - O(\Delta S) \quad （6-26）$$

仔细比较式（6-25）和式（6-26），然后将两式相加，保留一阶偏导数，消去二阶偏导数，得

$$\frac{\partial V_{BS}(x_0, t_0)}{\partial S} = \frac{V_{BS}(x_0 + \Delta S, t_0) - V_{BS}(x_0 - \Delta S, t_0)}{2\Delta S} + \frac{R_2(x_0 - \Delta S, t_0)}{2\Delta S} - \frac{R_2(x_0 + \Delta S, t_0)}{2\Delta S}$$

$$= \frac{V_{BS}(x_0 + \Delta S, t_0) - V_{BS}(x_0 - \Delta S, t_0)}{2\Delta S} - O(\Delta S^2) \quad （6-27）$$

看到式（6-27）的结果，就会理解选取两个区间的中心差分代表 S 的一阶偏导数的原因了，即该差分对 ΔS 具有二阶精度，在选取相同的 ΔS 的情况下，比只选取前向差分或者后向差分具有更高的精度，在精度要求相同的情况下，可以选取更大的 ΔS 以节省计算时间。

4. 对 $\dfrac{\partial^2 V_{BS}}{\partial S^2}$ 差分格式的截断误差

对于 $\dfrac{\partial^2 V_{BS}}{\partial S^2}$，差分时采用的是前向差分的后向差分来计算，下面同样用这样的过程分析其差分格式的截断误差。

$$V_{BS}(x_0 + \Delta S, t_0) = V_{BS}(x_0, t_0) + \frac{\partial V_{BS}(x_0, t_0)}{\partial S}\Delta S + \frac{\partial V_{BS}^2(x_0, t_0)}{2!\partial S^2}\Delta S^2 + R_2(x_0 + \Delta S, t_0)$$

$$V_{BS}(x_0 - \Delta S, t_0) = V_{BS}(x_0, t_0) + \frac{\partial V_{BS}(x_0, t_0)}{\partial S}(-\Delta S) + \frac{\partial V_{BS}^2(x_0, t_0)}{2!\partial S^2}(-\Delta S)^2 + R_2(x_0 - \Delta S, t_0)$$

将两式相加，消去一阶偏导数，保留二阶偏导数，整理可得

$$\frac{\partial V_{BS}^2(x_0, t_0)}{\partial S^2} = \frac{V_{BS}(x_0 + \Delta S, t_0) + V_{BS}(x_0 - \Delta S, t_0) - 2V_{BS}(x_0, t_0)}{\Delta S^2} - O(\Delta S^2) \quad （6-28）$$

至此，可以总结一下本节对方程（6-2）所采用的差分方式的截断误差情况了：对 $\dfrac{\partial V_{BS}}{\partial t}$

差分格式的截断误差为 $O(\Delta t)$，对 $\dfrac{\partial V_{BS}}{\partial S}$ 差分格式的截断误差为 $O(\Delta S^2)$，对 $\dfrac{\partial^2 V_{BS}}{\partial S^2}$ 差分格式的截断误差为 $O(\Delta S^2)$。那么，本节对方程（6-2）的差分方式截断误差的总和为 $O(\Delta t+2\Delta S^2)$，也就是 $O(\Delta t+\Delta S^2)$。

再回顾一下显性差分和隐性差分，前者取对时间 t 的后向差分，后者取对时间 t 的前向差分，就截断误差来讲，两种格式的差分所产生的截断误差相同，都是 $O(\Delta t+\Delta S^2)$。

经过本节的研究发现，选用不同的差分格式对精度的影响很大，一般情况下，一阶偏导的前、后差分的精度相同，中心差分的精度更高。然而是不是只要选取精度高的差分格式就一定合理呢？这里涉及差分格式的稳定性问题。

6.1.7　差分格式的稳定性

利用有限差分格式计算时是按时间逐层推进的，本节中涉及的都是两层差分格式，那么计算第 j 层上的值 $V_{BS}(i,j)$ 时，要用到第 $j+1$ 层计算出来的结果值，而计算第 $j+1$ 层结果的舍入误差（包括 $j\Delta t = T$ 的情况，不过此时的误差是由于初始数据不精确所引起的）必然会影响到 $V_{BS}(i,j)$ 的值，从而就要分析这种误差传播的情况，希望误差的影响不要越来越大，以致影响真实解的情况，这就是所谓的稳定性问题。

6.1.8　研究稳定性的方法——冯·诺依曼准则

计算数学上用傅里叶方法来研究差分格式的稳定性，在此我们只做简单介绍。将方程（6-2）用显性差分格式离散如下：（为了和虚数单位 i 区分，在此用 n 代表在 S 轴的剖分）

$$V_n^j = \left(1-r\Delta t\right)V_n^{j+1} + \frac{1}{2}rn\Delta t\left(V_{n+1}^{j+1} - V_{n-1}^{j+1}\right) + \frac{1}{2}\sigma^2 n^2 \Delta t\left(V_{n+1}^{j+1} + V_{n-1}^{j+1} - 2V_n^{j+1}\right) \quad（6\text{-}29）$$

令 $V_n^j = \mu^j \mathrm{e}^{iknh}$，代入式（6-29），并两边同时消去 e^{iknh}，可得

$$\mu^j = \left[1-r\Delta t + \frac{1}{2}rn\Delta t\left(\mathrm{e}^{ikh} - \mathrm{e}^{-ikh}\right) + \frac{1}{2}\sigma^2 n^2 \Delta t\left(\mathrm{e}^{ikh} + \mathrm{e}^{-ikh} - 2\right)\right]\mu^{j+1} \quad（6\text{-}30）$$

再令

$$G = 1-r\Delta t + \frac{1}{2}rn\Delta t\left(\mathrm{e}^{ikh} - \mathrm{e}^{-ikh}\right) + \frac{1}{2}\sigma^2 n^2 \Delta t\left(\mathrm{e}^{ikh} + \mathrm{e}^{-ikh} - 2\right) \quad（6\text{-}31）$$

我们称 G 为增长因子，根据冯·诺依曼准则，只要 $|G|\leqslant 1$，即可说明该差分格式稳定。

6.1.9　显性差分格式的稳定性研究

式（6-31）中涉及的 G 即为本节显性差分格式的增长因子，要研究稳定性，即研究相关参数满足什么条件时，$|G|\leqslant 1$ 条件成立。

命题 1：当 $\Delta t \leqslant \dfrac{1}{\sigma^2 n_{\max}^{\ 2}}$，且 $n_{\max} \geqslant \dfrac{r}{\sigma^2}$ 时，显性差分格式稳定。

证明：

$$G = 1 - r\Delta t + \frac{1}{2} rn\Delta t \left(e^{ikh} - e^{-ikh} \right) + \frac{1}{2} \sigma^2 n^2 \Delta t \left(e^{ikh} + e^{-ikh} - 2 \right)$$

$$= 1 - r\Delta t + rn\Delta ti \sin kh + \sigma^2 n^2 \Delta t (\cos kh - 1) \quad \text{放缩，舍去} \ r\Delta t$$

$$\leqslant 1 + \sigma^2 n^2 \Delta t (\cos kh - 1) + rn\Delta ti \sin kh$$

那么，

$$|G|^2 \leqslant \left[1 + \sigma^2 n^2 \Delta t (\cos kh - 1) \right]^2 + r^2 n^2 \Delta t^2 \sin^2 kh$$

$$= 1 + 2\sigma^2 n^2 \Delta t (\cos kh - 1) + \left[\sigma^2 n^2 \Delta t (\cos kh - 1) \right]^2 + r^2 n^2 \Delta t^2 \sin^2 kh$$

$$= 1 + (1 - \cos kh) \left[-2\sigma^2 n^2 \Delta t + \left(\sigma^2 n^2 \Delta t \right)^2 (1 - \cos kh) + r^2 n^2 \Delta t^2 (1 + \cos kh) \right]$$

$$= 1 + (1 - \cos kh) \left[2\sigma^2 n^2 \Delta t \left(\sigma^2 n^2 \Delta t - 1 \right) + n^2 \Delta t^2 \left(r^2 - \sigma^4 n^2 \right) (1 + \cos kh) \right]$$

分析 $(1 - \cos kh) \geqslant 0$，当 $2\sigma^2 n^2 \Delta t \left(\sigma^2 n^2 \Delta t - 1 \right) + n^2 \Delta t^2 \left(r^2 - \sigma^4 n^2 \right) (1 + \cos kh) \leqslant 0$ 时，$|G|^2 \leqslant 1$，也就是要求 $\sigma^2 n^2 \Delta t - 1 \leqslant 0, r^2 - \sigma^4 n^2 \leqslant 0$，方可使 $|G|^2 \leqslant 1$，移项即可得到需要证明的不等式。由此可见，这两个条件是显性差分稳定的充分条件，且在剖分网格时，n 很大，第二个条件默认满足。

6.1.10　隐性差分格式的稳定性研究

仿照命题 1，我们可以得到隐性差分格式的增长因子如下：

$$G = \frac{1}{1 + r\Delta t - \frac{1}{2} rn\Delta t (e^{ikh} - e^{-ikh}) - \frac{1}{2} \sigma^2 n^2 \Delta t (e^{ikh} + e^{-ikh} - 2)} \tag{6-32}$$

命题 2：本节的隐性差分格式绝对稳定。

证明：要想证明隐性差分绝对稳定，就要证明增长因子 G 满足 $|G|^2 \leqslant 1$，只要式（6-32）中 G 的分母大于或等于 1 即可，

$$\frac{1}{G} = 1 + r\Delta t - \frac{1}{2} rn\Delta t (e^{ikh} - e^{-ikh}) - \frac{1}{2} \sigma^2 n^2 \Delta t (e^{ikh} + e^{-ikh} - 2)$$

$$= 1 + r\Delta t - \sigma^2 n^2 \Delta t (\cos kh - 1) - rn\Delta ti \sin kh \tag{6-33}$$

$$\left| \frac{1}{G} \right|^2 = [1 + r\Delta t - \sigma^2 n^2 \Delta t (\cos kh - 1)]^2 + r^2 n^2 \Delta t^2 \sin^2 kh$$

$$= [1 + r\Delta t + \sigma^2 n^2 \Delta t (1 - \cos kh)]^2 + r^2 n^2 \Delta t^2 \sin^2 kh$$

分析式（6-33）右边的两项，对于第一项，$1 + r\Delta t > 1, \sigma^2 n^2 \Delta t (1 - \cos kh) \geqslant 0$，那么 $[1 + r\Delta t + \sigma^2 n^2 \Delta t (1 - \cos kh)]^2 > 1$，第二项 $r^2 n^2 \Delta t^2 \sin^2 kh \geqslant 0$，由此可得，等式右边大于 1，即 $\left| \frac{1}{G} \right|^2 > 1$，那么 $|G|^2 \leqslant 1$ 成立，所以，无论网格比和相关参数如何取值，冯·诺依曼准则都满足，命题 2 得证。

通过以上分析可以知道，本节选用的隐性差分格式绝对稳定，无须控制网格比，收敛的速度有明显提升，这一点会在后面章节详细分析。

用显性差分计算欧式看跌期权，分析其稳定性问题。具体计算结果见表 6-1。

表 6-1   稳定性对比

S	$\Delta t = \dfrac{1}{2}\dfrac{1}{\sigma^2 n_{\max}{}^2}$	$\Delta t = \dfrac{1}{2}\dfrac{1}{\sigma^2 n_{\max}{}^2}$	$\Delta t = \dfrac{26}{25}\dfrac{1}{\sigma^2 n_{\max}{}^2}$	解析解
0	9.753 1	9.753 1	9.753 1	9.753 1
2	7.753 1	7.753 1	7.753 1	7.753 1
4	5.753 1	5.753 1	5.753 1	5.753 1
6	3.753 2	3.753 2	2.949 8	3.753 2
7	2.756 7	2.756 7	−17.419 2	2.756 8
8	1.798 6	1.798 5	95.321	1.798 7
9	0.987 9	0.987 9	350.560 3	0.988
10	0.441 8	0.441 8	625.034 7	0.442
11	0.160 5	0.160 7	−457.312 2	0.160 6
12	0.048 3	0.048 3	−208.913 5	0.048 3
13	0.012 4	0.012 3	40.581 3	0.012 4
14	0.002 8	0.002 7	−15.215	0.002 8

表 6-1 中相关参数如下：$K = 10$，$r = 0.05$，$\sigma = 0.2$，$T = 0.5$。分析表中第四列，$\Delta t = \dfrac{26}{25}\dfrac{1}{\sigma^2 n_{\max}{}^2} > \dfrac{1}{\sigma^2 n_{\max}{}^2}$，此时不满足稳定性条件，从该列数据中可以看出，显性差分格式出现剧烈震荡，偏离了真实解。

6.2   基于 Excel 的数值实验——显性差分方法

6.2.1   实验目的

学生需要先掌握有限差分方法，并要注意显性差分方法的稳定性要求，熟悉 Excel 的使用方法，结合数值方法中给出的各个步骤，完成各项实验任务。要求学生使用 Excel 运用显性差分方法计算欧式看涨期权、欧式看跌期权、美式看涨期权、美式看跌期权。对于有解析解的期权价格，可以与有限差分方法计算所得的结果进行对比分析。由于不同数值实验多采用同一套计算参数，因此，也可以对不同实验的结果做对比分析。

6.2.2   编程准备——Excel 部分功能要点

这里主要介绍 LOOKUP 函数：

【主要功能】返回向量（单行区域或单列区域）或数组中的数值。该函数有两种语法形式：向量和数组。其向量形式是在单行区域或单列区域（向量）中查找数值，然后返回第二个单行区域或单列区域中相同位置的数值；其数组形式在数组的第一行或第一列查找指定的数值，然后返回数组的最后一行或最后一列中相同位置的数值。

【使用格式（向量形式）】LOOKUP（lookup_value，lookup_vector，result_vector）

【参数说明（向量形式）】lookup_value 为函数 LOOKUP 在第一个向量中所要查找的数值，可以为数字、文本、逻辑值或包含数值的名称或引用。lookup_vector 为只包含一行或一列的区域。lookup_vector 的数值可以为文本、数字或逻辑值。

【特别注意】lookup_vector 的数值必须按升序排列，否则 LOOKUP 函数不能返回正确的结果，参数中的文本不区分大小写。

6.2.3 实验数据

由于这部分内容属于数值实验，因此实验所需的参数是考虑该参数的真实取值区间并考虑到计算的便利而外生给定的。所需的主要数据有股票的初始价格、股票的最大值、期权的执行价格、无风险利率、股票价格的波动率、期权的有效期、股价和时间的剖分次数。

6.2.4 实验过程

在利用 Excel 运用显性差分方法求解期权价格时需要重点解决以下三个问题：

（1）确定股价和期权有效期的划分期数；

（2）确定 t 时刻期权价格与 $t+1$ 时刻期权价格之间的关系式；

（3）实现符合条件的结果的输出。

【例 6-1】 期初股价 $S_0=30$，执行价格 $K=28$，无风险利率 $r=0.04$，连续复利计算，期权有效期 $T=1$，$\sigma=0.71$。利用期权定价的显性差分方法，在 Excel 中计算出以该股票为标的资产的一年期欧式看涨期权的价格。其中，股价最大值 S_{max} 取 200 元。建模思路如下：

（1）建立基础数据表格

这里与期权定价其他方法的 Excel 实现过程一样，首先建立基础数据表格，可参考图 6-3 进行设计。

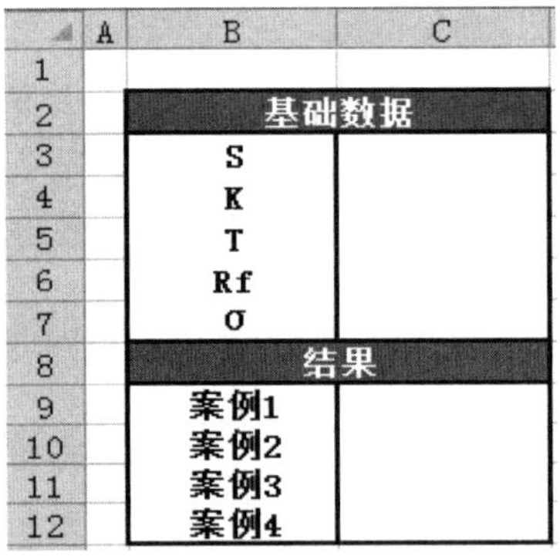

	A	B	C
1			
2		基础数据	
3		S	
4		K	
5		T	
6		Rf	
7		σ	
8		结果	
9		案例1	
10		案例2	
11		案例3	
12		案例4	

图 6-3　基础数据输入与结果输出的 Excel 表格布局

（2）建立差分数据表格

考虑到 Excel 的计算能力有限，我们将股票价格划分为 20 份，即 $M=20$。根据 M 与 N（时间划分份数）的关系，可将 N 设置为 200，进而我们可以建立差分数据表格，在表格中还需预留股票价格 S 的位置，以及显性差分任意时刻期权差分方程系数 a、b、c 的位置。

（3）填入系数 a、b、c 的值

在之前的理论部分我们已经得到了显性差分 t 时刻期权价格与 $t+1$ 时刻期权价格的关

系表达式。现将基础数据代入上述 a、b、c 的表达式，得到三列系数的数值。

（4）确定期末支付及上下边界

因为该期权是欧式看涨期权，其期末支付应当为 $\max(S_T-K,0)$。期末支付位于工作区域的最后一列，其特征是横坐标为时间划分期数 200。工作区域上边界单元格的值都等于期末支付第一格的值，类似地，下边界单元格的值都等于期末支付最后一格的值。我们可以使用 if 函数划分出这三个部分，并赋予对应的值。

（5）确定整个差分表格数据

现在我们有了差分数据表三个边界的值，根据步骤（3）中提到的递推公式我们可以得到到期日前一期的期权价格，直至递推到期初，即得到不同股票价格所对应的期权价格。具体公式为（以 G7 为例）：

```
=IF(G$5=$C$3,MAX($F7-输入与输出!$C$4,0),IF($B7=$C$2,MAX($F7-输入与输出!$C$4,0),IF($B7=0,MAX($F7-输入与输出!$C$4,0),H6*$C7+H7*$D7+H8*$E7)
```

（6）结果输出

在第（5）步中我们得到了不同股价对应的期权价格，但我们还需要提取在基础数据输入表中指定的股价所对应的期权价格。可以使用 if 函数首先判断填入股价是否为 200 以内的 10 的整数倍，如果不是，则返回提示信息。如果是，则利用 LOOKUP 函数查找出对应股票价格的期权价格。具体公式参考如下代码：

```
=IF(MOD(C3,10)=0,LOOKUP(C3,例一!F6:F26,例一!G6:G26),"无法计算")
```

例 6-1 的差分表格如图 6-4 所示。从图 6-4 中可以得出，当初始股价为 30 时，在给定参数的情况下，显性有限差分方法计算的欧式看涨期权的价格为 9.51（也就是 G9 这一单元格中的数值），与解析解 9.48 比较接近。

	A	B	C	D	E	F	G	H	I	J
1										
2		M	20							
3		N	200							
4										
5			a	b	c	S	0	1	2	3
6		0	0.0000	0.9998	0.0000	0	0.00	0.00	0.00	0.00
7		1	0.0012	0.9973	0.0014	10	0.40	0.40	0.39	0.39
8		2	0.0048	0.9897	0.0052	20	3.51	3.49	3.48	3.46
9		3	0.0110	0.9771	0.0116	30	9.51	9.49	9.47	9.45
10		4	0.0198	0.9595	0.0206	40	17.18	17.16	17.14	17.12
11		5	0.0310	0.9368	0.0320	50	25.78	25.76	25.74	25.72
12		6	0.0448	0.9091	0.0460	60	34.90	34.88	34.86	34.85
13		7	0.0610	0.8763	0.0624	70	44.33	44.31	44.30	44.28
14		8	0.0798	0.8385	0.0814	80	53.94	53.92	53.91	53.90
15		9	0.1012	0.7957	0.1030	90	63.66	63.65	63.63	63.62
16		10	0.1250	0.7478	0.1270	100	73.45	73.44	73.43	73.42

图 6-4　显性差分方法的 Excel 计算过程——欧式看涨期权

【**例 6-2**】 假设例 6-1 中其他条件不变，试利用 Excel 计算欧式看跌期权的价格。

例 6-2 与例 6-1 相比只是期权类型变为看跌期权，与看涨期权相比，只要将例 6-1 代码中的支付表达式做适当修改即可，而不必改变第（1）、（2）、（3）、（6）步。第（4）步的支付表达式改为 $\max(K - S_T, 0)$，第（5）步的代码如下：

```
=IF(G$5=$C$3,MAX(-$F7+输入与输出!$C$4,0),IF($B7=$C$2,MAX(-$F7+输入与输出!$C$4,0),IF($B7=0,MAX(-$F7+输入与输出!$C$4,0),H6*$C7+H7*$D7+H8*$E7)))
```

最终结果可参考图 6-5。从图 6-5 中可以得出，当初始股价为 30 时，在给定参数情况下，显性有限差分方法计算的欧式看跌期权的价格为 6.42（也就是 G9 这一单元格中的数值），与解析解 6.48 也比较接近。

▲	A	B	C	D	E	F	G	H	I	J
1										
2		M	20							
3		N	200							
4										
5			a	b	c	S	0	1	2	3
6		0	0.0000	0.9998	0.0000	0	28.00	28.00	28.00	28.00
7		1	0.0012	0.9973	0.0014	10	17.41	17.41	17.41	17.41
8		2	0.0048	0.9897	0.0052	20	10.44	10.42	10.41	10.40
9		3	0.0110	0.9771	0.0116	30	6.42	6.40	6.39	6.37
10		4	0.0198	0.9595	0.0206	40	4.09	4.07	4.06	4.04
11		5	0.0310	0.9368	0.0320	50	2.69	2.67	2.66	2.64
12		6	0.0448	0.9091	0.0460	60	1.82	1.81	1.79	1.78
13		7	0.0610	0.8763	0.0624	70	1.26	1.25	1.24	1.23
14		8	0.0798	0.8385	0.0814	80	0.90	0.89	0.88	0.87
15		9	0.1012	0.7957	0.1030	90	0.65	0.64	0.63	0.62
16		10	0.1250	0.7478	0.1270	100	0.47	0.47	0.46	0.46

图 6-5　显性差分方法的 Excel 计算过程——欧式看跌期权

【**例 6-3**】 假设例 6-1 中其他条件不变，试利用 Excel 计算美式看涨期权的价格。

例 6-3 与例 6-1 不同点在于，例 6-3 是美式期权。美式期权的特征是其能够在到期日前任意时间执行，这就需要我们对例 6-1 算法实现中的第（5）步做出修改。第（5）步具体代码如下：

```
=IF(G$5=$C$3,MAX($F7-输入与输出!$C$4,0),IF($B7=$C$2,MAX($F7-输入与输出!$C$4,0),IF($B7=0,MAX($F7-输入与输出!$C$4,0),MAX(H6*$C7+H7*$D7+H8*$E7,MAX(-输入与输出!$C$4+$F7,0)))))
```

最终结果参考图 6-6。从图 6-6 中可以得出，当初始股价为 30 时，在给定参数的情况下，显性有限差分方法计算的美式看涨期权的价格为 9.51（也就是 G9 这一单元格中数值），与图 6-4 中计算的欧式看涨期权的价格是一样的。这也从侧面验证了我们这一显性差分方法的正确性。

【**例 6-4**】 假设例 6-1 中其他条件不变，试利用 Excel 计算美式看跌期权的价格。

例 6-4 与例 6-2 的不同之处在于期权类型，例 6-4 要求计算的是美式看跌期权。具体 Excel 的设计只需在例 6-2 的基础上对第（4）步和第（5）步做出适当修改即可。

图 6-6　显性差分方法的 Excel 计算过程——美式看涨期权

（1）略

（2）略

（3）略

（4）确定期末支付及上下边界

由于该期权为看跌期权，所以期末支付应该表达为 $\max(K-S_\tau,0)$，其中 τ 为停时，由于差分方法为数值方法，因此停时只能发生在时间间隔点上。而上下边界的确定方法与例 6-1 相同。

（5）确定整个差分表格数据

由于该期权为美式期权，所以每一期的期权价格都应该在递推公式求得的价格与立即执行所得的支付之间取较大的那一个，具体可利用 MAX 函数实现。

例 6-4 的差分表格如图 6-7 所示。从图 6-7 中可以得出，当初始股价为 30 时，在给定参数的情况下，显性有限差分方法计算的美式看跌期权的价格为 6.51（也就是 G9 这一单元格中的数值），与图 6-5 中计算的欧式看跌期权 6.42 相比，要比欧式看跌期权贵。这也符合欧式看跌期权价格低于美式看跌期权价格的逻辑判断。

图 6-7　显性差分方法的 Excel 计算过程——美式看跌期权

上面我们采用显性差分方法计算了欧式看涨期权、欧式看跌期权、美式看涨期权、美式看跌期权四种期权的价格，为了便于汇总比较，我们将结果在一个界面中输出。最终结果如图 6-8 所示。由于隐性差分和克兰克—尼克尔森差分方法需要计算大型线性方程组，而 Excel 的计算能力有限，因此这两种方法将通过 MATLAB 实现而不通过 Excel 实现。

	A	B	C
1			
2		基础数据	
3		S	30.00
4		K	28.00
5		T	1.00
6		Rf	0.04
7		σ	0.71
8		结果	
9		案例1	9.51
10		案例2	6.42
11		案例3	9.51
12		案例4	6.51

图 6-8　显性差分方法计算的四种期权价格的汇总输入（输出）界面

6.2.5　实验结果

从图 6-8 中可以得出，当初始股价为 30 时，在给定参数的情况下，显性有限差分方法计算的欧式看涨期权和美式看涨期权均为 9.51，与解析解 9.48 比较接近。显性有限差分方法计算的欧式看跌期权的价格为 6.42，与解析解 6.48 比较接近。美式看跌期权的价格为 6.51，比欧式看跌期权贵。这也符合欧式看跌期权价格低于美式看跌期权价格的逻辑判断。

6.3　基于 MATLAB 的数值实验——有限差分方法

6.3.1　实验目的

学生需要先掌握显性差分方法，并要注意显性差分方法的稳定性要求，熟悉 MATLAB 的使用方法，结合数值方法中给出的各个步骤，完成各项实验任务。要求学生使用 MATLAB 运用显性差分方法、隐性差分方法和克兰克—尼克尔森差分方法[1]计算欧式看涨期权、欧式看跌期权、美式看涨期权、美式看跌期权。对于有解析解的期权价格，可以与有限差分方法计算所得的结果进行对比分析。由于数值实验大多采用同一套计算参数，也可以将不同实验的结果做对比分析。

---

[1] 在前面的理论部分我们没有阐述克兰克—尼克尔森差分方法的理论内容，感兴趣的读者可以查阅有关书籍。在这里我们之所以给出克兰克-尼克尔森差分方法的 MATLAB 实现，是想拓宽读者的视野，并不要求掌握。另外也想向读者传达在业界更为常用的差分方法是克兰克—尼克尔森差分方法，它保留了隐性差分方法绝对稳定的优势，还提高了差分方法的精度。

6.3.2 实验数据

由于这部分内容属于数值实验，因此实验所需的参数是考虑该参数的真实取值区间并考虑到计算的便利而外生给定的。所需的主要数据有股票的初始价格、股票的最大值、期权的执行价格、无风险利率、股票价格的波动率，期权的有效期、股价和时间的剖分次数。

6.3.3 实验过程

这部分我们介绍有限差分方法的 MATLAB 实现。有限差分方法作为偏微分方程近似解的求法，过程并不复杂。在 MATLAB 中执行有两个难点，第一个难点是运算矩阵的摆放，这可能对于刚刚学会编程的读者来说会比较复杂，这里我们最好选择同 Excel 中一致的摆放位置，即矩阵右边界为支付（payoff），上下限边界为最大最小股价；第二个难点是在最后的计算结果，也就是上面矩阵的第一列中不知道如何自动选择使之成为所求期权的价格，针对这一点可以通过预先设置一个指针，以达到自动识别的功能。我们知道，Excel 中显性差分最终的结果可以通过对比期初股票价格进行人工选择。我们选择的依据简而言之就是选择期初价格对应计算矩阵中的第一列数值。在 MATLAB 中，我们也可以通过预先比较期初股票价格的方法，取得与期初股票价格最接近的位置。之所以仅仅是"最接近"，原因是我们通过计算不一定能够在股票价格梯度中找到两者相等的点，在 MATLAB 编程中，我们是通过如下方法取得的。

在前面的美式期权最小二乘蒙特卡罗方法中，我们已经简单介绍过指针的应用，在程序第 12 行处，

```
idx = find(s < S);  idx = idx(end);
```

idx 充当指针作用，先用 find() 函数找到向量 S 中数值小于期初股票价格的位置，因为 S 是一个由 0 开始递增的等差数列，我们会找到很多小于 S 的位置，这里我们关心的是与 S 最接近并小于 S 的位置，后半句就是这一作用，idx 就是这样一个最靠近 S 并且小于 S 的位置。我们知道，下一个位置应该大于或等于 S，这个位置可以用 idx+1 表示，在最后的计算中我们就是利用这一位置得到期权价格的。具体代码如下：

```
function [Price] = ExplicitDifference(S,K,r,T,v,N,M,AoE,type)
%----------------
%N time steps
%M price steps
smax=200;
ds=smax/M; %stock price step size
dt=T/N;
f=zeros(M+1,N+1); %vector to store option price grid
s = 0:ds:smax;
% Now find points either side of the initial price so that we can calculate
% the price of the option via interploation
idx = find(s < S);idx = idx(end);
if type==0,
  for j=0:M,
    f(j+1,N+1)=max(K-j*ds,0);
```

```
      end
   else
    for j=0:M,
        f(j+1,N+1)=max(-K+j*ds,0);
    end
   end
      for p=0:N-1
        f(1,p+1)=f(1,N+1);
        f(M+1,p+1)=f(M+1,N+1);
      end
```

下面我们将为已填好边界的矩阵填充内部内容，由上面的理论知识可知其内部填充内容的系数 $a(i,j)$,$b(i,j)$,$c(i,j)$ 只与矩阵的一个维度有关，因此只需用一个 for 循环就可以将系数矩阵设计完成。注意：在本程序中多次应用到前文介绍过的容器矩阵的概念，此处 **a**、**b**、**c**、**payvec** 矩阵及上面的 **f** 矩阵都利用了这一知识点，其中 **f** 矩阵即运算矩阵，**a**、**b**、**c** 矩阵是系数矩阵，**payvec** 是为美式期权准备的支付（payoff）矩阵。

类似 Excel 中的递推方式，我们用 for 循环将运算矩阵内部填充完毕，这里唯一的复杂之处在于美式期权中，我们通过max()函数，直接找出股票价值和支付之间的最大值。然后按照上面介绍的方案计算求得期权价格。具体代码如下：

```
%%%%%%%%%%%%%%%%%%%%%%%%%%%%%%%%%%%%%%%%%%%%%%%%%%        line  26
a=zeros(M-1,1);
b=zeros(M-1,1);
c=zeros(M-1,1);
payvec=zeros(M-1,1);

for j=1:M-1,
    a(j)=(-0.5*r*j*dt+0.5*v*v*j*j*dt)/(1+r*dt);
    b(j)=(1-v*v*j*j*dt)/(1+r*dt);
    c(j)=(0.5*r*j*dt+0.5*v*v*j*j*dt)/(1+r*dt);
if  type==0
    payvec(j)=K-j*ds;
    else
    payvec(j)=-K+j*ds;
end
end
%%%%%%%%%%%%%%%%%%%%%%%%%%%%%%%%%%%%%%%%%%%%%%%%%%        line  42
for k=N:-1:1,
    for j=1:M-1,
      if AoE==0,
f(j+1,k)=max(payvec(j),a(j)*f(j,k+1)+b(j)*f(j+1,k+1)+c(j)*f(j+2,k+1));
        else
        f(j+1,k)=a(j)*f(j,k+1)+b(j)*f(j+1,k+1)+c(j)*f(j+2,k+1);
        end
      end
end
Price=f(idx+1,1);
end
```

在运行结果方面，应当注意 M、N 的取值并不能够随意取值，应当满足公式 $n_{\max} \geqslant \dfrac{r}{\sigma^2}$，这里 $n_{\max}$ 是显性差分中时间轴的剖分数，使之能够收敛到近似的解析解，这里我们选择 $N=200$，$M=20$。运行结果如图 6-9 所示。

```
Command Window
>> ExplicitDifference(30,28,0.04,1,0.7056,200,20,1,1)

ans =

    9.4629

>> ExplicitDifference(30,28,0.04,1,0.7056,200,20,1,0)

ans =

    6.3734

>> ExplicitDifference(30,28,0.04,1,0.7056,200,20,0,1)

ans =

    9.4629

>> ExplicitDifference(30,28,0.04,1,0.7056,200,20,0,0)

ans =

    6.4629
```

图 6-9　显性差分方法计算欧式看涨期权、美式看跌期权和美式看涨期权、美式看跌期权

隐性差分涉及很复杂的递推过程及 MATLAB 的函数求解功能，作为财经专业的学生理解起来可能比较吃力。在这里我们仅给出代码并加以简要解释，而不作更具体的分析。学有余力的学生在掌握隐性差分的理论内容后，建议学习专业的 MATLAB 书籍，查找有关内容的详细讲解后，对照这里的代码加以分析研究。

欧式期权隐性差分方法代码如下：

```
function [P] = implicit(OptionType,S0,K,r,q,T,sig,N,M)

% This function prices a Vanilla European Call/Put using the
% Implicit Finite Difference Method.

Smin=0;
Smax=200;
% Calculate number of stock price steps and take care of rounding.

Ds = (Smax - Smin) / N;
% Calculate number of time steps and take care of rounding.

Dt = (T/M);

MI=zeros(N,N); % MI matrix
S=zeros(N,1); % stock price vector
V=zeros(N,1); % option value vector
matsol=zeros(N,M+1); % solution matrix
```

```
for i=1:1:N % Generate S and V vectors
    S(i)=Smin + i*Ds;
    if OptionType == 1
        V(i)=max(S(i)-K,0); % Call: Payoff that is initial condition
    else
        V(i)=max(K-S(i),0); % Put: Payoff that is initial condition
    end
end

for i=1:1:N % Build MI matrix
    % Set up coefficients
    Alpha = 0.5*(sig^2)*(S(i)^2)*(Dt/(Ds^2));
    Betha = (r-q)*S(i)*(Dt/(2*Ds));
    Bdi=-Alpha+Betha;
    Di=1+r*Dt+2*Alpha;
    Adi=-Alpha-Betha;
    % Fill MI matrix
    if i==1
        MI(i,i) = Di + 2*Bdi;
        MI(i,i+1) = Adi - Bdi;
    elseif i==N
        MI(i,i-1) = Bdi - Adi;
        MI(i,i) = Di + 2*Adi;
    else
        MI(i,i-1) = Bdi;
        MI(i,i) = Di;
        MI(i,i+1) = Adi;
    end
end

matsol(:,1)=V; % Initiate first column of matrix solution with payoff
that
            % is initial condition

invMI = MI^-1; % Invert matrix MI before performing calculations

for k=1:M % Generate solution matrix
    matsol(:,k+1)=invMI*matsol(:,k);
end

    % find closest point on the grid and return price
    % with a linear interpolation if necessary

DS = SO-Smin;

    indexdown = floor(DS/Ds);
    indexup = ceil(DS/Ds);

    if indexdown == indexup
        P = matsol(indexdown,M+1);
    else
        P = matsol(indexdown,M+1)+ (SO - S(indexdown))/(S(indexup)-
```

```
        S(indexdown))...*(matsol(indexup,M+1) - matsol(indexdown,M+1));
    end
end
```

克兰克—尼克尔森差分方法是显性差分方法和隐性差分方法的完美结合，可以证明克兰克-尼克尔森差分格式也是绝对稳定的。由于与隐性差分有较大的相似性，在差分方法的理论部分没有单独研究该方法。这里我们仅给出代码，方便有兴趣的学生进一步学习研究。

```
function [P] = CrankNicolson(OptionType,SO,K,r,q,T,sig,Smin,Smax,Ds,
Dt)

   % Calculate number of stock price steps and take care of rounding.
   N = round((Smax - Smin) / Ds);
   Ds = (Smax - Smin) / N;
   % Calculate number of time steps and take care of rounding.
   M = round(T/Dt);
   Dt = (T/M);

ME=zeros(N,N); % define ME matrix
   MI=zeros(N,N); % define MI matrix
   S=zeros(N,1); % stock price vector
   V=zeros(N,1); % option value vector
   matsol=zeros(N,M+1); % solution matrix

   for i=1:1:N % Generate S and V vector
       S(i)=Smin + i*Ds;
       if OptionType == 1
           V(i)=max(S(i)-K,0); % Call: Payoff that is initial condition
       else
           V(i)=max(K-S(i),0); % Put: Payoff that is initial condition
       end
   end

   % Build ME matrix
   for i=1:1:N
       % Set up coefficients
       Alpha = 0.5*(sig^2)*(S(i)^2)*(Dt/(Ds^2));
       Betha = (r-q)*S(i)*(Dt/(2*Ds));
       Bde = Alpha - Betha;                               %line30
       De = 1-r*Dt-2*Alpha;
       Ade = Alpha + Betha;
       % Fill ME matrix
       if i==1
           ME(i,i) = 1 + De + 2*Bde;
           ME(i,i+1) = Ade - Bde;
       elseif i==N
           ME(i,i-1) = Bde - Ade;
           ME(i,i) = 1 + De + 2*Ade;
       else
           ME(i,i-1) = Bde;
           ME(i,i) = 1 + De;
           ME(i,i+1) = Ade;
```

```
        end
    end

    matsol(:,1)=V; % Initiate first column of matrix solution with payoff
that
                % is initial condition

    % Build MI matrix                                    %line 50
    for i=1:1:N
        % Set up coefficients
        Alpha = 0.5*(sig^2)*(S(i)^2)*(Dt/(Ds^2));
        Betha = (r-q)*S(i)*(Dt/(2*Ds));
        Bdi= -Alpha + Betha;
        Di= 1+r*Dt+2*Alpha;
        Adi= -Alpha - Betha;
        % Fill MI matrix
        if i==1
            MI(i,i) = 1 + Di + 2*Bdi;
            MI(i,i+1) = Adi - Bdi;
        elseif i==N
            MI(i,i-1) = Bdi - Adi;
            MI(i,i) = 1 + Di + 2*Adi;
        else
            MI(i,i-1) = Bdi;
            MI(i,i) = 1 + Di;
            MI(i,i+1) = Adi;
        end
    end

    invMI = MI^-1; % Invert matrix MI before performing calculations

    for k=1:M % Generate solution matrix
        matsol(:,k+1)= invMI*ME*matsol(:,k);
    end

    % find closest point on the grid and return price
    % with a linear interpolation if necessary

    DS = SO-Smin;

    indexdown = floor(DS/Ds);
    indexup = ceil(DS/Ds);

    if indexdown == indexup
        P = matsol(indexdown,M+1);
    else
        P = matsol(indexdown,M+1)+ (SO - S(indexdown))/(S(indexup)-S
(indexdown))...
            *(matsol(indexup,M+1) - matsol(indexdown,M+1));
    end
    end
```

6.3.4 实验结果

采用 MATLAB 运用显性差分方法计算的欧式看涨期权的价格为 9.462 9，欧式看跌期权的价格为 6.373 4，美式看涨期权的价格为 9.462 9，美式看跌期权的价格为 6.462 9。无论是欧式看涨期权还是美式看涨期权都比较接近 9.48 的解析解。欧式看跌期权的计算结果与解析解 6.48 相比有点儿偏低。美式看跌期权价格也低于欧式看跌期权的解析析解 6.48。由此可见，显性差分方法计算欧式看跌期权和美式看跌期权的价格的效果不太理想。

采用 MATLAB 运用隐性差分方法计算的欧式看涨期权的价格为 9.426 2，而欧式看涨期权的解析解为 9.48。欧式看跌期权的价格为 6.329 3，而欧式看跌期权的解析解为 6.48。两者都存在一定的差距。但从前面的理论分析可知，由于隐性差分方法具有绝对稳定性，因此它还是优于显性差分方法的。篇幅所限，这里不再列举克兰克—尼克尔森差分方法的计算结果，留给读者自行计算与分析。

6.4　基于 Python 的数值实验——有限差分方法

6.4.1　实验目的

学生需要先掌握显性差分方法，并要注意显性差分方法的稳定性要求，熟悉 Python 的使用方法，结合数值方法中给出的各个步骤，完成各项实验任务。要求学生能够使用 Python 运用显性差分方法、隐性差分方法计算欧式看涨期权、欧式看跌期权、美式看涨期权、美式看跌期权的价格。对于有解析解的期权价格，可以与有限差分方法计算所得的结果进行对比分析。由于不同数值实验多采用同一套计算参数，也可以将不同实验的结果做对比分析。

6.4.2　实验数据

由于这部分内容属于数值实验，因此实验所需的参数是考虑该参数的真实取值区间并考虑到计算的便利而外生给定的。所需的主要数据有股票的初始价格、股票的最大值、期权的执行价格、无风险利率、股票价格的波动率，期权的有效期、股价和时间的剖分次数。

6.4.3　实验过程

显性差分与隐性差分的 Python 代码思路与 MATLAB 基本一致，此处不再做过多说明，建议读者在打好代码基础之后，对照原理部分的讲解来理解代码。

显性差分代码如下：

```python
import numpy as np
from math import floor, ceil

def explicit_diff(S, K, r, sigma, T, AoE, type, N=200, M=20):
```

```
"""
功能：有限差分方法（显性）计算期权价格，先构造边界，之后向前延伸
参数：
    S :股票的期初价格
    K :期权的执行价格
    r :无风险利率
    sigma:股票价格波动率
    T : 有效期
    AoE: A 表示美式期权，E 表示欧式期权
    type:1 表示看涨期权，0 表示看跌期权
    N:时间步骤数
    M:价格步骤数
"""
smax = 200
ds = smax / M
dt = T / N
diffmat = np.zeros((M+1, N+1))
ss = np.arange(0, smax+ds, ds)

# 填充边界
if type:
    diffmat[:, N] = np.maximum(ss - K, 0)
else:
    diffmat[:, N] = np.maximum(K - ss, 0)
diffmat[0, :] = diffmat[0, N]
diffmat[M, :] = diffmat[M, N]

# 计算 a,b,c
a = np.fromfunction(lambda x, y: (-0.5*r*(x+1)*dt + 0.5*pow(sigma,
2)*pow(x+1, 2)*dt) \
                                    / (1+r*dt), (M-1, 1))
b = np.fromfunction(lambda x, y: (1 - pow(sigma, 2)*pow(x+1, 2)*dt) \
                                    / (1+r*dt), (M-1, 1))
c = np.fromfunction(lambda x, y: (0.5*r*(x+1)*dt + 0.5*pow(sigma,
2)*pow(x+1, 2)*dt) \
                                    / (1+r*dt), (M-1, 1))
if type:
    payvec = -K + ss[1:M-1]
else:
    payvec = K - ss[1:M-1]

# 填补中间元素
for j in range(N-1, -1, -1):
    for i in range(0, M-1):
        if AoE == "E":
            diffmat[i+1, j] = a[i]*diffmat[i, j+1] + b[i]*diffmat[i+1,
j+1] \
                                + c[i]*diffmat[i+2, j+1]
```

```
                    elif AoE == "A":
                        diffmat[i+1, j] = max(payvec[i], a[i]*diffmat[i, j+1] +
b[i]*diffmat[i+1, j+1] \
    + c[i]*diffmat[i+2, j+1])
                    else:
                        print("AoE must be A or E")
                        return
        price = diffmat[np.where(ss==S), 0]
        print("explicit diff %s: the price of the option is %.4f" %(AoE, price))
        return price
```

隐性差分代码如下:

```
def implict_diff(S, K, r, sigma, T, type, N=200, M=20):
    """
    功能: 有限差分方法(隐性)
    参数:
        N:时间步骤数
        M:价格步骤数
    """
    smin = 0
    smax = 200
    ds = (smax-smin) / M
    dt = T / N
    diffmat = np.zeros((M+1, N+1))
    ss = np.arange(smin, smax+ds, ds)

    # 填充边界
    if type:
        diffmat[:, N] = np.maximum(ss - K, 0)
    else:
        diffmat[:, N] = np.maximum(K - ss, 0)
    diffmat[0, :] = diffmat[0, N]
    diffmat[M, :] = diffmat[M, N]

    # 计算 a,b,c, 并构造 MI
    a = np.fromfunction(lambda x,y: 0.5*r*(x+1)*dt - 0.5*pow(sigma*(x+1),
2)*dt, (M-1, 1))
    b = np.fromfunction(lambda x,y: 1 + pow(sigma*(x+1), 2)*dt + r*dt,
(M-1, 1))
    c = np.fromfunction(lambda x,y: -0.5*r*(x+1)*dt - 0.5*pow(sigma*
(x+1), 2)*dt, (M-1, 1))

    MI = np.zeros((M-1, M-1))
    for i in range(M-1):
        k = i
        if i == 0:
            MI[i, i] = b[k]
            MI[i, i+1] = c[k]
        elif i == M-2:
```

```
            MI[i, i-1] = a[k]
            MI[i, i] = b[k]
        else:
            MI[i, i-1] = a[k]
            MI[i, i] = b[k]
            MI[i, i+1] = c[k]

    # 进行求解
    invMI = np.linalg.inv(MI)
    adjustmat = np.zeros(M-1)
    for j in range(N-1, -1, -1):
        adjustmat[0] = a[0] * diffmat[0, j]
        adjustmat[M-2] = c[M-2] * diffmat[M, j]
        diffmat[1:M, j] = np.dot(invMI, diffmat[1:M, j+1]-adjustmat)

    # 寻找目标价格
    DS = S - smin
    indexdown = floor(DS/ds)
    indexup = ceil(DS/ds)
    if indexdown == indexup:
        price = diffmat[indexdown, 0]
    else:
        price = diffmat[indexdown, 0] + (S-ss[indexdown])/(ss[indexup]-
ss[indexdown]) \
                *(diffmat[indexup, 0] - diffmat[indexdown, 0])

    print("implict diff: the price of the option is %.4f" % price)
    return price
```

我们再次对期初股价 $S_0 = 30$、执行价格 $K = 28$、无风险利率 $r = 0.04$、期权有效期 $T = 1$，股价 $\sigma = 0.705\,6$ 的欧式看涨期权及美式看涨期权价格进行计算。具体代码如下：

```
if __name__ == '__main__':
    S0 = 30
    K = 28
    r = 0.04
    T = 1
    sigma = 0.7056
    AoE = "E"
    type = 1
    explicit_diff(S0, K, r, sigma, T, AoE, type, N=200, M=20)
    implict_diff(S0, K, r, sigma, T, type, N=200, M=20)
```

6.4.4　实验结果

通过计算可以发现，该条件的欧式看涨期权价格，显性差分计算结果为 9.462 9，隐性差分计算结果为 9.452 3，BSM 公式计算结果为 9.484 1，都存在一定差距。考虑到隐性差分具有绝对稳定性，我们推荐读者优先使用隐性差分方法。

6.5　基于 C++与 Excel-Addin 的数值实验——有限差分方法

使用有限差分法求解偏微分方程的本质为求解矩阵方程组。在 C++中用于线性代数的函数库也有不少。例如，在 Boost 中有 ublas 库，为编程人员提供了基本的线性代数运算及一些基本方程的求解，如矩阵的加减乘除、矩阵的 LU 分解等。然而，ublas 也有许多缺陷，包括运行求解速度较慢、可求解的方程类型较少等。

6.5.1　实验目的

学生需要先掌握有限差分方法，结合数值方法中给出的各个步骤，完成各项实验任务。要求学生使用 Excel 加载宏在 Excel 中实现欧式期权的有限差分算法，计算欧式期权价格及希腊字母，并与解析解作对比分析。使用 Excel 加载宏对有限差分算法进行误差分析，来观察有限差分算法的渐近收敛性。

6.5.2　实验数据

由于这部分内容属于数值实验，因此实验所需的参数是考虑该参数的真实取值区间并考虑到计算的便利而外生给定的。所需的主要数据有股票的初始价格、股票的最大值、期权的执行价格、无风险利率、股票价格的波动率、期权的有效期、股价和时间的剖分次数。

6.5.3　实验过程

1. 编写 C++代码

虽然 QuantLib 中有内置的 PDE 求解器，只需要输入边界条件及方程形式即可求解相应的 PDE，但若要真正理解如何求解 PDE，则还需自行编写求解过程。

在 C++中编写有限差分算法的代码之前，我们首先需要有矩阵方程求解的代码，因为编写有限差分算法最关键的步骤是数值求解矩阵方程。

考虑到在绝大部分衍生品定价模型中推导出来的偏微分方程均是抛物线偏微分方程，需要求解的矩阵形式均是三对角矩阵的形式，因此在线性代数的数值理论中关于求解 $Ax = b$ 问题时，若 A 为三对角矩阵，则有不少算法可以将高斯消除法中的算法复杂度从 $O(n^3)$ 降到 $O(n)$。

下面的程序为 ublas 补充了 solve_tridiagonal 函数，用于求解当 A 为三对角矩阵时的 $Ax = b$ 问题。

```
#ifndef BOOST_UBLAS_TRIDIAGONALSOLVER_H
#define BOOST_UBLAS_TRIDIAGONALSOLVER_H
#include <boost/numeric/ublas/vector.hpp>
#include <boost/numeric/ublas/triangular.hpp>

namespace boost { namespace numeric { namespace ublas {
```

```
// Solve Ax = b, where A = (a,b,c) and x=b initially
// a[0]=0,c[N-1]=0;
template<class M, class E>
static void solve_tridiagonal(M &A, E &x)
{
    try {
        typedef M const_matrix_type;
        typedef E vector_type;
        typedef int size_type;
        typedef double value_type;

        BOOST_UBLAS_CHECK (A.size1() == A.size2(),
            external_logic("Matrix A should be tridiagonal matrix."));
        size_type size = A.size1();

        /* Allocate cprime as upper diagonal of A. */
        vector<value_type> cprime(size);
        /* Fill cprime, with the last one useless. */
        for ( size_type i = 0; i < size-1; i++)
            cprime(i) = A(i,i+1);

        /* Start algorithm. */
        cprime(0) /= A(0,0);
        x(0) /= A(0,0);
        value_type temp;
        /* loop from 1 to N - 1 inclusive,
        with the last one useless. */
        for ( size_type i = 1; i < size; i++) {
            temp = A(i,i) - A(i,i-1)*cprime(i-1);
            cprime(i) /= temp;
            x(i) = (x(i) - A(i,i-1)*x(i-1)) /temp;
        }

        /* loop from N - 2 to 0 inclusive, safely testing loop end
            condition */
        for ( size_type i = size - 2; i>=0 ; i--)
            x(i) = x(i) - cprime(i)*x(i+1); //x[in] - cprime[in] *
                x[in + 1];
    }
    catch (const std::exception &e) {
        std::ostringstream err;
        err <<"Error loading: "<< e.what();
    }
}
}}}
#endif
```

有了上述准备基础，我们可正式进入有限差分的求解上。

下面的代码是一个欧式期权有限差分求解的实现，采用了参数变换 $x = \log(S)$，$\tau = T - t$ 的形式，并且在时间轴上以 θ-步长的形式进行：当 $\theta = 1$ 时为显性差分法，当 $\theta = 0$ 时为隐性差分法，当 $\theta = 1/2$ 时为克兰克—尼克尔森差分方法。求解矩阵上使用了 ublas 的矩阵乘法及三对角矩阵求解算法。可求解的期权品种有欧式看涨期权、欧式看跌期权、数字看涨期权、数字看跌期权。

```
using namespace QuantLib;
#include "../Mathematics/tridiagonalsolver.hpp"

double FDoptionPrice(char *optionType, double dSpot, double dStrike,
double dRate, double dDiv, double dVol, double dDaysToMaturity, int iNodes,
double dTheta)
{
    try {
        double result;

        /******** Make Mesh ********/
        double dYears = dDaysToMaturity / (double)TRADEDAY_COUNTER;
        double dWidth = 5.0 * dVol * sqrt(dYears);
        double dLowerDomain = log(dSpot) - dWidth;
        double dUpperDomain = log(dSpot) + dWidth;

        // Theta-scheme with (iNodes+2) points
        iNodes += (iNodes%2) - 1; // Have even points
        double dH = (dUpperDomain - dLowerDomain) / (iNodes+1);
        double dK = dH;
        if (dTheta < 0.5)
            dK = dH*dH; // To keep stable

        int iSteps = ceil(dYears/dK);

        // mesh
        ublas::vector<double> vX(iNodes+2,0.0);
        for (Size i=0; i< iNodes+2; ++i) {
            vX[i] = dLowerDomain + i*dH;
        }

        /******** Make Tridiagonal Matrix ********/
        ublas::matrix<double> mGr(iNodes+2,iNodes+2,0.0);
        ublas::matrix<double> mGc(iNodes+2,iNodes+2,0.0);
        ublas::identity_matrix<double> mI(iNodes+2);

        for (signed i = 0; i < iNodes + 2 ; ++ i) {
            mGr(i,std::max (i-1,0)) = -1.0/dH/dH;
            mGr(i,std::min(i+1,iNodes+1)) = -1.0/dH/dH;
            mGr(i,i) = 2/dH/dH;

            mGc(i,std::max (i-1,0)) = -0.5/dH;
            mGc(i,std::min(i+1,iNodes+1)) = 0.5/dH;
            mGc(i,i) = 0.0;
        }

        ublas::matrix<double> mG(iNodes+2,iNodes+2,0.0);
        mG = dVol*dVol/2*mGr + (dVol*dVol/2-(dRate-dDiv))*mGc + dRate * mI;
```

```
            ublas::matrix<double> mB(iNodes+2,iNodes+2,0.0);
            ublas::matrix<double> mC(iNodes+2,iNodes+2,0.0);
            mB = mI + dK*dTheta*mG;
            mC = mI - dK*(1-dTheta)*mG;

            /******** Make Option ********/
            ublas::vector<double> vU(iNodes+2,0.0);

            if ( !lstrcmpi(optionType,"Call") )
                for (signed i = 0; i < iNodes + 2 ; ++ i)
                    vU[i] = std::max(exp(vX[i])- dStrike,0.0);
            else if ( !lstrcmpi(optionType, "Put") )
                for (signed i = 0; i < iNodes + 2 ; ++ i)
                    vU[i] = std::max(dStrike - exp(vX[i]),0.0);
            else if ( !lstrcmpi(optionType, "DigitCall") )
                for (signed i = 0; i < iNodes + 2 ; ++ i) {
                    if ( exp(vX[i]) >= dStrike ) vU[i] = 1.0;}
            else if ( !lstrcmpi(optionType, "DigitPut") )
                for (signed i = 0; i < iNodes + 2 ; ++ i) {
                    if ( exp(vX[i]) < dStrike ) vU[i] = 1.0;}
            else
                QL_FAIL("failed");

            /******** Start Solving PDEs ********/
            for (signed j = 0; j < iSteps; ++j) {
                vU = ublas::prod(mC,vU);
                ublas::solve_tridiagonal(mB,vU);
            }

            /******** Make Output ********/
            /**** With (iNodes+2) points, the middle one is on (iNodes+1)/2 ****/
            result = vU[(iNodes+1)/2];

            return result;
        }

    catch (const std::exception &e) {
        std::ostringstream err;
        err <<"Error loading: "<< e.what();
    }
}
```

为了计算希腊字母，我们还需要再次封装一个利用数值差分近似希腊字母的函数：

```
    DLLEXPORT double FDoption(char *optionType, double dSpot, double dStrike,
double dRate,double dDiv, double dVol, double dDaysToMaturity, int iNodes,
char *output, XLOPER *xlGreekDiff, XLOPER *xlTheta)
    {
        try{

            double dGreekDiff = 1.0;
            if ( xlGreekDiff->xltype != xltypeMissing ) {
                dGreekDiff = xlGreekDiff->val.num;
```

```
                    }
                    double dTheta = 0.5;
                    if ( xlTheta->xltype != xltypeMissing ) {
                        dTheta = xlTheta->val.num;
                    }

                    double result;
                    if ( !lstrcmpi(output,"Price") ) {
                        result = FDoptionPrice(optionType,dSpot,dStrike,dRate,dDiv,
                                dVol, dDaysToMaturity,iNodes,dTheta);}
                    else if ( !lstrcmpi(output,"Delta") ) {
                        result = ( FDoptionPrice(optionType,dSpot+dGreekDiff,dStrike,
                                dRate, dDiv,dVol,dDaysToMaturity,iNodes,dTheta)
                                - FDoptionPrice(optionType,dSpot-dGreekDiff,dStrike,
          dRate,dDiv,dVol,dDaysToMaturity,iNodes,dTheta) ) / (2*dGreekDiff);}
                    else if ( !lstrcmpi(output,"Gamma") ) {
                        result = ( FDoptionPrice(optionType,dSpot+dGreekDiff,dStrike,
dRate, dDiv,dVol,dDaysToMaturity,iNodes,dTheta)
                            - 2 * FDoptionPrice(optionType,dSpot          ,dStrike,
dRate, dDiv,dVol,dDaysToMaturity,iNodes,dTheta)
                            +          FDoptionPrice(optionType,dSpot-dGreekDiff,
dStrike,dRate,dDiv, dVol,dDaysToMaturity,iNodes,dTheta))
                            / (dGreekDiff*dGreekDiff);}
                    else if ( !lstrcmpi(output,"Vega") ) {
                        result = ( FDoptionPrice(optionType,dSpot,dStrike,dRate,
dDiv,dVol+ dGreekDiff,dDaysToMaturity,iNodes,dTheta)
                            -    FDoptionPrice(optionType,dSpot,dStrike,dRate,dDiv,
dVol-dGreekDiff, dDaysToMaturity,iNodes,dTheta) ) / (2*dGreekDiff);}
                    else if ( !lstrcmpi(output,"Rho") ) {
                        result  =  (  FDoptionPrice(optionType,dSpot,dStrike,dRate+
dGreekDiff, dDiv,dVol,dDaysToMaturity,iNodes,dTheta)
                                - FDoptionPrice(optionType,dSpot,dStrike,dRate-
dGreekDiff,dDiv,dVol, dDaysToMaturity,iNodes,dTheta) ) / (2*dGreekDiff);}
                    else if ( !lstrcmpi(output,"Theta") ) { // forward difference
                        result = ( FDoptionPrice(optionType,dSpot, dStrike,dRate,
dDiv,dVol,dDaysToMaturity,iNodes,dTheta)
                                - FDoptionPrice(optionType,dSpot,dStrike,dRate,
dDiv, dVol,dDaysToMaturity+1,iNodes,dTheta) );}
                    else { QL_FAIL("failed");}
                    return result;
        }

        catch (const std::exception &e) {
            std::ostringstream err;
            err <<"Error loading: "<< e.what();
        }
    }
```

最后，为了能在 Excel 加载宏中调用，我们还需要向 Excel 注册该函数，并在 DLLEXPORT int xlAutoOpen()中添加 registerFDoption(xDll)函数：

```
    void registerFDoption(XLOPER &xDll){
```

```
    // 参数量 = 10 + 函数参数量
    EXCEL(xlfRegister, 0, 20, &xDll,
        // function code name
        TempStrNoSize(" FDoption"),
        // parameter codes: First is OUTPUT, others are parms resp.
        TempStrNoSize(" BFBBBBBBJFPP"),
        // function display name
        TempStrNoSize(" FDoption"),
        // comma-delimited list of parameter names

        TempStrNoSize("\xFF""OptionType,Spot,Strike,Rate,Dividend,
Volatility,DaysToMaturity,Nodes,Output,[GreekDiff],[Theta]"),
        // function type (0 = hidden function, 1 = worksheet function,
                            2 = command macro)
        TempStrNoSize(" 1"),
        // function category
        TempStrNoSize(" Pricing Engine - Vanilla"),
        // shortcut text (command macros only)
        TempStrNoSize(""),
        // path to help file
        TempStrNoSize(""),
        // function description
        TempStrNoSize("\xFF""Compute prices and greeks of vanilla
                        options"),
        // parameter descriptions
        TempStrNoSize("\xFF""{Call,Put,DigitCall,DigitPut}. Case
                        insensitive"),
        TempStrNoSize("\xFF""Spot price of the underlying"),
        TempStrNoSize("\xFF""Strike of the option"),
        TempStrNoSize("\xFF""Risk-free Rate. In terms of percentage,
                        e.g. 0.04 or 4%"),
        TempStrNoSize("\xFF""Dividend of the underlying. In terms
                        of percentage, e.g. 0.02 or 2%"),
        TempStrNoSize("\xFF""Annualized Volatility of the underlying.
                        In terms of percentage, e.g. 0.3 or 30%"),
        TempStrNoSize("\xFF""Days left to maturity. e.g. 60 = 60 days.
                        Day counter is 240/yr."),
        TempStrNoSize("\xFF""Number of nodes."),
        TempStrNoSize("\xFF""{Price/Delta/Gamma/Vega/Rho/Theta}.
                        Theta is ThetaPerDay. Case insensitive"),
        TempStrNoSize("\xFF""(Optional)Number to calculate numerical
                        finite difference Greeks. Default is 1.0"),
        TempStrNoSize("\xFF""(Optional)Number in [0,1] for Theta
                        scheme. Default is 0.5."));
}
```

2. 利用 Excel 加载宏进行定价

在加载宏编译成功后，我们即可将其作为下一步在 Excel 中的定价分析工具。利用有限差分算法求解欧式期权，除了需要用到通常的欧式期权定价参数，还需要确定用于计算的节点数量。

如图 6-10 所示，首先建立期权定价的参数表，并为相应的参数单元格命名。然后使用 Excel 加载宏中的函数对欧式期权进行定价。

```
option(OptionType,Spot,Strike,Rate,Dividend,Volatility,DaysToMaturity,
Output)
    FDoption(OptionType,Spot,Strike,Rate,Dividend,Volatility,DaysToMaturity,
Nodes,Output,[GreekDiff],[Theta])
```

注意：在可选参数[GreekDiff]中，默认值为 1，但对于计算 Vega 而言过大，因此我们对 Vega 的数值计算使用更小的数值（如 0.1），从而保证在精度得以确保的前提下得出正确的数值。此外，根据不同的 Theta 值可以选择不同的有限差分方法：当 Theta=1 时为隐性差分，当 Theta=0.5 时为克兰克—尼克尔森差分方法，当 Theta=0 时为显性差分。但注意当 Theta< 0.5 时，差分格式不一定稳定，但由前面的讨论可知，只要保持 $dK \leq dH \times dH$ 即可保持稳定，当然这也大大增加了运算量。

图 6-10　有限差分欧式期权定价对比

从数值求解的结果看，三种差分格式都与解析解差别不大，但由前面的讨论可知，在此种情况下的显性差分运算量远远大于前两者。

下面分析运用有限差分方法计算欧式期权价格时的误差分析。

（1）隐性差分算法的误差分析

现在，检验隐性差分的渐近收敛性。从前面章节的理论分析可知，隐性差分的有限差分法的均方误差应以 $O(h^2 + k)$ 的速度进行收敛，则当 $k = h$ 时，隐性差分的均方误差应收敛于 $O(h)$。若对两边取对数，则均方误差的对数应为 $\log(h)$ 的线性函数，并且其斜率为 1。

为了检验隐性差分算法的数值收敛性，我们建立如图 6-11 所示的 Excel 表格。表格中对在不同标的资产价格下取不同节点数的有限差分法进行了运算，并计算与解析解相比的均方误差。可以看到，在误差分析表中，均方误差的对数与节点数量的对数确实呈反比的线性关系，其斜率为–1.1，与我们之前的分析基本吻合。

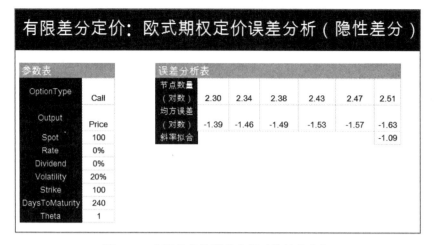

图 6-11　有限差分的误差分析（隐性差分）

（2）克兰克—尼克尔森差分方法的误差分析

从前面理论分析可知，克兰克—尼克尔森的有限差分法的均方误差应以 $O(h^2 + k^2)$ 的速度进行收敛，则当 $k = h$ 时，克兰克—尼克尔森的均方误差应收敛于 $O(h^2)$。若对两边取对数，则均方误差的对数应为 $\log(h)$ 的线性函数，并且其斜率为 2。

为了检验克兰克—尼克尔森差分方法的数值收敛性，我们建立如图 6-12 所示的 Excel 表格。表格中对在不同标的资产价格下取不同节点数的有限差分法进行了运算，并计算了与解析解相比的均方误差。

可以看到，在误差分析表中，均方误差的对数与节点数量的对数确实成反比的线性关系，其斜率为–2.02，与我们之前的分析基本吻合。

有限差分定价：欧式期权定价误差分析（Crank-Nicolson）

参数表

OptionType	Call
Output	Price
Spot	100
Rate	0%
Dividend	0%
Volatility	20%
Strike	100
DaysToMaturity	240
Theta	0.5

误差分析表

节点数量（对数）	1.00	1.30	1.60	1.90	2.20	2.51
均方误差（对数）	0.32	-0.33	-0.93	-1.54	-2.14	-2.73
斜率拟合						-2.02

图 6-12　有限差分的误差分析（克兰克—尼克尔森差分）

由此可见，克兰克—尼克尔森差分方法在没有大幅增加运算量的情况下，提供了一种提高计算收敛速度的偏微分方程数值求解算法。

6.5.4 实验结果

从图 6-10 中的结果可以发现三种差分格式都与解析解差别不大，但由前面的讨论可知，在此种情况下的显性差分运算量远远大于前两者。

由隐性差分算法的收敛性的误差分析表可知，均方误差的对数与节点数量的对数确实呈反比的线性关系，其斜率为–1.1。对克兰克—尼克尔森差分方法的误差收敛性的误差分析中可知，均方误差的对数与节点数量的对数确实呈反比的线性关系，其斜率为–2.02。由此可见，克兰克—尼克尔森差分方法在没有大幅增加运算量的情况下，提供了一种提高计算收敛速度的偏微分方程数值求解算法。

## 第7章

随机波动率与局部波动率模型
期权定价的数值实验[①]

7.1 理 论 基 础

7.1.1 波动率模型提出的背景

很多实证分析表明金融市场上交易的金融资产价格呈现出如下三个规律：①波动聚集现象（Volatility Clustering）：波动聚集现象表明小幅的价格变动常常跟随小幅价格变动，而剧烈的价格变动之后紧跟着的还是剧烈的价格变动。②波动率微笑（Volatility Smile/Skew）：波动率微笑是指当把期权的市场价格等数据代入 BSM 公式逆推得到的隐含波动率并不是常数，且将其画在横轴为执行价格、纵轴为隐含波动率的二维图中，有时它会呈现中间低两头高形如微笑的半月形曲线。③资产价格的尖峰厚尾现象（Leptokurtic）：即标的资产价格不是对数正态分布的，而是呈现尖峰厚尾的特征，这一点在股票期权中尤为明显。由此可见，任何资产的波动率都不会是恒定的，而是一个不断变化的过程。如何给波动率建模，使期权定价研究分析更为准确，成为期权定价中的关键问题。

从目前来看，为波动率建模较为主流的有两种方法：①随机化——随机波动率模型。随机波动率模型的出发点是将波动率与标的资产一样看成一个随机过程，并根据观察到的波动率的随机变化的特征选择适合的随机过程。很多实证分析表明波动率的随机变化具有均值回复的特点，因此在对随机波动率建模时我们一般选择均值回复过程。②函数化——局部波动率模型。局部波动率模型的提出较好地解决了波动率随机变化的问题，但与此同时出现了其他一些问题。例如，波动率是无法在市场上直接观测的，这不但使模型从马尔可夫性变成隐含马尔可夫性，增加了问题的复杂性，还使模型从一维模型变成了二维模型，参数的增加更给实证分析中的参数估计带来了较大难度。这些均制约着随机波动率模型的广泛使用。在这样的背景下，为了降低问题的难度，我们可以采用波动率函数化思路，这既解决了波动率的非常数化的问题，又无须增加模型的难度和维度，即不需要引入新的随机过程。上述两种方法中，只要有适当的参数估计，就可以在一定程度上解决波动率微笑等现象，从而建立吻合场内期权市场数据的定价模型框架。

7.1.2 随机波动率模型——Heston 模型

Heston 于 1993 年提出了随机波动率模型，称为 Heston 模型。Heston 模型之所以被广

---

① 本章属于衍生品定价领域中有一定难度的内容，比较适合有一定基础的读者。对于初学者和大学本科相关专业的学生来说有一定难度。

泛采用，是因为该模型存在解析解，它可以为一个标的资产变动具有随机波动特征的欧式期权定价，模型允许波动率和标的资产价格之间存在任意关联。

1. 假设条件

Heston 模型的假设条件主要有以下五个：

（1）股票价格的随机过程与当前波动率有关；

（2）市场允许卖空并且无摩擦（也就是说市场没有交易成本）；

（3）在期权到期前，其标的资产（股票）没有现金股息（没有分红）；

（4）市场是无套利的（无风险套利机会）。

（5）证券交易是连续的。

2. 基本形式

Heston 模型假设股票价格的波动率并非常数，而是服从 CIR 过程。由于在实际经验中，股票的波动率一般在一个常数附近波动，具有均值回复性，因此使用 CIR 过程为波动率建模具有一定的合理性。加上在许多金融衍生品定价研究中已经推导出基于 Heston 模型的期权价格有近似解，从而带来了计算和参数估计上的方便，因此 Heston 模型具有非常广泛的应用性。

Heston 过程具有如下形式：

$$\begin{cases} \dfrac{\mathrm{d}S_t}{S_t} = (\mu - d)\mathrm{d}t + \sqrt{V_t}\,\mathrm{d}W_t^1 \\ \mathrm{d}V_t = \kappa(\theta - V_t)\mathrm{d}t + \sigma\sqrt{V_t}\,\mathrm{d}W_t^2 \\ \mathrm{d}W_t^1 W_t^2 = \rho\mathrm{d}t \\ V_{t=0} = V_0 \end{cases} \tag{7-1}$$

其中，κ、θ、σ、ρ 为常数参数。由上述关于 CIR 过程的分析可知，由于方差过程（波动率过程）是一个 CIR 过程，因此，当 $2\kappa\theta \geqslant \sigma^2$ 时，方差过程的值 $V_t \geqslant 0$ 几乎必然成立。

3. 解析解

我们可以通过以下三种方式求解 Heston 随机波动模型的期权价格：偏微分方程、蒙特卡罗模拟和傅里叶变换。这里介绍使用傅里叶变换的方式，借助运用 QuantLib 中提供的代码进行求解。

Heston（1993）通过运用伊藤引理和布朗运动相关的无套利假设，得出如下形式的偏微分方程：

$$\frac{\partial C}{\partial t} + \frac{S^2 V}{2}\frac{\partial^2 C}{\partial S^2} + \gamma S\frac{\partial C}{\partial S} - \gamma C + \left[k(\theta - V) - \lambda V\right]\frac{\partial C}{\partial V} + \frac{\sigma^2 V}{2}\frac{\partial^2 C}{\partial V^2} + \rho\sigma S V\frac{\partial^2 C}{\partial S\partial V} = 0 \tag{7-2}$$

其中，λ 为波动率风险下的市场价格。

Heston 模型的近似解析解基于上述 G 偏微分方程。Heston 套用一个服从 BSM 模型的定价函数：

$$C(S_t, V_t, t, T) = S_t P_1 - K e^{-r(T-t)} P_2 \qquad （7-3）$$

P_1、P_2 通过如下方式进行傅里叶变换：

$$P_j(x, V_t, T, K) = \frac{1}{2} + \frac{1}{\pi} \int_0^{+\infty} \mathrm{Re}\left(\frac{e^{-i\phi \ln(K)} f_j(x, V_t, T, \phi)}{i\phi} \right) \mathrm{d}\phi \quad j = 1, 2 \qquad （7-4）$$

由 Heston（1993）的推导可知：

$$f_j(x, V_t, T, \phi) = \exp\left\{ C(T-t, \phi) + D(T-t, \phi)V_t + i\phi x \right\} \qquad （7-5）$$

其中，参数 C 和 D 分别为：

$$C(T-t, \phi) = \gamma \phi i \gamma + \frac{a}{\sigma^2} \left[(b_j - \rho\sigma\phi i + d)\gamma - 2\ln\left(\frac{1 - ge^{dr}}{1 - g} \right) \right] \qquad （7-6）$$

$$D(T-t, \phi) = \frac{b_j - \rho\sigma\phi i + d}{\sigma^2} \left(\frac{1 - e^{dr}}{1 - ge^{dt}} \right) \qquad （7-7）$$

其中，

$$g = \frac{b_j - \rho\sigma\phi i + d}{b_j - \rho\sigma\phi i - d} \qquad （7-8）$$

$$d = \sqrt{(b_j - \rho\sigma\phi i)^2 - \sigma^2 (2\mu_j \phi i - \phi^2)} \qquad （7-9）$$

$$j = 1, 2 \quad \mu_1 = \frac{1}{2}, \mu_2 = \frac{1}{2}, a = k\theta, b_1 = k + \lambda - \rho\sigma, b_2 = k + \lambda \qquad （7-10）$$

7.1.3 局部波动率模型——Dupire 公式

1994 年，Dupire 推导出了局部波动率模型使用的关键公式。

假设标的资产价格服从如下随机微分方程：

$$\frac{\mathrm{d}S_t}{S_t} = \mu(t, S_t)\mathrm{d}t + \sigma(t, S_t)\mathrm{d}W_t \qquad （7-11）$$

其中，$\sigma(t, S_t)$ 是一个关于时间和标的资产价格的确定性函数。局部波动率模型的目标是找到函数 $\sigma(t, S_t)$ 使得用其进行定价的方程能复制隐含波动率曲面 $\sigma_{imp}(K, T)$。

Dupire 在 1994 年给出了在连续时间模型框架下的非参数局部波动率模型的公式。Dupire 公式展示了当通过使用所有可能的执行价格和到期期限时间等数据推导期权的隐含波动率时，局部波动率曲面是唯一确定的。

由于局部波动率模型并没有额外增加随机项，在无套利均衡假设下，所有欧式期权仍然能通过标的资产和无风险资产进行复制。因此，标的资产的价格过程仍然服从广义上的 BSM 偏微分方程：

$$\frac{\partial V(S, t)}{\partial t} + (r - q)\frac{\partial V(S, t)}{\partial S} + \frac{1}{2}\sigma(t, S_t)^2 S^2 \frac{\partial^2 V(S, t)}{\partial S^2} = rV(S, t) \qquad （7-12）$$

另外，在风险中性的概率空间下，标的资产价格的密度过程也取决于局部波动率函数。记 $f(0, S_0, T, S)$ 为标的资产价格从 $(0, S_0)$ 到 (T, S) 的密度函数，由 Fokker-Planck 方程，我们有

$$\frac{\partial f(S,T)}{\partial T} = -(r-q)\frac{\partial [Sf(S,T)]}{\partial S} + \frac{1}{2}\frac{\partial^2 [\sigma(t,S_t)^2 S^2 f(S,T)]}{\partial S^2} \qquad (7\text{-}13)$$

再考虑到密度函数实际上是欧式看涨期权的二阶偏微分：

$$f(K,T) = \mathrm{e}^{rT}\frac{\partial^2 C(0,S_0,K,T)}{\partial K^2} \qquad (7\text{-}14)$$

经过整理后，我们得出 Dupire 公式的具体表达形式如下：

$$\sigma(K,T)^2 = \frac{\dfrac{\partial C(K,T)}{\partial T} + qC(K,T) + (r-q)K\dfrac{\partial C(K,T)}{\partial K}}{\dfrac{1}{2}K^2\dfrac{\partial^2 C(K,T)}{\partial K^2}} \qquad (7\text{-}15)$$

应用 Dupire 公式估计局部波动率的步骤主要有以下四步：

①处理期权数据；

②计算一个平滑的看涨期权的价格估计；

③使用 Dupire 公式推出局部波动率函数；

④最后得到局部波动率和看涨期权价格估计的关系。

为了简单起见，我们可以假设 $r = q = 0$，此时我们有

$$\sigma(K,T)^2 = \frac{\dfrac{\partial C(K,T)}{\partial T}}{\dfrac{1}{2}K^2\dfrac{\partial^2 C(K,T)}{\partial K^2}} \qquad (7\text{-}16)$$

可以看出，局部波动率函数可以表述为日历价差期权和蝶式价差期权的商。然而在实际应用上，上述公式存在较大的不稳定性，主要原因是分母在 K 很大或很小的时候都会趋于 0。因此，人们通常会将 Dupire 公式转化为以隐含波动率曲面表述的形式：

$$\sigma(K,T)^2 = \frac{\sigma_{imp}^2 + 2\sigma_{imp}T\left(\dfrac{\partial \sigma_{imp}}{\partial T} + (r-q)K\dfrac{\partial \sigma_{imp}}{\partial K}\right)}{\left(1 - \dfrac{Ky}{\sigma_{imp}}\dfrac{\partial \sigma_{imp}}{\partial K}\right)^2 + K\sigma_{imp}T\left(\dfrac{\partial \sigma_{inp}}{\partial K} - \dfrac{1}{4}K\sigma_{imp}T\left(\dfrac{\partial \sigma_{imp}}{\partial K}\right)^2 + K^2\dfrac{\partial^2 \sigma_{imp}}{\partial K^2}\right)} \qquad (7\text{-}17)$$

其中，y 是远期在值程度的对数：$y = \ln(K/F_T)$。

7.2　基于 C++与 Excel-Addin 的数值实验——随机波动率

7.2.1　实验目的

通过选择 Heston 中不同的参数，计算 Hesotn 模型下欧式期权的价格曲面，并求出相应的隐含波动率曲面。隐含波动率曲面是一个三维曲面，直观地反映出隐含波动率与执行价格和到期期限长短的相互关系。长久以来，研究隐含波动率曲面一直都是期权定价研究中的重要议题，隐含波动率曲面特征能给予学者或投资者很多信息，而关于整个曲面动态

变化过程的研究更是具有非常重要的理论和实践价值。学生应在数值实验的基础上，在真实数据环境下通过最优化进行 Heston 模型的参数估计，拟合隐含波动率曲面，并据此检验随机波动率模型。

7.2.2 实验数据

Heston 模型一共有四个参数：κ、θ、σ、ρ。在隐含波动率的数值实验方面我们只需外生给定这些参数即可。对于隐含波动率的实证实验，本书采用了 Kangro 等在 *Pricing European-Style Options under Jump Diffusion Processes with Stochastic Volatility Applications of Fourier Transform* 中 DAX 指数期权的隐含波动率曲面数据，具体见表 7-1。

表 7-1　DAX 指数期权隐含波动率曲面数据（2002 年 7 月 5 日，指数点位 4468.17）

无风险利率曲线	3.6%	3.5%	3.4%	3.6%	3.6%	3.7%	3.9%	4.0%
行权价\到期期限	13	41	75	165	256	345	524	703
3400	66.3%	48.8%	42.0%	36.7%	34.3%	32.7%	31.2%	31.2%
3600	60.1%	45.4%	39.7%	35.1%	32.8%	31.5%	29.8%	29.2%
3800	50.8%	42.2%	37.2%	33.3%	31.6%	30.3%	29.2%	28.8%
4000	45.4%	38.7%	34.9%	31.5%	29.6%	29.3%	28.2%	28.0%
4200	40.6%	36.1%	33.3%	30.0%	28.9%	28.1%	27.5%	27.8%
4400	37.3%	34.0%	31.1%	28.7%	27.9%	27.2%	26.6%	26.9%
4500	35.5%	32.8%	30.1%	27.8%	27.2%	26.6%	26.6%	26.8%
4600	34.3%	32.1%	29.6%	27.4%	26.9%	26.3%	25.8%	26.2%
4800	33.0%	30.6%	28.0%	26.3%	25.7%	25.3%	25.0%	25.4%
5000	33.4%	29.6%	27.1%	25.4%	25.0%	24.6%	24.5%	24.6%
5200	34.6%	28.5%	26.2%	24.6%	24.3%	23.9%	23.7%	24.2%
5400	38.6%	28.6%	25.8%	24.0%	23.6%	23.3%	23.1%	23.5%
5600	39.8%	28.6%	26.1%	23.6%	23.0%	22.7%	22.4%	23.2%

数据来源：Kangro 等，*Pricing European-Style Options under Jump Diffusion Processes with Stochstic Volatility: Applications of Fourier Transform*。

7.2.3 实验过程

我们首先进行随机波动率模型的隐含波动率曲面拟合实验。

1. 编写 C++代码

利用 QuantLib 中关于 Heston 在欧式期权上的定价方法，我们可以得出上述讨论的通过傅里叶变换求解的欧式期权价值。下面是利用 C++编写的求解 Heston 欧式期权价格及其希腊字母的函数代码：

```cpp
using namespace QuantLib;

double vanillaHestonPrice(char *optionType, double dSpot, double dStrike,
double dRate, double dDiv,
    double dV0, double dKappa, double dTheta, double dSigma, double dRho,
```

```
double dDaysToMaturity)
    {
      try {
          double result;

          /******** Make Calendar ********/
          // make calendar
          Calendar calendar = TARGET();

          //! \warning If use ContChinaTrading(), use "FRACTIONDAY * Days"
as one day.
          //  See macro.h for detail.
          DayCounter dayCounter = ChinaTrading();

          // make settlement date
          Date settlementDate = Date::todaysDate();

          // make exercise date
          Date exerciseDate = settlementDate + dDaysToMaturity;

          /******** Make Process ********/
          // bootstrap the yield curve
          Handle<YieldTermStructure> riskFreeRate(
          boost::shared_ptr<YieldTermStructure>(new FlatForward(settlementDate,
dRate, dayCounter)));

          // bootstrap the dividend curve
          Handle<YieldTermStructure> dividendRate(
          boost::shared_ptr<YieldTermStructure>(new FlatForward(settlement
Date, dDiv, dayCounter)));

          // bootstrap the spot
          Handle<Quote>  underlying(boost::shared_ptr<Quote>(new  SimpleQuote
(dSpot)));

        // bootstrap the process
        boost::shared_ptr<HestonProcess> process(
             new  HestonProcess(riskFreeRate,  dividendRate,underlying,
dV0, dKappa, dTheta, dSigma, dRho));

        /******** Make Option ********/
        // make option type
        Option::Type type;
        if ( !lstrcmpi(optionType,"Call") )
             type = Option::Call;
        else if ( !lstrcmpi(optionType, "Put") )
             type = Option::Put;
        else
             QL_FAIL("failed");

        // make payoff
        boost::shared_ptr<StrikedTypePayoff> payoff(new PlainVanillaPayoff
(type,dStrike));
```

```
            // make exercise
            boost::shared_ptr<Exercise> exercise(new EuropeanExercise(exercise
Date));

            // make option
            VanillaOption option(payoff, exercise);

            // make engine
            boost::shared_ptr<PricingEngine>  engine(new  AnalyticHestonEn-
gine(
                boost::shared_ptr<HestonModel>(new  HestonModel(process)),
144));

            // set engine
            option.setPricingEngine(engine);

            /******** Make Output ********/
            result = option.NPV();
            return result;
        }

    catch (const std::exception &e) {
        std::ostringstream err;
        err <<"Error loading: "<< e.what();
    }
    }

    DLLEXPORT double vanillaHeston(char *optionType, double dSpot, double
dStrike, double dRate, double dDiv,
        double dV0, double dKappa, double dTheta, double dSigma, double dRho,
        double dDaysToMaturity, char *output)
    {
        try{
        double result;
        if ( !lstrcmpi(output,"Price") ) {
            result = vanillaHestonPrice(optionType,dSpot,dStrike,dRate,
dDiv,dV0, dKappa,dTheta,dSigma,dRho,dDaysToMaturity);}
        else if ( !lstrcmpi(output,"Delta") ) {
            result = ( vanillaHestonPrice(optionType,dSpot+GREEK_DIFF,
dStrike, dRate,dDiv,dV0,dKappa,dTheta,dSigma,dRho,dDaysToMaturity)
                - vanillaHestonPrice(optionType,dSpot-GREEK_DIFF,dStrike,
dRate,dDiv, dV0,dKappa,dTheta,dSigma,dRho,dDaysToMaturity) ) / (2*GREEK_DIFF);}
            else if ( !lstrcmpi(output,"Gamma") ) { // Recursive calculation
from "Delta"
            result = ( vanillaHestonPrice(optionType,dSpot+GREEK_DIFF,
dStrike, dRate,dDiv,dV0,dKappa,dTheta,dSigma,dRho,dDaysToMaturity)
                - 2 * vanillaHestonPrice(optionType,dSpot,dStrike,
dRate,dDiv,dV0,dKappa,dTheta,dSigma,dRho,dDaysToMaturity)
                + vanillaHestonPrice(optionType,dSpot-GREEK_DIFF,dStrike,
dRate, dDiv,dV0,dKappa,dTheta,dSigma,dRho,dDaysToMaturity))
                / (GREEK_DIFF*GREEK_DIFF);}
        else if ( !lstrcmpi(output,"Vega") ) {
            result = ( vanillaHestonPrice(optionType,dSpot,dStrike,dRate,
dDiv,dV0+ GREEK_DIFF,dKappa,dTheta,dSigma,dRho,dDaysToMaturity)
```

```
                    - vanillaHestonPrice(optionType,dSpot,dStrike,dRate,
dDiv,dV0-GREEK_DIFF,dKappa,dTheta,dSigma,dRho,dDaysToMaturity) ) / (2*GREEK_
DIFF);}
      else if ( !lstrcmpi(output,"Rho") ) {
            result = ( vanillaHestonPrice(optionType,dSpot,dStrike,dRate+
GREEK_DIFF,dDiv,dV0,dKappa,dTheta,dSigma,dRho,dDaysToMaturity)
                    - vanillaHestonPrice(optionType,dSpot,dStrike,dRate-GREEK_
DIFF,dDiv, dV0,dKappa,dTheta,dSigma,dRho,dDaysToMaturity) ) / (2*GREEK_DIFF);}
      else if ( !lstrcmpi(output,"Theta") ) { // forward difference
            result = ( vanillaHestonPrice(optionType,dSpot,dStrike,dRate,
dDiv,dV0, dKappa,dTheta,dSigma,dRho,dDaysToMaturity-1)
                    - vanillaHestonPrice(optionType,dSpot,dStrike,dRate,
dDiv,dV0,dKappa, dTheta,dSigma,dRho,dDaysToMaturity) );}
      else { QL_FAIL("failed");}
      return result;
   }

   catch (const std::exception &e) {
         std::ostringstream err;
         err <<"Error loading: "<< e.what();
   }
}
```

为了能在 Excel 加载宏中调用，需要向 Excel 注册该函数，并在 DLLEXPORT int xlAutoOpen()中添加 registerVanillaHeston(xDll)函数：

```
void registerVanillaHeston(XLOPER &xDll){
         // 参数量 = 10 + 函数参数量
         EXCEL(xlfRegister, 0, 22, &xDll,
           .// function code name
            TempStrNoSize("vanillaHeston"),
            // parameter codes: First is OUTPUT, others are parms resp.
            TempStrNoSize("BFBBBBBBBBBBF"),
            // function display name
            TempStrNoSize("vanillaHeston"),
            // comma-delimited list of parameter names
    TempStrNoSize("\xFF""OptionType,Spot,Strike,Rate,Dividend,InitVariance,
Kappa,Theta,Sigma,Rho,DaysToMaturity,Output"),
            // function type (0 = hidden function, 1 = worksheet function,
2 = command macro)
            TempStrNoSize(" 1"),
            // function category
            TempStrNoSize(" Pricing Engine - Vanilla"),
            // shortcut text (command macros only)
            TempStrNoSize(""),
            // path to help file
            TempStrNoSize(""),
            // function description
            TempStrNoSize("\xFF""Compute prices and greeks of vanilla
options"),
            // parameter descriptions
            TempStrNoSize("\xFF""{Call,Put}. Case insensitive"),
            TempStrNoSize("\xFF""Spot price of the underlying"),
```

```
            TempStrNoSize("\xFF""Strike of the option"),
            TempStrNoSize("\xFF""Risk-free Rate. In terms of percentage,
e.g. 0.04 or 4%"),
            TempStrNoSize("\xFF""Dividend of the underlying. In terms of
percentage, e.g. 0.02 or 2%"),
            TempStrNoSize("\xFF""Heston parameter: Initial variance
level per annual. In terms of percentage, e.g. 0.09 or 9%."),
            TempStrNoSize("\xFF""Heston parameter: Mean-reversion
speed"),
            TempStrNoSize("\xFF""Heston parameter: Expected average
volatility level"),
            TempStrNoSize("\xFF""Heston parameter: Vol of vol"),
            TempStrNoSize("\xFF""Heston parameter: Spot-volatility
correlation"),
            TempStrNoSize("\xFF""Days left to maturity. e.g. 60 = 60 days.
Day counter is 240/yr."),
    TempStrNoSize("\xFF""{Price/Delta/Gamma/Vega/Rho/Theta/strikeSensitivity/
itmCashProbability}. Theta is ThetaPerDay. Case insensitive"));
    }
```

2. 利用参数化的方法构造波动率曲面

Heston 模型一共有四个参数：κ、θ、σ、ρ。不同的参数选择会产生非常不同的波动率曲面，下面以构造两种在市场上常见的波动率曲面为例，阐述 Heston 模型中各个参数对隐含波动率曲面的影响。

为了在 Excel 中利用 Heston 模型构造波动率曲面，首先，在 Excel 中固定一定参数，并使用函数 vanillaHeston(OptionType,Spot,Strike,Rate,Dividend,InitVariance,Kappa,Theta,Sigma,Rho,DaysToMaturity,Output)求出欧式看涨期权关于行权价格和到期天数的曲面（K,T）上的价格。其次，利用隐含波动率求解的函数 ImpVolOption(OptionType,Spot,Strike,Rate,Dividend,VolatilityGuess,Price,DaysToMaturity)求出相应价格上的隐含波动率水平 $\rho=0$。最后，对求解出的隐含波动率曲面进行画图，并进行相应的分析。波动率微笑在大宗商品衍生品和汇率衍生品中最为常见。要产生波动率微笑，可将相关系数设为零，即 $\rho=0$，并且将 σ 适当增大，容易观察到 σ 越大，波动率曲面的曲度越大，波动率曲面的微笑效应则越强。Heston模型的波动率微笑情形如图 7-1 所示。

波动率倾斜（Skew）在权益类金融衍生品中最为常见，其部分原因可解释为市场具有一定的恐慌效应，深度虚值的看跌期权仍然会受到市场一定的追捧。在 Heston 模型中，倾斜主要由相关系数 ρ 引起。通常而言，相关系数 ρ 是一个负数，因为在短期内，当股价下跌时，企业的财务杠杆增大，导致企业的风险更大，从而导致了更高的波动率水平。图 7-2所示是 Heston 模型的波动率倾斜情形。

下面进行隐含波动率的实证检验。实验所需数据已经在前一部分给出。为了在 Excel中进行 Heston 模型的参数估计，首先需要构造在特定参数的 Heston 模型下所求解出的隐含波动率曲面，其方法与上节隐含波动率曲面构造的实验类似。

其次，计算在该参数下的模型隐含波动率曲面与市场的隐含波动率曲面之间的均方误差：

$$\varepsilon = \sum_{i=1}^{N} \left[\sigma_{imp}^{Mtt}(K_i, T_i) - \sigma_{imp}^{Mod}(K_i, T_i; \Theta) \right]^2 \qquad (7\text{-}18)$$

完成了上述步骤之后，即可通过 Excel 中内嵌的规划求解工具进行最优化运算，如图 7-3 所示。

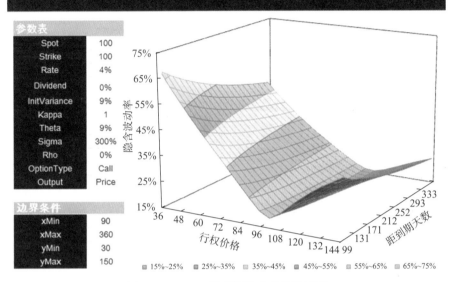

图 7-1　Heston 模型的波动率微笑情形

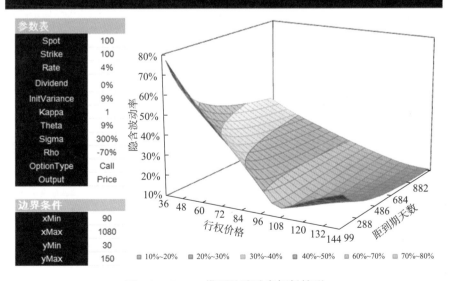

图 7-2　Heston 模型的波动率倾斜情形

图 7-3　Excel 2010 中的规划求解

本节使用非线性 GRG 求解器,得到的最优化参数所带来的均方误差为1.86%,比 Kangro 等得出的 3.11%要低。

7.2.4　实验结果

从图 7-4 中可以看出，拟合后的 Heston 模型（左图）基本能复制出市场的隐含波动率曲面（右图），但在近月合约上有较大的偏差。图 7-5 展示了市场隐含波动率水平和模型拟合的隐含波动率水平之间的差异。

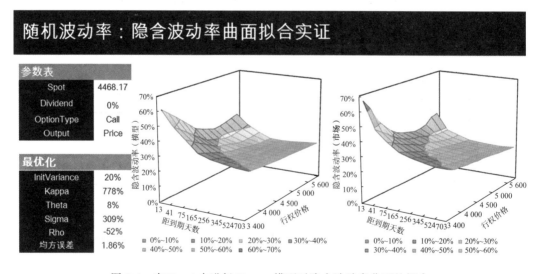

图 7-4　在 Excel 中进行 Heston 模型对隐含波动率曲面的拟合

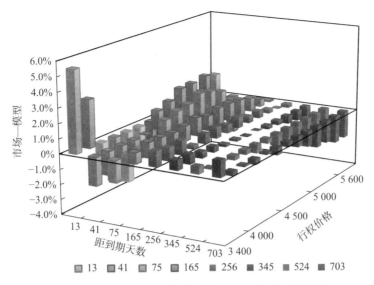

图 7-5　DAX 隐含波动率曲面与 Heston 拟合后的差异

总而言之，Heston 随机波动率模型能较好地复制出市场的隐含波动率曲面，但在近月合约上，尤其是深度虚值期权合约上，未能产生足够的"偏度"。

7.3　基于 C++与 Excel-Addin 的数值实验——局部波动率

7.3.1　实验目的

通过参数化的方法构造隐含波动率曲面，并求解相应的局部波动率曲面，进而在真实数据环境下通过插值拟合等方法构造平滑的隐含波动率曲面，并据此检验局部波动率模型。

7.3.2　实验数据

设波动率曲面函数为：

$$\sigma(K,T) = \left[\sigma_0 + \beta\ln(K/S) + \gamma\ln(K/S)^2\right](T/T_0)^\alpha \qquad (7\text{-}19)$$

式中，$\sigma_0, \beta, \gamma, \alpha$ 均为可选参数，T_0 为第一个到期日。这些参数在数值实验中需要给出。

7.3.3　实验过程

首先进行隐含波动率曲面拟合实验。

1. 编写 C++代码

从 7.2 节的分析可知，局部波动率函数在(S,t)=(K,T)上的值可由其相邻的隐含波动率计算得出。因此，在数值实现时，如果已经获得较为平滑的隐含波动率曲面，则可以直接使用差分近似微分的方法计算局部波动率。

下面是利用 C++编写的用于计算某一节点上的局部波动率函数的代码：

```cpp
using namespace QuantLib;

DLLEXPORT double LocalVol(double dRate, double dDiv, double dSpot,
    double dVol, double dVolpk, double dVolmk, double dVolpt,
    double dK, double dKp, double dKm, double dT, double dTp, XLOPER
*xlIsDay, XLOPER *xlDayCounter)
{
    try {
        double result ;
        if ( xlIsDay->xltype != xltypeMissing ) {
            double dDayCounter;
            if ( xlDayCounter->xltype != xltypeMissing )
                    dDayCounter = xlDayCounter->val.num;
            else
                    dDayCounter = 360.0;

            dT = dT / dDayCounter;
            dTp = dTp / dDayCounter;
        }

        double dF = dSpot * std::exp((dRate - dDiv)*dT);
        double y = std::log(dK / dF);

        double dvdt = std::max(0.0, (dVolpt - dVol) / (dTp - dT));
        double dvdk = ((dVolpk - dVol) / (dKp - dK) + (dVol - dVolmk) / (dK
- dKm)) / 2.0;
        double d2vdk2 = (dVolpk - 2 * dVol + dVolmk) / (dKp - dK) / (dK - dKm);

        double dNominator = dVol*dVol + 2 * dVol * dT * (dvdt + (dRate -
dDiv) * dK * dvdk);
        double dDen1 = std::pow((1 - dK * y * dvdk / dVol),2);
        double dDen2 = dK * dVol * dT * (dvdk - dK * dVol * dT * std::pow(dvdk,2)
/ 4 + dK * d2vdk2);
        result = std::sqrt(dNominator / (dDen1 + dDen2));
        return result;
    }
    catch (const std::exception &e) {
        std::ostringstream err;
        err <<"Error loading: "<< e.what();
    }
}
```

为了能在 Excel 加载宏中调用，需要向 Excel 注册该函数，并在 DLLEXPORT int xlAutoOpen()中添加 registerLocalVol(xDll)函数：

```cpp
void registerLocalVol(XLOPER &xDll) {
    // 参数量 = 10 + 函数参数量
    EXCEL(xlfRegister, 0, 24, &xDll,
    // function code name
    TempStrNoSize(" LocalVol"),
    // parameter codes: First is OUTPUT, others are parms resp.
```

```
        TempStrNoSize(" BBBBBBBBBBBBBPP"),
        // function display name
        TempStrNoSize(" LocalVol"),
        // comma-delimited list of parameter names
    TempStrNoSize("\xFF""Rate,Div,Spot,Vol,Volpk,Volmk,Volpt,K,Kp,Km,T,
Tp,[IsDay],[DayCounter]"),
        // function type (0 = hidden function, 1 = worksheet function, 2 =
command macro)
        TempStrNoSize(" 1"),
        // function category
        TempStrNoSize(" Pricing Engine - Volatility"),
        // shortcut text (command macros only)
        TempStrNoSize(""),
        // path to help file
        TempStrNoSize(""),
        vol// function description
        TempStrNoSize("\xFF""Return local volatility surface given implied
atility surface"),
        // parameter descriptions
        TempStrNoSize("\xFF""Risk-free Rate. In terms of percentage, e.g.
0.04 or 4%"),
        TempStrNoSize("\xFF""Dividend  of  the  underlying.  In  terms  of
percentage, e.g. 0.02 or 2%"),
        TempStrNoSize("\xFF""Current spot level."),
        TempStrNoSize("\xFF""ImpVol(K,T). In terms of percentage, e.g. 0.3
or 30%."),
        TempStrNoSize("\xFF""ImpVol(K+dK,T). In terms of percentage, e.g.
0.3 or 30%."),
        TempStrNoSize("\xFF""ImpVol(K-dK,T). In terms of percentage, e.g.
0.3 or 30%."),
        TempStrNoSize("\xFF""ImpVol(K,T+dT). In terms of percentage, e.g.
0.3 or 30%."),
        TempStrNoSize("\xFF""Strike K of implied volatility surface."),
        TempStrNoSize("\xFF""Strike K+dK of implied volatility surface."),
        TempStrNoSize("\xFF""Strike K-dK of implied volatility surface."),
        TempStrNoSize("\xFF""Time T of implied volatility surface"),
        TempStrNoSize("\xFF""Time T+dT of implied volatility surface"),
        TempStrNoSize("\xFF""(optional)Whether Time is defined as days,
otherwise it is assumed as year"),
        TempStrNoSize("\xFF""(optional)Daycounter per year"));
    }
```

2. 利用参数化的方法构造波动率曲面

为了在 Excel 中检验局部波动率模型，首先需要在 Excel 中固定一定参数，构造出不同
形状的波动率曲面。设波动率曲面函数为：

$$\sigma(K,T) = [\sigma_0 + \beta\ln(K/S) + \gamma\ln(K/S)^2](T/T_0)^{\alpha} \qquad (7\text{-}20)$$

式中，$\sigma_0, \beta, \gamma, \alpha$ 均为可选参数，T_0 为第一个到期日。使用上述函数可得出一个较为平滑的
关于行权价格和到期天数的曲面(K,T)上的隐含波动率曲面。

其次，利用局部波动率函数 LocalVol [Rate,Div,Spot,Vol,Volpk,Volmk,Volpt,K,Kp,Km,

T,Tp,(IsDay),(DayCounter)]求出相应隐含波动率节点(K,T)上的局部波动率水平。

最后，对求解出的局部波动率曲面进行画图，并进行相应的分析。

最简单的情形为波动率曲面与时间无关，并且隐含波动率水平与在值情况成线性相关，此时，$\gamma = 0, \alpha = 0$。假设 $\sigma_0 = 20\%, \beta = -1$，相应的波动率曲面是一个平面，如图 7-6 所示。

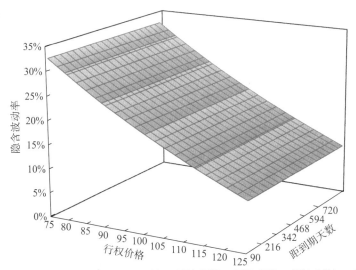

图 7-6　仿射模型下的隐含波动率曲面

利用 Dupire 公式，可得出相应的局部波动率曲面。可以看出，即便在隐含波动率是线性的情况下，局部波动率曲面已经具有一些曲度，如图 7-7 所示。

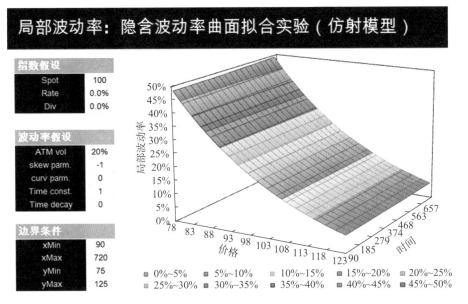

图 7-7　仿射模型下的局部波动率模型

假设波动率曲面与时间无关，并且隐含波动率曲面成"微笑"状，此时 $\alpha = 0$。假设 $\sigma_0 = 20\%, \beta = -1, \gamma = 10$，相应的隐含波动率曲面是一个与时间无关的曲面，如图 7-8 所示。

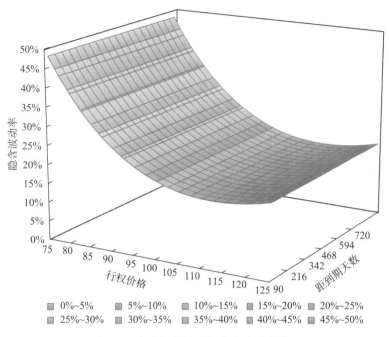

图 7-8　波动率微笑下的隐含波动率曲面

利用 Dupire 公式，可得出相应的局部波动率曲面。可以看出，即便在隐含波动率与时间无关并且利率都为零的情况下，局部波动率曲面也具有一定的时间相关性，如图 7-9 所示。

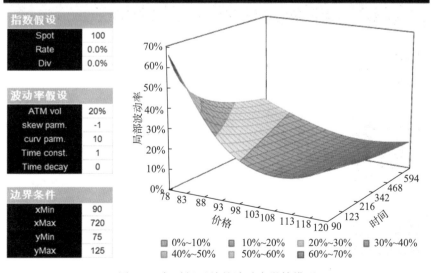

图 7-9　与时间无关的波动率微笑模型

　　最后，假设波动率曲面与行权价及时间都有相关性，隐含波动率曲面具有一定的"微笑"效应，并且在值的波动率水平随着时间递减。参数上，可以假设 $\sigma_0 = 20\%$，$\beta = -1$，$\gamma = 10,\alpha = -0.2$ ，如图 7-10 所示。

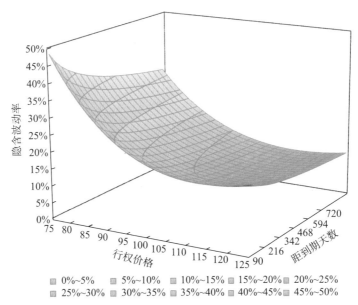

图 7-10　与时间相关的波动率微笑下的隐含波动率曲面

　　利用 Dupire 公式，可得出相应的局部波动率曲面。从数值上看，局部波动率的偏度要比隐含波动率曲面大，在最低行权价的位置上，局部波动率数值可达到 68%（见图 7-11），而隐含波动率只有 48%。然而，局部波动率随着时间递减的性质比隐含波动率曲面来得严重，这是局部波动率模型的缺陷之一。

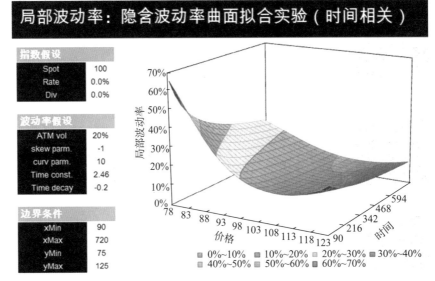

图 7-11　与时间相关的波动率微笑模型

接下来进行局部波动率——隐含波动率曲面的实证检验。数据来源与随机波动率的实证部分采用的数据一致。由于原始数据中的隐含波动率曲面不一定能满足局部波动率模型所需要的平滑性条件，直接使用原始数据得出的局部波动率震荡幅度非常大，而且极不稳定。在这里，我们首先使用 SABR 模型对波动率曲面进行建模，然后对 SABR 拟合后的波动率曲面进一步的插值，使其更加平滑化。

QuantLibXL 中提供了 SABR 拟合及二维插值的实现，我们直接使用即可。QuantLibXL 是 QuantLib 库中专门为 Excel 提供的一组函数接口，通过加载 QuantLibXL 可直接调用 QuantLib 中的部分函数。读者可通过 QuantLib 的官方网站查看有关 QuantLibXL 的详细介绍。

由图 7-12 及表 7-2 可以看出，SABR 插值基本保持了隐含波动率曲面的原状，但去除了大部分非凸的点，这为构造局部波动率曲面提供了极大的帮助。下一步我们将利用三次样条插值对上述波动率曲面进行插值，使其进一步平滑，如图 7-13 所示。

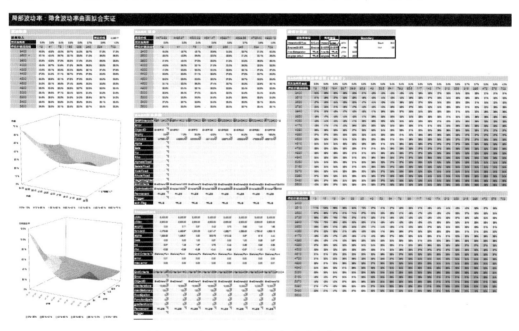

图 7-12　在 Excel 进行隐含波动率曲面平滑

表 7-2　SABR 模型拟合后的 DAX 指数期权隐含波动率曲面数据

远期价格	4 473.9	4 486.0	4 500.0	4 541.5	4 583.7	4 628.6	4 726.4	4 832.1
无风险利率曲线	3.6%	3.5%	3.4%	3.6%	3.6%	3.7%	3.9%	4.0%
行权价\到期期限	13	41	75	165	256	345	524	703
3 400	64.3%	48.7%	42.1%	36.9%	34.3%	32.7%	31.0%	30.6%
3 600	58.0%	45.2%	39.6%	35.0%	32.8%	31.5%	30.1%	29.8%
3 800	51.9%	42.0%	37.3%	33.2%	31.3%	30.3%	29.2%	29.0%
4 000	46.3%	39.0%	35.1%	31.5%	30.0%	29.2%	28.3%	28.2%
4 200	41.2%	36.3%	33.0%	30.0%	28.9%	28.1%	27.5%	27.5%
4 400	36.9%	33.9%	31.1%	28.6%	27.8%	27.2%	26.7%	26.8%

4 500	35.3%	32.9%	30.3%	28.0%	27.2%	26.7%	26.3%	26.5%
4 600	34.1%	32.0%	29.5%	27.4%	26.7%	26.2%	25.9%	26.1%
4 800	33.2%	30.4%	28.1%	26.3%	25.8%	25.4%	25.2%	25.5%
5 000	33.9%	29.4%	27.0%	25.4%	25.0%	24.6%	24.4%	24.8%
5 200	35.5%	28.8%	26.3%	24.6%	24.2%	23.9%	23.8%	24.2%
5 400	37.5%	28.7%	25.9%	24.0%	23.6%	23.2%	23.1%	23.6%
5 600	39.6%	28.8%	25.9%	23.6%	23.0%	22.7%	22.4%	23.1%

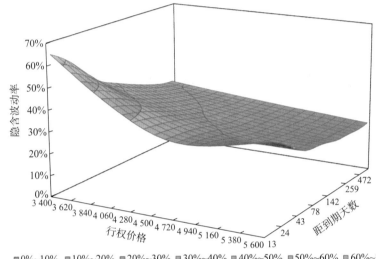

图 7-13　DAX 隐含波动率曲面（插值后）

经过 SABR 拟合及三次样条插值后，我们得到了一个足够光滑的波动率曲面，可以利用 Dupire 公式对其进行局部波动率建模，如图 7-14 所示。

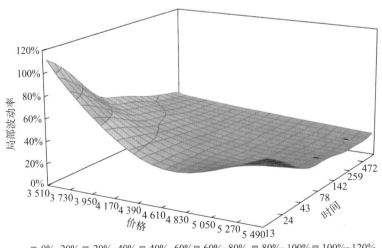

图 7-14　DAX 局部波动率

7.3.4　实验结果

与数值实验的结果相类似，局部波动率曲面的偏度比隐含波动率的曲面大，并且在经过了适当的平滑后，局部波动率曲面也得到了一定程度的平滑。

期权定价数值实验——期权计算软件的界面设计

8.1 基于 Excel 的数值实验——期权价格计算器

8.1.1 实验目的

本实验是运用 Excel 制作一个期权价格计算器,这一期权价格计算器包括我们之前介绍的二叉树期权定价模型、连续时间期权定价模型、蒙特卡罗方法和有限差分方法,功能比较强大。而简洁的计算器界面设计也给使用者带来了较大便利。通过这一实验能够进一步提升学生运用 Excel 进行期权计算及高级建模开发的能力。

8.1.2 编程准备——Excel 部分功能要点

【插入方式】打开"开发工具"选项卡,在"控件"选项组下选择插入 ActiveX 控件中的按钮控件。在表格中画出按钮,双击按钮进入按钮代码编辑区。需要注意的是,在添加完按钮后,如果要对按钮进行修改,需要首先单击开发工具选项卡下的设计模式,然后再双击按钮。具体如图 8-1 所示。

图 8-1 按钮控件界面

8.1.3 实验数据

由于这部分内容属于数值实验,因此实验所需的参数是考虑该参数的真实取值区间并考虑到计算的便利而外生给定的。所需的主要数据有股票的初始价格、股票的最大值、期权的执行价格、无风险利率、股票价格的波动率、期权的有效期、股价和时间的剖分次数、股价的模拟次数等。

8.1.4 实验过程

在利用 Excel 制作期权价格计算器时需要重点解决以下 3 个问题：①如何整合不同的期权价格计算方法；②如何统一不同方法的参数，以增强方法之间的可比性；③如何评判方法的计算准确程度。

1. 建立基础数据表格

与分别制作不同方法的期权价格计算器一样，制作整合的期权价格计算器的第一步也是建立基础数据表格。而为了增强各方法之间的可比性，不同方法的参数应当相同，因此我们可以将四种方法的参数设计在同一列单元格中。需要特别指出的是，二叉树期权定价模型方法与其他定价方法的输入参数有所不同，并没有直接的波动率参数，而是由 u、d、n 共同决定了波动率的数值。因此为了统一参数，我们以二叉树期权定价模型的波动率数值作为其他三种方法的波动率数值。另外，为了直观显示不同方法的计算效果，我们在最后添加欧式期权的买卖权平价关系行，通过计算 $C_0 + Ke^{-rT} - P_0 - S_0$，从而在一定程度上反映方法的计算精度。具体的表格设计形式可参考图 8-2。

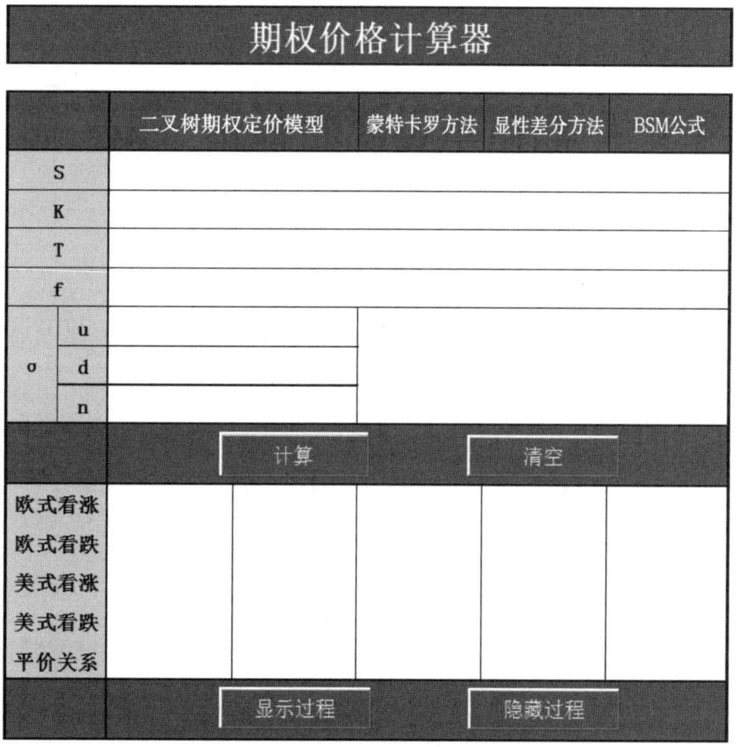

图 8-2 期权价格计算器界面设计

2. 建立计算表格与计算函数

我们已经学习了如何在 Excel 中实现期权定价的二叉树期权定价模型方法、蒙特卡罗方法、显性差分方法，并且在计算隐含波动率时我们也学习了如何利用 Excel 中的宏功能创建函数进而应用 BSM 公式计算期权的价格。现在我们需要在当前工作簿中建立这些方法需要的工作表与函数，具体方法可参考之前的相关部分。需要指出的是，二叉树期权定价模型方法的表格应该采用期数可变时的代码。

3. 添加按钮

在第 2 步中我们利用不同方法计算出了期权价格，现在需要将结果导入输出表中，这里我们在表中添加按钮以实现这一功能。在表格适当位置添加按钮并命名为“计算”，在代码编辑区内输入如下代码，进而实现结果数据的导入。

```
Private Sub CommandButton1_Click()
S = Sheet1.Cells(7, 5)
k = Sheet1.Cells(8, 5)
T = Sheet1.Cells(9, 5)
r = Sheet1.Cells(10, 5)
v = Sheet1.Cells(11, 7)
Sheet1.Cells(15, 9) = BS_Call(S, k, T, r, v, 0)
Sheet1.Cells(16, 9) = BS_Put(S, k, T, r, v, 0)
Sheet1.Cells(15, 8) = Application.WorksheetFunction.Lookup(S, Sheet12.
Range("F6:F26"), Sheet12.Range("G6:G26"))
Sheet1.Cells(16, 8) = Application.WorksheetFunction.Lookup(S, Sheet12.
Range("F29:F49"), Sheet12.Range("G29:G49"))
Sheet1.Cells(17, 8) = Application.WorksheetFunction.Lookup(S, Sheet12.
Range("F52:F72"), Sheet12.Range("G52:G72"))
Sheet1.Cells(18, 8) = Application.WorksheetFunction.Lookup(S, Sheet12.
Range("F75:F95"), Sheet12.Range("G75:G95"))
Sheet1.Range("G15") = Sheet11.Range("I1")
Sheet1.Range("G16") = Sheet11.Range("I2")
Sheet1.Cells(15, 5) = Sheet3.Cells(33, 3)
Sheet1.Cells(16, 5) = Sheet4.Cells(33, 3)
Sheet1.Cells(17, 5) = Sheet5.Cells(33, 3)
Sheet1.Cells(18, 5) = Sheet6.Cells(33, 3)
Sheet1.Cells(15, 6) = Sheet7.Cells(33, 3)
Sheet1.Cells(16, 6) = Sheet8.Cells(33, 3)
Sheet1.Cells(17, 6) = Sheet9.Cells(33, 3)
Sheet1.Cells(18, 6) = Sheet10.Cells(33, 3)
Sheet1.Range("G17:G18") = "—"
Sheet1.Range("I17:I18") = "—"
ke = k * Exp(-r * T)
For i = 5 To 9
Sheet1.Cells(19, i) = Sheet1.Cells(15, i) + ke - Sheet1.Cells(16, i) - S
Next
End Sub
```

上述代码中的第一个片段实现了对 BSM 公式方法下欧式看涨期权和欧式看跌期权价格的计算与赋值，其中调用了我们自己创建的函数；第二个片段实现了对显性差分方法下期权价格的赋值，其中调用了 Excel 的内置 LOOKUP 函数；第三个片段则针对的是蒙特卡罗法；第四个片段是对二叉树期权定价模型方法下单元格的赋值；第五个片段是对无法计算的单元格的赋值；第六个片段是对买卖权平价关系部分的计算与赋值。

接下来，继续添加按钮并命名为"清空"，设计该按钮的目的是实现整个表格数据的清空，具体代码如下：

```
Private Sub CommandButton3_Click()
Sheet2.Visible = xlSheetVisible
Sheet3.Visible = xlSheetVisible
Sheet4.Visible = xlSheetVisible
Sheet5.Visible = xlSheetVisible
Sheet6.Visible = xlSheetVisible
Sheet7.Visible = xlSheetVisible
Sheet8.Visible = xlSheetVisible
Sheet9.Visible = xlSheetVisible
Sheet10.Visible = xlSheetVisible
Sheet11.Visible = xlSheetVisible
Sheet12.Visible = xlSheetVisible
End Sub
Private Sub CommandButton4_Click()
Sheet2.Visible = xlSheetHidden
Sheet3.Visible = xlSheetHidden
Sheet4.Visible = xlSheetHidden
Sheet5.Visible = xlSheetHidden
Sheet6.Visible = xlSheetHidden
Sheet7.Visible = xlSheetHidden
Sheet8.Visible = xlSheetHidden
Sheet9.Visible = xlSheetHidden
Sheet10.Visible = xlSheetHidden
Sheet11.Visible = xlSheetHidden
Sheet12.Visible = xlSheetHidden
End Sub
```

在期权价格计算器的底部再添加两个按钮，分别命名为"显示过程"和"隐藏过程"。两个按钮分别实现工作表的显示与隐藏。将工作表的 visible 属性改为 false 即能实现工作表的隐藏，改为 true 则能实现工作表的显示。具体按钮的代码如下：

```
Private Sub CommandButton2_Click()

Sheet1.Range("E7:I10") = ""
Sheet1.Range("E11:F13") = ""
Sheet1.Range("E15:I19") = ""
```

8.1.5　实验结果

通过上述实验，我们完成了期权价格计算器，具体形式如图 8-3 所示。从图 8-3 中可以发现我们制作的期权价格计算器界面简洁、功能齐全，是一款优秀的期权价格计算器。

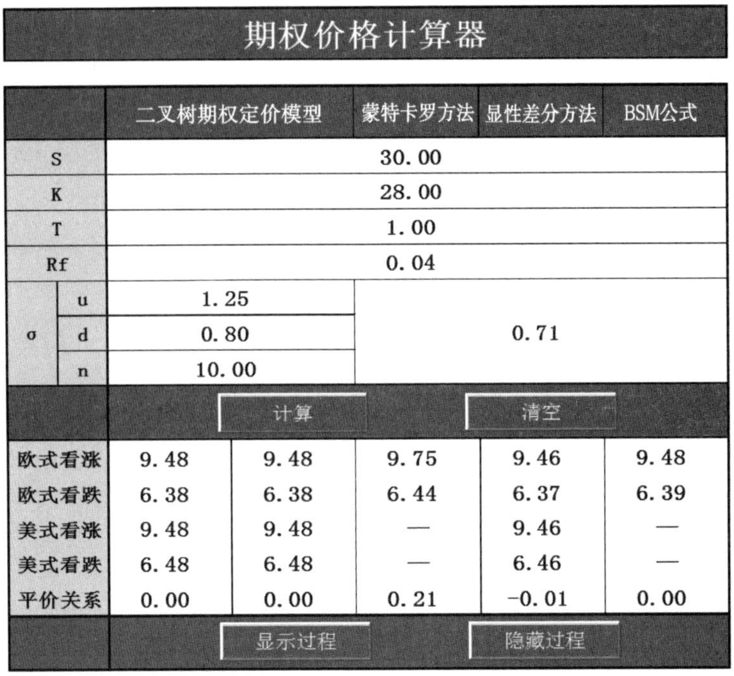

图 8-3　期权价格计算器计算结果展示

8.2　基于 MATLAB 的数值实验——依托 GUI 设计期权价格计算器

8.2.1　实验目的

本实验是运用 MATLAB 中的 GUI 制作了一个期权价格计算器，这一期权价格计算器中包括我们之前介绍的二叉树期权定价模型（CRR 模型）、BSM 模型、蒙特卡罗方法和有限差分方法，功能比较强大，而简洁的计算器界面设计也给使用者带来较大便利。通过这一实验能够进一步提升学生运用 MATLAB 的 GUI 进行期权计算及高级建模开发的能力。

8.2.2　实验数据

由于这部分内容属于数值实验，因此实验所需的参数是考虑该参数的真实取值区间并考虑到计算的便利而外生给定的。所需的主要数据有股票的初始价格、股票的最大值、期权的执行价格、无风险利率、股票价格的波动率、期权的有效期、股价和时间的剖分次数、股价的模拟次数等。

8.2.3　实验过程

在第 2 章的希腊字母计算中，我们已经简单介绍过关于 MATLAB 图形界面设计（GUI）

的基础知识。下面将基于各类计算期权价格的方法，制作一个期权价格计算器。有了上面的基础，我们将直接从选配界面组件开始讲解。

1. 根据编程目的，选配界面组件

（1）在 MATLAB 的 GUI 设计中，一个参数将直接对应一个输入控件，这可能是一个可编辑文本框，抑或是一个可选择文本框。我们的期权价格计算器运用二叉树期权定价模型（CRR 模型）、BSM 公式方法、蒙特卡罗方法（包括两种准蒙特卡罗——Sobol、Halton 低偏差序列，以及 BSM 模型）、有限差分方法（包括以前介绍过的三种差分方法）。这里每种方法的每个不同的参数都将用不同的文本框输入，这么多的文本框使得我们必须先根据任务绘制应用界面的草图。

（2）我们选定期初价格 S、执行价格 K、无风险利率 R_f、到期时间 T、波动率 V 及期权形式（美式欧式、看涨看跌）7 个参数作为基本输入参数，因为这些参数在所有方法中都必不可少，故可将其作为公用参数，为每个参数选择适应其本身形式的控件。例如，期权只可以是美式或者欧式，因此用选择文本框，既方便又快捷；股票价格等数字参数，我们选择可编辑文本框，便于为每个参数赋值。

（3）同理，对于计算必需的运行按钮，我们采用按键控件，并将它命名为 RUN。我们还需要一个输出文本框，用来显示计算结果，对此可以通过设置一个静态文本框，平时不接受键盘上输入的数据，只能用来显示运行结果。

（4）因为利用 BSM 公式所以我们不需要增加额外数据，但对于二叉树期权定价模型，则必须增加计算期数 n 这一参数；蒙特卡罗方法计算中我们需要模拟次数以及计算方式；有限差分方法中我们需要股价、时间的分割次数 M 和 N 以及确定差分的种类。要知道，这些数据在不同计算方法之间互相并不需要，若同时显示在界面上将造成界面拥挤凌乱。我们将这些数据文本框摆放在同一位置，利用不同时间显示不同文本框使其界面简洁，具体方法将在下面介绍。在此，我们首先展示按照上面所述设计而成的界面草图，如图 8-4 所示。

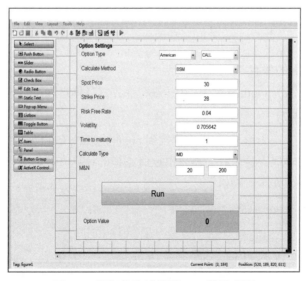

图 8-4　期权价格计算器 GUI 设计草图

这里我们应当注意：界面第 7、8、9 行属于非必需参数部分，其中第 8 行无论是左侧显示的名称（当前情况是 Calculate Type）还是右侧的输入文本框都是很多文本框的堆叠。在文本框较多的情况下，可以利用编辑界面工具栏中的排列按钮 ⊞，对文本框进行行列对齐、调节间距等操作，以使界面更加美观。

2. 根据程序要求，设置组件属性

（1）对于基本类型的控件，我们设置其属性中的可见性为默认可见，由于我们计算类型中默认的第一种计算方法是 BSM 公式，不需要其他非必需变量。于是将第 7～9 行所有文本框中的 on 设置为 off，使之默认不可见。

（2）由于本例涉及空间较多，我们除了为每个静态文本框设置显示内容［显示内容在前面章节已有涉及（改变属性中的 String 属性）］，还应当为每个输入文本框更改指针名称，因为 MATLAB 默认情况下是按照 text1、text2、edit1、edit2 编排的，在控件非常多的时候，我们在 M 文件回调子函数过程中容易混淆，并且这种错误很难发现。

我们以期初价格为例，设置其内部参数（见图 8-5），String 一栏的 30 是其默认价格，即程序运行下默认显示为 30。我们将其 Tag 改为 editSpot，方便我们引用，以防混淆。对于其他控件我们也进行类似设置，规定其默认显示值情况及其指针名称。

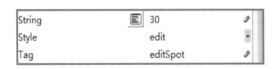

图 8-5　以期初价格为例设置内部参数

（3）为了突出程序计算结果，我们将结果显示栏染色，这一点也是通过属性编辑器完成的，如图 8-6 所示。

图 8-6　结果显示栏染色

3. 初步设计界面的保存

我们将计算器命名为 OptionpriceGUI 并进行保存，具体过程不再详述。

4. 回调程序的编写

（1）在步骤 3 保存完毕形成的 M 文件找到 popupmenu2_Callback 子函数，该函数即对应计算方法的输入文本框，这里我们需要根据所选择的计算方法的不同，对各个文本框的可见性进行语句调节，具体代码如下：

```
% contents{get(hObject,'Value')} returns selected item from popupmenu2
typem = get(handles.popupmenu3,'String');
typem = typem{get(handles.popupmenu3,'Value')};
contents = get(hObject,'String');
switch contents{get(hObject,'Value')}
    case {'CRR'}
```

```
        handles = oneStrike(handles);          %调用其他函数
    case {'MC'}
        handles = twoStrikes(handles);         %以便实现动态变化
    case {'FD'}
        handles = threeStrikes(handles);
    case'BSM'
        handles = fourStrikes(handles);
end
guidata(hObject, handles);
end
```

这里同样需要注意，我们获取输入参数都是在字符状态下进行的，应该将字符转换成数值，以便于比较。另外，oneStrike、twoStrikes 等函数为这一过程调用的子函数，具体负责动态调节各个窗口的可见性。

（2）在程序不属于 M 文件本身子函数的区域建立上述子函数，具体代码如下：

```
function handles = oneStrike(handles)
set(handles.editSpread, 'Visible', 'off')
set(handles.text9, 'Visible', 'off')
set(handles.text10, 'Visible', 'off')
set(handles.edit13, 'Visible', 'off')
set(handles.edit14, 'Visible', 'off')
set(handles.popupmenu5, 'Visible', 'off')
set(handles.editIter, 'Visible', 'on')
set(handles.text7, 'Visible', 'on')
set(handles.popupmenu6, 'Visible', 'off')
set(handles.text12, 'Visible', 'off')
end

function handles = twoStrikes(handles)
set(handles.editSpread, 'Visible', 'on')
set(handles.text9, 'Visible', 'on')
set(handles.text10, 'Visible', 'off')
set(handles.edit13, 'Visible', 'off')
set(handles.edit14, 'Visible', 'off')
set(handles.popupmenu5, 'Visible', 'on')
set(handles.editIter, 'Visible', 'off')
set(handles.text7, 'Visible', 'off')
set(handles.popupmenu6, 'Visible', 'off')
set(handles.text12, 'Visible', 'off')
end

function handles = threeStrikes(handles)
set(handles.editSpread, 'Visible', 'off')
set(handles.text9, 'Visible', 'off')
set(handles.text10, 'Visible', 'on')
set(handles.edit13, 'Visible', 'on')
set(handles.edit14, 'Visible', 'on')
set(handles.popupmenu5, 'Visible', 'off')
set(handles.editIter, 'Visible', 'off')
set(handles.text7, 'Visible', 'off')
```

```
set(handles.popupmenu6, 'Visible', 'on')
set(handles.text12, 'Visible', 'on')
end

function handles = fourStrikes(handles)
set(handles.editSpread, 'Visible', 'off')
set(handles.text9, 'Visible', 'off')
set(handles.text10, 'Visible', 'off')
set(handles.edit13, 'Visible', 'off')
set(handles.edit14, 'Visible', 'off')
set(handles.popupmenu5, 'Visible', 'off')
set(handles.editIter, 'Visible', 'off')
set(handles.text7, 'Visible', 'off')
set(handles.popupmenu6, 'Visible', 'off')
set(handles.text12, 'Visible', 'off')
end
```

　　根据计算方法文本框输入结果的不同，通过 switch 函数进行判别后转到 set 设置子函数，以实现可见性的自动变更，其中 off 为设置相应控件不可见、on 为设置相应控件可见。四个子函数的结构一致，并不复杂。设置完成后的部分情况如图 8-7 所示所示。

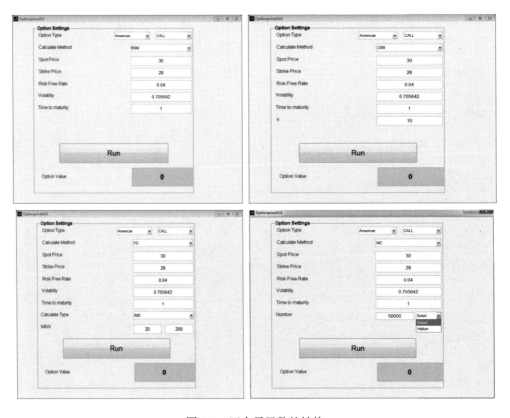

图 8-7　四个子函数的结构

　　（3）程序的主体在按键按钮 RUN 上，即 pushbutton1_Callback 子函数上，因为程序过于复杂，这里采用函数调用的方法，这样我们在 pushbutton1_Callback 子函数下的代码将相当简洁，这样做的目的是加强程序的可读性及灵活性。

```
% handles structure with handles and user data (see GUIDATA)
handles = runSimulation(handles);
guidata(hObject, handles);
end
```

（4）由第（3）步可知，我们将函数主体部分写到 runSimulation 子函数中，该子函数并非为 M 文件原有子函数，因而也将写到文件空闲位置。事实上，包括期权计算函数在内的所有子函数，都将被放到程序的最后，以方便查验。runSimulation 函数具体代码如下：

```
function handles = runSimulation(handles)

try
    spot = str2double(get(handles.editSpot, 'String'));
    rate = str2double(get(handles.editRFR, 'String'));
    vol  = str2double(get(handles.editVol, 'String'));
    yield= str2double(get(handles.editYield, 'String'));
    type = get(handles.popupmenu1,'String');
    type = type{get(handles.popupmenu1,'Value')};
    type1 = get(handles.popupmenu2,'String');
    type1 = type1{get(handles.popupmenu2,'Value')};
    type2 = get(handles.popupmenu3,'String');
    type2 = type2{get(handles.popupmenu3,'Value')};
    type3 = get(handles.popupmenu5,'String');
    type3 = type3{get(handles.popupmenu5,'Value')};
    type4 = get(handles.popupmenu6,'String');
    type4 = type4{get(handles.popupmenu6,'Value')};
    strike = str2double(get(handles.editStrike, 'String'));
    spread = str2double(get(handles.editSpread, 'String'));
    iter = str2double(get(handles.editIter, 'String'));    %line20
    M = str2double(get(handles.edit13, 'String'));
    N = str2double(get(handles.edit14, 'String'));
    switch type1
      case'BSM'
          [call,put] = blsprice( spot, strike, rate, yield,vol);
          switch type2
              case{'American'}
              error('BSM can not calculate an american option')
              case{'European'}                            %line29
                  switch type
                      case{'CALL'}
                         value=call ;
                      case{'PUT'}
                          value=put;
                  end
                                                          %line36
        set(handles.editValue, 'String', num2str(value,'%5.4f'))
          end
      case {'CRR'}
          switch type2
```

```
            case{'American'}
                switch type
                    case{'CALL'}
                        a=0;b=1;                                    %line44
                    case{'PUT'}
                        a=0;b=0;
                end
    value = Optionprice( spot, strike, rate, yield,vol, iter, a, b);
    set(handles.editValue, 'String', num2str(value,'%5.4f'))
            case{'European'}
                switch type
                    case{'CALL'}
                        a=1;b=1;
                    case{'PUT'}
                        a=1;b=0;
                end
    value = Optionprice( spot, strike, rate, yield,vol, iter, a, b);
    set(handles.editValue, 'String', num2str(value,'%5.4f'))
            end

        case{'MC'}
            switch type2
                case{'American'}
                    switch type
                        case{'CALL'}
    value =AmerMC(spot,strike, rate,yield,vol,iter,spread,1);
                        case{'PUT'}
    value =AmerMC(spot,strike, rate,yield,vol,iter,spread,0);
                    end
                case{'European'}
                    switch type3
                        case{'Sobol'}
                        switch type                    %line 73
                            case{'CALL'}  %quasiMC(S,E,r,T,sigma,AoE,type,
                                                            nSims,kind)
                                m=1;   kind=1; % value =quasiMC(spot,strike,
rate,yield,vol,m,spread,kind);                %line  76
                            case{'PUT'}
                                m=0;   kind=1; % value =quasiMC(spot,strike,
rate,yield,vol,m,spread,kind);
                        end
                        case{'Halton'}
                        switch type
                        case{'CALL'}
                                m=1;   kind=2;  %value =quasiMC(spot,strike,
rate,yield,vol,m,spread,kind);
                            case{'PUT'}
                                m=0;   kind=2;  % value =quasiMC(spot,strike,
rate,yield,vol,m,spread,kind);
                        end
                        case{'Faure'}
                         switch type
                        case{'CALL'}
```

```
                            m=1;    kind=3;    %value =quasiMC(spot,strike,
rate,yield,vol,m,spread,kind);
                      case{'PUT'}
                            m=0;   kind=3;    %value =quasiMC(spot,strike,
rate,yield,vol,m,spread,kind);
                   end
                end    %%quasiMC(S,E,r,T,sigma,AoE,type,nSims,kind)
        value =quasiMC(spot,strike, rate,yield,vol,m,spread,kind);
            end
     set(handles.editValue, 'String', num2str(value,'%4.3f'))
        case{'FD'}
            switch type2
                case{'American'}
                    switch type4
                      case'EXD'
                    switch type
                        case{'CALL'}
    value =ExplicitDifference(spot,strike, rate,yield,vol,N,M,0,1);
                        case{'PUT'}
    value =ExplicitDifference(spot,strike, rate,yield,vol,N,M,0,0);
                    end
                    case'IMD'
    [aa,bb,cc,dd]=fdexperiment(spot,strike, rate,yield,vol,N,M);
                    switch type
                        case{'CALL'}
                            value =cc;
                        case{'PUT'}
                            value =aa;
                    end
                    case'CND'
    [aa,bb,cc,dd]=fdexperiment(spot,strike, rate,yield,vol,N,M);
                    switch type
                        case{'CALL'}
                            value =dd;
                        case{'PUT'}
                            value =bb;
                    end
                    end
                case{'European'}
                    switch type4
                      case'EXD'
                    switch type
                        case{'CALL'}    %ImplicitDifference(S,K,r,T,v,N,M,
AoE,type)
        value =ExplicitDifference(spot,strike, rate,yield,vol,N,M,1,1);
                        case{'PUT'}
        value =ExplicitDifference(spot,strike, rate,yield,vol,N,M,1,0);
                    end
                      case'IMD'
                    switch type
                        case{'CALL'}    %impliciteuro(OptionType,SO,K,r,q,
T,sig,Smin,Smax,Ds,Dt)                                       %line 136
        value =implicit(1,spot,strike,rate,0,yield,vol,0,200,N,M);
```

```
                              case{'PUT'}
    value =implicit(0,spot,strike,rate,0,yield,vol,0,200,N,M);
                              end
                              case'CND'    %CrankNicolsonEuro(OptionType,S0,K,r,
q,T,sig,Smin,Smax,Ds,Dt)
                                  switch type
                              case{'CALL'}
                                  Ds=spot/M;
                                  Dt=yield/N;
    value =CrankNicolson(1,spot,strike,rate,0,yield,vol,0,200,Ds,Dt);
                              case{'PUT'}
                                  Ds=spot/M;
                                  Dt=yield/N;
    value =CrankNicolson(0,spot,strike,rate,0,yield,vol,0,200,Ds,Dt);
                                  end
                              end
                    end
    set(handles.editValue, 'String', num2str(value,'%4.3f'))
      end


catch ME
    errordlg(ME.message, 'Invalid Input', 'modal')
    set(handles.editValue, 'String', 'error')
    return
end


End
```

需要指出的是，M 文件中的语句因图书版面限制，不得不在中间截断，造成语句错误，不能直接运行，并且行标注可能与真实行数不符，这里的行标注只为讲解方便而添加，并无实际意义，可按照相关行附近最近标注为准。关于程序的详解有如下

（1）程序前 22 行，数据提取功能，我们将提取到的所有数据都转换成数值格式，方便后续比较和使用。

（2）程序 28 行，报错对话框功能，因为美式期权不能用 BSM 公式计算，当计算器使用者选择这一设置时，运行程序将提示使用者"BSM can not calculate an american option"。

（3）程序 37 行处，通过设置函数的应用，规范输出期权价格的小数点位数。从另一个角度来看，对于误差较大的计算方法，较多的小数点位数是没有意义的。

（4）程序 44、75 行处，通过设置中间变量 a b（m kind）避免在每一步中都改变 value 价值，减轻了书写负担并且充分利用了该部分的特点，即该部分的 switch 函数只影响 a b（m kind）两个变量的值。

（5）程序多次应用到 switch 函数，这是由选择文本框的性质决定的。采用 if 嵌套等也是可以的，这里为了程序连贯性与可读性，没有采用其他嵌套形式。

（6）期权计算子函数的编辑添加。为了使程序运行不依赖其他 M 文件，我们将事先编好的期权计算函数添加到 OptionpriceGUI.m 文件中。在添加的过程中，要注意期权价格计

算子函数输入变量应当与程序中的变量相一致，如果不一致，则应当适当加以调节。例如，程序 136 行，由于函数变量选择一贯性不好，我们编辑的欧式隐性差分函数及变量为 impliciteuro(OptionType,SO, K,r,q,T,sig,Smin,Smax,Ds,Dt)。

注意：需要在程序中添加语句，使之事先算出 Ds 及 Dt 的值，方可利用该函数进行期权价格计算。

5. 所建立界面的检查与应用

对于此类复杂界面，应当形成逐项功能检查的好习惯，以检查所设计功能是否全部实现，以及能否满足程序设计目标的实现。并且，还要对每项功能实现的运行时间做出评估，对于耗时较长的情况给出解释并加以改进。对于我们的程序，按照前面介绍的方法运行，能够实现总体设计目标，并且运行速度也比较合适。图 8-8 显示了默认参数下，二叉树期权定价模型、BSM 模型，准蒙特卡罗方法（Halton 序列）和隐性差分方法的期权价格运行结果的比较。

（a）二叉树期权定价模型

（b）BSM 模型

图 8-8　不同计算方法下欧式看涨期权价格运行结果的比较

（c）准蒙特卡罗方法（Halton 序列）

（d）隐性差分方法

图 8-8 （续）

8.2.4 实验结果

通过上述实验，我们运用 MATLAB 中的 GUI 开发出了一个期权价格计算器，具体形式见图 8-8。从图 8-8 可以发现，与通过 Excel 开发的期权价格计算器相比，由于可以使用下拉菜单选择期权的计算方法和期权的类型，使得这一计算器的界面更加简洁、优美。

8.3 基于 Python optlib 包的数值实验
——个股期权组合策略

8.2 节、8.3 节介绍了基于 Excel 和 MATLAB 软件来开发期权定价软件，其中都是单一期权定价。本节将基于 Python optlib 包来为个股期权组合定价并比较策略盈亏。这里以全球最为活跃的苹果公司的个股期权为例进行讲解。

8.3.1　实验目的

本实验是通过使用 Python optlib 包来实现苹果公司期权组合策略的数值实验。从实验中计算出苹果公司期权价格可能的结果，并且对结果进行评估。所采用的期权策略有单一期权策略（Single Leg）、牛市价差策略（Vector Spread）及日历价差策略（Calendar Spread）。

8.3.2　编程准备

本实验使用的是 Python 3.10。可以从 Python 官网下载 Python 3.10。之后，通过 pip 安装 optlib 包：

```
python -m pip install optlib -U
```

通过以下命令确认 optlib 包已经安装成功：

```
python -m optlib
```

图 8-9 所示的为环境安装成功。

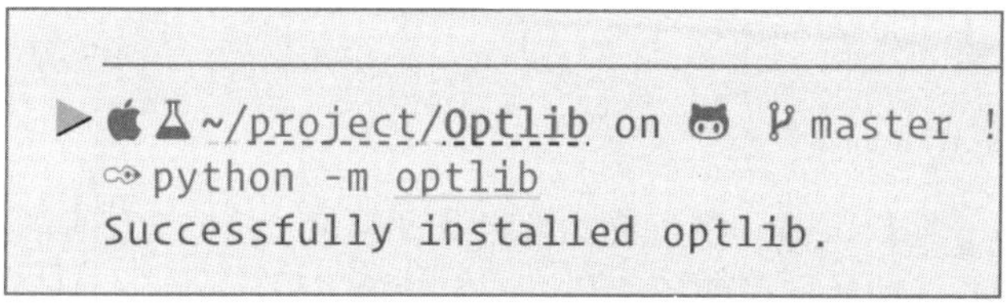

图 8-9　Python optlib 包安装成功提示

8.3.3　实验数据

本实验采用 2022 年 6 月 1 日至 7 月 1 日苹果公司的真实收盘数据，并且使用每日收盘价格数据计算期权价格。无风险利率为 0.01，期权到期时间为每周五 16:00。苹果公司平价期权平均隐含波动率为 25%～30%。表 8-1 所示为苹果公司 2022 年 6 月股票价格及距离 7月 1 日结束的天数。

表 8-1　苹果公司 2022 年 6 月股票价格及距离 7 月 1 日结束的天数

日期	股票价格/美元	距离 7 月 1 日结束的天数
6 月 1 日	148.71	31
6 月 2 日	151.21	30
6 月 3 日	145.38	29
6 月 6 日	146.14	26
6 月 7 日	148.71	25
6 月 8 日	147.96	24
6 月 9 日	142.64	23

续表

日期	股票价格/美元	距离 7 月 1 日结束的天数
6 月 10 日	137.13	22
6 月 13 日	131.88	19
6 月 14 日	132.76	18
6 月 15 日	135.43	17
6 月 16 日	130.06	16
6 月 17 日	131.56	15
6 月 21 日	135.87	11
6 月 22 日	135.35	10
6 月 23 日	138.27	9
6 月 24 日	141.66	8
6 月 27 日	141.66	5
6 月 28 日	137.44	4
6 月 29 日	139.23	3
6 月 30 日	136.72	2
7 月 1 日	138.93	1

8.3.4　实验过程

本实验采用单一期权策略、牛市价差策略及日历价差策略。实验需要计算并画出不同策略在不同日期的收益曲线，以便后续分析。实验除了以 optlib 包计算期权价格，还需要 pandas 与 matplotlib 进行读写数据与画图。通过在命令行运行以下命令安装 pandas 和 matplotlib：

```
python -m pip install pandas matplotlib -U
```

通过以下命令确认 pandas 和 matplotlib 已经安装成功：

```
python -C "import pandas;import matplotlib;print('GOOD!')"
```

图 8-10 表示 pandas 和 matplotlib 已经成功安装。

```
➤ python -c "import pandas;import matplotlib;print('GOOD!')"
GOOD!
```

图 8-10　pandas 和 matplotlib 已经成功安装提示

实验数据使用 pandas 读取。通过以下代码读取数据：

```
# lab.py

import pandas as pd
from io import StringIO
```

```
AAPL_data = """
date,price,exp
"6-01",148.71,31
"6-02",151.21,30
"6-03",145.38,29
"6-06",146.14,26
"6-07",148.71,25
"6-08",147.96,24
"6-09",142.64,23
"6-10",137.13,22
"6-13",131.88,19
"6-14",132.76,18
"6-15",135.43,17
"6-16",130.06,16
"6-17",131.56,15
"6-21",135.87,11
"6-22",135.35,10
"6-23",138.27,9
"6-24",141.66,8
"6-27",141.66,5
"6-28",137.44,4
"6-29",139.23,3
"6-30",136.72,2
"7-01",138.93,1
"""

aapl = pd.read_csv(StringIO(AAPL_data))
```

图 8-11 给出的是数据详情，数据有四列，分别是索引、期权到期行权日期、股票价格及距离到期日期的天数。

```
In [5]: aapl
Out[5]:
      date    price   exp
0     6-01    148.71   31
1     6-02    151.21   30
2     6-03    145.38   29
3     6-06    146.14   26
4     6-07    148.71   25
5     6-08    147.96   24
6     6-09    142.64   23
7     6-10    137.13   22
8     6-13    131.88   19
9     6-14    132.76   18
10    6-15    135.43   17
11    6-16    130.06   16
12    6-17    131.56   15
13    6-21    135.87   11
14    6-22    135.35   10
15    6-23    138.27    9
16    6-24    141.66    8
17    6-27    141.66    5
18    6-28    137.44    4
19    6-29    139.23    3
20    6-30    136.72    2
21    7-01    138.93    1
```

图 8-11　读取数据后的输出示意图

第 8 章　期权定价数值实验——期权计算软件的界面设计

optlib 提供了多种方法计算期权价格，所有方法都在 optlib.prices 下。本实验仅使用 BSM 模型来计算期权价格，其函数如下：

```
    # in optlib.prices
# price_bsm

price_bsm(
    S0,  # 初始股票价格，浮点数
    K,   # 行权价，浮点数
    r,   # 无风险利率，浮点数
    sigma, # 隐含波动率，浮点数
    T,     # 距离到期日年份，浮点数
    type,  # 看涨 "call" 或者 1，看跌 "put" 或者 0，字符串或者 1 和 0。
)
```

假如目前股价为 167.23，行权价为 167.5，无风险利率为 0.01，隐含波动率为 30.81%，即 0.3081，距离到期日 4 日，看涨期权，则以下列代码计算期权价格：

```
    # calc option price
from optlib.prices import price_bsm

p = price_bsm(167.23, 167.5, 0.01, 0.3081, 4/365, "call")
    # p = 2.02983
```

不同期权策略的风险不同，收益也不同，因此制定策略，需要最大化收益的同时最小化风险。本实验从分析苹果公司的股票开始，比较不同策略之间的风险与收益。策略由以下三个方面组成：股价走势、风险管理和期权组合选择。

本实验使用移动平均方法来推测苹果公司未来可能的股价。苹果公司 6 月 1 日股价为 148.71。在过去 24 周里，平均每月高点与低点差值为 23 点。以此为依据，我们假定其在 7 月 1 日时，股价也以 6 月初为基点的上下 23 点范围内，即最低 125.71，最高 171.71。但通常，月初不会是一个月内的最高点或者最低点，我们在此假设月初为当月最高点和最低点的中间值，即推测 6 月低点与高点分别为 137.21 与 160.21。这也是本实验中行权价所选择的范围。期权与股票不同，其价值会在很短时间内翻倍，也会轻易归零，因此我们需要进行风险管理，及时止损，及时确定收益。在本实验中，假定所能接受的损失是 300，由于仅购买一个期权。因此，当期权价格低于 3.0 时，我们将持有到行权日期；当高于 3.0 时，期权价格下降 3.0 后，我们将平仓。本实验将使用多种期权组合，如单一看涨看跌期权、牛市价差组合及日历价差组合。我们希望购买一个在 7 月 1 日到期时有足够高收益的期权，但同时又不希望当期权到期时，最终风险超出我们所能承受的范围。

首先我们根据当前价格计算 7 月初到期的推测最高点与最低点之间的期权价格，注意此处所有期权价格都使用了固定的隐含波动率，即苹果公司的平价期权平均隐含波动率（0.275），而非使用波动率微笑，因此，价内期权价格计算后的结果要比实际的低，而价外则要比实际的高。

```
    # lab.py
```

```python
from optlib.prices import price_bsm
import matplotlib.pyplot as plt
from matplotlib import rcParams

rcParams["font.family"] = serif

def price_range():
    # 初始股价
    S0 = aapl["price"][0]
    # 无风险利率
    r = 0.01
    # 隐含波动率
    sigma = 0.275
    # 距离到期日
    T = aapl["exp"][0]/365

    # 计算看涨期权从 137 至 161 的价格
    call_prices = {}
    for K in range(137, 162):
        call_prices[K] = price_bsm(S0, K, r, sigma, T, "call")

    # 计算看跌期权从 137 至 161 的价格
    put_prices = {}
    for K in range(137, 162):
        put_prices[K] = price_bsm(S0, K, r, sigma, T, "put")

    return call_prices, put_prices

def draw_s_p():
    call_prices, put_prices = price_range()
    fig = plt.figure(figsize=(7, 5))
    cys, cxs = zip(*call_prices.items())
    pys, pxs = zip(*put_prices.items())

    plt.plot(cxs, cys, label="Call prices")
    plt.plot(pxs, pys, label="Put prices")
    plt.legend()
    plt.xlabel("Maturity")
    plt.ylabel("Prices")
    plt.savefig("lab-sp.pdf")

draw_s_p()
```

　　对每一个行权价，我们都将计算其在到期日时，范围在 125～172 之间的盈利与亏损。依此，我们将对不同策略进行完整的对比选择，得出每一种策略的止损点，以及最终可能的盈利值。伪代码如下

```python
    prices = {}
for S0 in range(125, 172):
    for K in range(137, 161):
        PL = prices_at_end(K) - prices_at_start(K)
```

```
        prices.setdefault(K, {})[S0] = PL
```

下面我们依次考察单一期权、牛市价差策略和日历价差策略。

（1）单一期权策略包括单一看涨和单一看跌。本实验使用期权最终价格减去期权初始价格的方式计算盈利与亏损，但不考虑行权。

```
    def single_op(
    sigma,  # implicit violation
    typ,  # option type, call or put
):
    S0 = aapl["price"][0]
    r = 0.01
    T = 1 / 365
    single_prices = {}
    for S0 in range(125, 172):
        for K in range(137, 161):
            PL = (
                price_bsm(S0, K, r, sigma, T, typ)
                - {"call": call_prices, "put": put_prices}[typ][K]
            )
            single_prices.setdefault(K, {})[S0] = PL
    return single_prices


def draw_sop(sigma, typ, fig_name="lab-spc.pdf"):
    single_prices = single_op(sigma, typ)
    fig = plt.figure(figsize=(7, 5))
    sps = list(single_prices.items())
    K, prices = sps[0]
    xs, ys = zip(*prices.items())
    plt.plot(xs, ys, label=f"{K} call")
    for S0, prices in sps[1:-1]:
        xs, ys = zip(*prices.items())
        plt.plot(xs, ys)

    K, prices = sps[-1]
    xs, ys = zip(*prices.items())
    plt.plot(xs, ys, label=f"{K} call")
    plt.legend()
    plt.xlabel("AAPL Prices")
    plt.ylabel("P/L")
    plt.axhline(y=-3, linestyle="dashed")
    plt.axvline(x=148.71, linestyle="dashed")
    plt.savefig(fig_name)

draw_sop(0.275, "call")
```

除此之外，本实验也考虑了单一期权在不同时间点不同股票价格时的收益亏损曲线。此处，我们使用平价期权，即 AAPL 148 CALL 进行演示：

```
    def single_op_d(
    sigma,  # implicit violation
```

```
        typ,  # option type, call or put
):
    S0 = aapl["price"][0]
    r = 0.01
    T = 1 / 365
    single_prices = {}
    for T in range(31):
        for S0 in range(125, 172):
            PL = (
                price_bsm(S0, 148, r, sigma, (T + 1)/365, typ)
                - {"call": call_prices, "put": put_prices}[typ][148]
            )
            single_prices.setdefault(T, {})[S0] = PL
    return single_prices


def draw_sop_d(sigma, typ, fig_name="lab-spcd.pdf"):
    single_prices = single_op_d(sigma, typ)
    fig = plt.figure(figsize=(7, 5))
    sps = list(single_prices.items())

    S0, prices = sps[0]
    xs, ys = zip(*prices.items())
    plt.plot(xs, ys, label=f"148 call 6-01", color="blue")
    for S0, prices in sps[1:-1]:
        xs, ys = zip(*prices.items())
        plt.plot(xs, ys)

    S0, prices = sps[-1]
    xs, ys = zip(*prices.items())
    plt.plot(xs, ys, label=f"148 call 7-01", color="red")
    plt.legend()
    plt.xlabel("AAPL Prices")
    plt.ylabel("P/L")
    plt.axhline(y=-3, linestyle="dashed")
    plt.axvline(x=148.71, linestyle="dashed")
    plt.savefig(fig_name)

draw_sop_d(0.275, "call")
```

（2）牛市价差策略。牛市看涨期权价差策略是买入执行价格低的看涨期权，卖出执行价格高的看涨期权，但方向相同、到期日相同的期权策略。本实验仅计算价差为 5 的看涨期权价差策略，并绘制相应的收益亏损曲线。

```
    def single_vs(
    sigma,  # implicit violation
    typ,  # option type, call or put
):
    S0 = aapl["price"][0]
    r = 0.01
    T = 1 / 365
    prices = {}
```

```
    for S0 in range(125, 172):
        for K in range(137, 162 - 5):
            PL = (
                price_bsm(S0, K, r, sigma, T, typ)
                - price_bsm(S0, K + 5, r, sigma, T, typ)
            ) - (
                {"call": call_prices, "put": put_prices}[typ][K]
                - {"call": call_prices, "put": put_prices}[typ][K + 5]
            )
            prices.setdefault(K, {})[S0] = PL
    return prices


def draw_sop_v(sigma, typ, fig_name="lab-vsp.pdf"):
    single_prices = single_vs(sigma, typ)
    fig = plt.figure(figsize=(7, 5))
    sps = list(single_prices.items())
    K, prices = sps[0]
    xs, ys = zip(*prices.items())
    plt.plot(xs, ys, label=f"{K}, {K+5} long call Vertical spread")
    for S0, prices in sps[1:-1]:
        xs, ys = zip(*prices.items())
        plt.plot(xs, ys)

    K, prices = sps[-1]
    xs, ys = zip(*prices.items())
    plt.plot(xs, ys, label=f"{K}, {K+5} long call Vertical spread")
    plt.legend()
    plt.xlabel("AAPL Prices")
    plt.ylabel("P/L")
    plt.axhline(y=-3, linestyle="dashed")
    plt.axvline(x=148.71, linestyle="dashed")
    plt.savefig(fig_name)


draw_sop_v(0.275, "call")
```

（3）日历价差策略，即同时买入和卖出两个行权价格相同、方向相同，但行权日期不同的期权。本实验仅考虑买入行权日期为 7 月 8 日，卖出 7 月 1 日的日历价差策略，同时，仅计算 7 月 1 日到期时的收益与亏损。此外，波动率对日历价差策略有很大影响，因此在计算时调整波动率。6 月 1 日购买期权时，二者波动率分别为 0.25 与 0.26。而 7 月 1 日时，每远离股价 1 点，波动率前者变化 0.02，后者变化 0.08。注意，这并不是精确的计算，只是一个估计。

```
    def price_cs(
    typ,  # option type, call or put
):
    s0 = aapl["price"][0]
    r = 0.01
    Tf = 1 / 365
    Tb = 7 / 365
```

```
    prices = {}
    for S0 in range(125, 172):
        for K in range(137, 162):
            sigma_b = 0.26 + 0.02 * abs(K - S0)
            sigma_f = 0.275 + 0.08 * abs(K - S0)
            PL = (
                price_bsm(S0, K, r, sigma_b, Tb, typ)
                - price_bsm(S0, K, r, sigma_f, Tf, typ)
            ) - (
                price_bsm(S0, K, r, 0.26, (31 + 7)/365, "call")
                - price_bsm(S0, K, r, 0.275, 31/365, "call")
            )
            prices.setdefault(K, {})[S0] = PL
    return prices


def draw_csp(typ, fig_name="lab-csp.pdf"):
    single_prices = price_cs(typ)
    fig = plt.figure(figsize=(7, 5))
    sps = list(single_prices.items())
    K, prices = sps[0]
    xs, ys = zip(*prices.items())
    plt.plot(xs, ys, label=f"{K} 7/1,7/8 calendar spread")
    for S0, prices in sps[1:-1:5]:
        xs, ys = zip(*prices.items())
        plt.plot(xs, ys)

    K, prices = sps[-1]
    xs, ys = zip(*prices.items())
    plt.plot(xs, ys, label=f"{K} 7/1,7/8 calendar spread")
    plt.legend()
    plt.xlabel("AAPL Prices")
    plt.ylabel("P/L")
    plt.axvline(x=148.71, linestyle="dashed")
    plt.savefig(fig_name)


draw_csp("call")
```

除此之外，本实验还将计算平价期权，即 AAPL 148 CALL 在不同日期时的收益曲线。

```
def price_cs_d(
    typ,  # option type, call or put
):
    S0 = aapl["price"][0]
    r = 0.01
    Tf = 31 / 365
    Tb = 38 / 365
    K = 148
    prices = {}

    for S0 in range(125, 172):
        pay_init = price_bsm(S0, K, r, 0.26, 38 / 365, "call") - price_bsm(
```

```
                S0, K, r, 0.275, 31 / 365, "call"
            )
        for T in range(1, 32):
            pay_eod = price_bsm(
                S0,
                K,
                r,
                0.275 + abs(K - S0) * (0.01 + 0.01 * T/31),
                (T + 7) / 365,
                "call",
            ) - price_bsm(
                S0,
                K,
                r,
                0.25 + abs(K - S0) * (0.01 + 0.02 * T / 31),
                T / 365,
                "call",
            )
            prices.setdefault(T, {})[S0] = pay_eod - pay_init

    return prices


def draw_csp_d(typ, fig_name="lab-cspd.pdf"):
    single_prices = price_cs_d(typ)
    fig = plt.figure(figsize=(7, 5))
    sps = list(single_prices.items())
    T, prices = sps[0]
    xs, ys = zip(*prices.items())
    plt.plot(xs, ys, label=f"{T} 7/1,7/8 calendar spread")
    for S0, prices in sps[1:-14:7]:
        xs, ys = zip(*prices.items())
        plt.plot(xs, ys)

    T, prices = sps[-14]
    xs, ys = zip(*prices.items())
    plt.plot(xs, ys, label=f"{T} 7/1,7/8 calendar spread")
    plt.legend()
    plt.xlabel("AAPL Prices")
    plt.ylabel("P/L")
    plt.axvline(x=148.71, linestyle="dashed")
    plt.savefig(fig_name)


draw_csp_d("call")
```

8.3.5　实验结果

单一期权策略的结果如图 8-12 所示。从图 8-12 中可以看到对于看涨期权来说，苹果公司期权下跌时亏损更多，而上涨时收益也会更多。在本实验中仅能承受 300 的损失，即当购买苹果公司执行价格为 154 单一看涨期权时，我们可以持有到 7 月 1 日，其最大收益为 14.316 9，最大亏损为–2.68。注意，此处固定了隐含波动率为 0.275，实际上，隐含波动率可能会更高，但最终收益与亏损的区别不会很大。

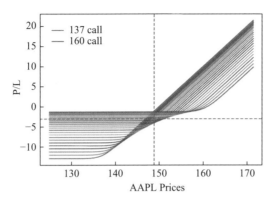

图 8-12　单一期权策略支付（payoff）图

```
cps_3 = list(filter(lambda ps: min(ps[1].values()) > -3, cps.items()))
# cps_3[0] 为154
```

单一期权在不同时间点不同股票价格时的益亏曲线如图 8-13 所示。牛市价差策略的结果具体如图 8-14 所示。本实验中，最大收益为买入执行价格为 156 的看涨期权同时卖出执行价格为 161 的看涨期权。最大损失为买入执行价格为 137 的看涨期权同时卖出执行价格为 142 的看涨期权。同样，最小损失，最小收益也来自（156,161）与（137,142）组合。但是尽管（156,161）组合收益最大、亏损最小，其盈利的可能性却是最小的。对于（137,142）组合来说也是同样的，亏损最大、收益最小，但盈利的可能性是最大的。[①]

日历价差策略的结果具体如图 8-15 所示。从图 8-15 中可以看到，股价在行权价时，日历价差策略收益最大，越远离则越小。与此同时，购买期权时，平价期权获利的可能性更大。

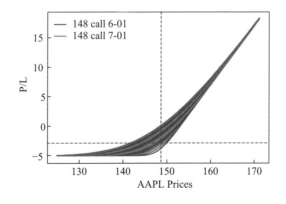

图 8-13　单一期权在不同时间点不同股票价格时的益亏曲线

---

① 这是因为盈亏需要考虑期权费。

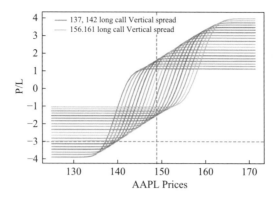

图 8-14　牛市价差策略的盈亏图

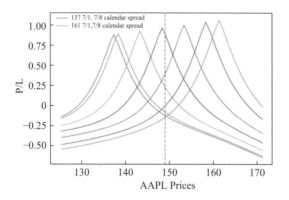

图 8-15　日历价差策略的支付（payoff）图

图 8-16 给出的是苹果公司执行价格为 148 的看涨期权（AAPL 148 CALL）在不同日期时的日历价差策略支付曲线。从图 8-16 中我们可以看到，对于日历价差策略来说，距离到期日越近，越靠近行权价，盈利越高。与此同时，越靠近到期日，越靠近行权价，波动越大。

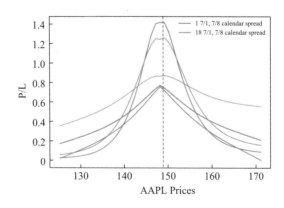

图 8-16　苹果公司执行价格为 148 的看涨期权（AAPL 148 CALL）在不同日期时的
日历价差策略支付（payoff）曲线

参 考 文 献

[1] GURDIP, BAKSHI, CHARLES, et al. Empirical Performance of Alternative Option Pricing Models[J]. The Journal of Finance, 1997, 52(5): 2003-2049.

[2] Bates D S. Post-'87 crash fears in the S&P 500 futures option market[J]. Journal of Econometrics, 1998, 94(1): 181-238.

[3] Brotherton-Ratcliffe R. Monte Carlo motoring[J]. Risk, 1994, 7(12): 53-58.

[4] Boyle P. Options: A Monte Carlo approach[J]. Journal of financial economics, 1977, 4(3): 323-338.

[5] Boyle P, Broadie M, Glasserman P. Monte Carlo methods for security pricing[J]. Journal of economic dynamics and control, 1997, 21(8): 1267-1321.

[6] Broadie M，Glasserman P, Jain G. Enhanced Monte Carlo estimates for American option prices[J]. The Journal of Derivatives, 1997, 5(1): 25-44.

[7] Black F. Scholes M.The Pricing of Options and Corporate Liablilities[J]. Journal of Political Economy, 1973, 81(3): 637-654.

[8] Boyle P., Broadie M., Glasserman P. Monte Carlo Methods for Security Pricing[J]. Journal of Economic Dynamics and Control, 1997, 21(8-9): 1267-1321.

[9] Breen R. The Accelerated Binomial Option Pricing Model[J]. Journal of Financial and Quantitative Analysis, 1991, 26(2): 153-164.

[10] Cox J C, Ross S A, Rubinstein M. Option pricing: A simplified approach[J]. Journal of financial Economics, 1979, 7(3): 229-263.

[11] Coval J D, Shumway T. Expected option returns[J]. The journal of Finance, 2001, 56(3): 983-1009.

[12] Clewlow L, Strickland C. Implementing derivatives models[M]. New York: Wiley, 1998.

[13] Chesney M, Cornwall J, Jeanblanc-Picqué M, et al. Parisian Pricing[J]. Risk Magazine, 1997, 10(1): 77-79.

[14] Cox J.C., Ross S.A., Rubinstein M. Option Pricing: A Simplified Approach[J]. Journal of Financial Economics, 1979, 7(3): 229-263.

[15] Derman E. Regimes of volatility[J]. Risk, 1999, 4: 55-59.

[16] Daglish T, Hull J, Suo W. Volatility surfaces: theory, rules of thumb, and empirical evidence[J]. Quantitative Finance, 2007, 7(5): 507-524.

[17] Derman E, Kani I. Stochastic implied trees: Arbitrage pricing with stochastic term and strike structure of volatility[J]. International Journal of Theoretical and Applied Finance, 1998, 1(1): 61-110.

[18] Heath D., Platen E. Local volatility function models under a benchmark approach[J]. 2006, 6(30): 197-206.

[19] Dupire B . Pricing with a Smile[J]. risk, 1994, 7: 18-20.

[20] Figlewski S, Gao B. The adaptive mesh model: a new approach to efficient option pricing[J]. Journal of financial economics, 1999, 53(3): 313-351.

[21] French D.W., Maberly E.D. Early Exercise of American Index Options[J]. Journal of Financial Research, 1992, 15(2): 127-138.

[22] Hull J., White A. Efficient Procedures for Valuing European and American Path-Dependent Options [J]. The Journal of Derivatives, 1993, 1(1): 21-23.

[23] Hull J. Options, Futures and other Derivatives, 7 edition[M]. Pearson Education Iadia, 2010.

[24] Hull J, White A. The use of the control variate technique in option pricing[J]. Journal of Financial and Quantitative Analysis, 1988, 23(3): 237-251.

[25] Hull J, White A. The pricing of options on assets with stochastic volatilities[J]. The journal of finance, 1987, 42(2): 281-300.

[26] Hull J, White A. Valuing derivative securities using the explicit finite difference method[J]. Journal of Financial and Quantitative Analysis, 1990, 25(1): 87-100.

[27] Hull J, White A. Hedging the risks from writing foreign currency options[J]. Journal of International money and Finance, 1987, 6(2): 131-152.

[28] Hull J, White A. Value at risk when daily changes in market variables are not normally distributed[J]. The Journal of Derivatives, 1998, 5(3): 9-19.

[29] Heston S. A closed-form solution for options with stochastic volatility with applications to bond and currency options[J]. Review of Financial Studies, 1993(6): 327-343.

[30] Jackwerth J C, Rubinstein M. Recovering probability distributions from option prices[J]. The Journal of Finance, 1996, 51(5): 1611-1631.

[31] Kangro R, Parna K, Sepp A. Pricing european-style options under jump diffusion processes with stochastic volatility: Applications of fourier transform[J]. Acta et Commentationes Universitatis Tartuensis de Mathematica, 2004, 8: 123-133.

[32] Kwok Y. K. Mathematical Models of Financial Derivatives[M]. Springer-Verlag Singapore: Springer Finance, 1998, 77-81, 262-263.

[33] Lamberton, D, B. Lapeyre. Introduction to Stochastic Calculus Applied to Finance[M]. London: Chapman and Hall, 1996.

[34] Lauterbach B, Schultz P. Pricing Warrants: An Empirical Study of the Black-Scholes Model and Its Alternatives[J]. The journal of finance, 1990, 45(4): 1181-1209.

[35] Melick W R, Thomas C P. Recovering an asset's implied PDF from option prices: an application to crude oil during the Gulf crisis[J]. Journal of Financial and Quantitative Analysis, 1997, 32(1): 91-115.

[36] Natenberg S. Option volatility and pricing: advanced trading strategies and techniques[M]. New York: McGraw Hill Professional, 1994.

[37] Press W H, Teukolsky S A, Vetterling W T, et al. Numerical recipes in C: the art of scientific computing, 994[J]. 1992.

[38] Rendleman R J, Bartter B J. Two-State Option Pricing[J]. The Journal of Finance, 1979, 34(5): 1093-1110.

[39] Rubinstein M. Nonparametric tests of alternative option pricing models using all reported trades and quotes on the 30 most active CBOE option classes from August 23, 1976 through August 31, 1978[J]. The Journal of Finance, 1985, 40(2): 455-480.

[40] Rubinstein M. Implied binomial trees[J]. The Journal of Finance, 1994, 49(3): 771-818.

[41] Taleb N. Dynamic hedging: managing vanilla and exotic options[M]. New York: John Wiley & Sons, 1997.

[42] Tompkins R G. Options Analysis: A State-of-the-art Guide to Options Pricing, Trading and Portfolio Applications[M]. Chicago: Irwin Professional Pub., 1994.

[43] Wilmott P. Derivatives[M]. New York: John Wiley & Sons, 1998.

[44] Xu X, Taylor S J. The term structure of volatility implied by foreign exchange options[J]. Journal of Financial and Quantitative Analysis, 1994, 29(1): 57-74.

[45] 陈矗光，毛涛涛，王正林，等. 精通 MATLAB GUI 设计[M]. 2 版. 北京：电子工业出版社，2011.

[46] 程希骏. 金融资产定价理论[M]. 合肥：中国科学技术大学出版社，2006.

[47] 邓薇. MATLAB 函数速查手册[M]. 北京：人民邮电出版社，2008.

[48] 格莱葛 W. 霍顿.财务管理：以 EXCEL 为分析工具[M]. 谢岚，林润华，何雪艳，译. 北京：机械工业出版社，2010.

[49] 何晓静. 期权定价的蒙特卡罗数值计算方法研究[D]. 广州：暨南大学，2012.

[50] 姜礼尚. 期权定价的数学模型和方法[M]. 北京：高等教育出版社，2008.

[51] 金治明. 数学金融基础[M]. 北京：科学出版社，2006.

[52] 李超杰. 基于波动率、执行价格、交易成本的期权定价研究及应用[D]. 南京：东南大学，2005.

[53] 刘维. 精通 MATLAB 与 C/C++混合程序设计[M]. 北京：北京航空航天大学出版社，2005.

[54] 陆金甫，关治. 偏微分方程数值解法[M]. 北京：清华大学出版社，2004.

[55] 马研生. 欧式期权定价的随机波动率模型[D]. 长春：吉林大学，2009.

[56] 史蒂文·E.施里夫.金融随机分析（第 2 卷）[M]. 陈启宏，陈迪华，译. 上海：上海财经大学出版社，2008.

[57] 宋斌，井帅，林木，等. 期权与期货[M]. 北京：中国人民大学出版社，2021.

[58] 宋逢明. 金融工程原理：无套利均衡分析[M]. 北京：清华大学出版社，1999.

[59] 宋翔. Excel 公式与函数大辞典[M]. 北京：人民邮电出版社，2012.

[60] 王正林，刘明. 精通 MATLAB 7[M]. 北京：电子工业出版社，2006.

[61] 沃肯巴赫. Excel 2010 高级 VBA 编程宝典[M]. 冉豪，崔婕，金太阳，译. 北京：清华大学出版社，2012.

[62] 徐东艳，孟晓刚. MATLAB 函数库查询辞典[M]. 北京：中国铁道出版社，2006.

[63] 徐惠芳. 期权定价：模型校准、近似解与数值计算[D]. 上海：复旦大学，2010.

[64] 袁竹平. Excel VBA 常用代码实战大全[M]. 北京：化学工业出版社，2010.

[65] 赵志东. Excel VBA 基础入门[M]. 2 版. 北京：人民邮电出版社，2011.

[66] 雏志资讯. Excel 函数与公式综合应用技巧大全[M]. 北京：人民邮电出版社，2012.

[67] 周爱民. Excel 与期权定价[M]. 厦门：厦门大学出版社，2011.

附录 A　希腊字母读音表及意义

大写	小写	英文读音	国际音标	意义
A	α	alpha	/ˈalfə/	角度，系数，角加速度
B	β	beta	/ˈbeitə/	磁通系数，角度，系数
Γ	γ	gamma	/ˈgaemə/	电导系数，角度，比热容比
Δ	δ	delta	/ˈdeltə/	变化量，屈光度，一元二次方程中的判别式
E	ε	epsilon	/epˈsilon/	对数之基数，介电常数
Z	ζ	zeta	/ˈziːtə/	系数，方位角，阻抗，相对粘度
H	η	eta	/ˈiːtə/	迟滞系数，效率
Θ	θ	theta	/ˈθiːtə/	温度，角度
I	ι	iota	/aiˈoute/	微小，一点儿
K	κ	kappa	/ˈkaepə/	介质常数，绝热指数
Λ	λ	lambda	/ˈlaemdə/	波长，体积，导热系数
M	μ	mu	/mjuː/	磁导系数，微，动摩擦系（因）数，流体动力粘度
N	ν	nu	/njuː/	磁阻系数，流体运动粘度，光子频率，化学计量数
Ξ	ξ	xi	/ksi/	随机变量，（小）区间内的一个未知特定值
O	o	omicron	/oumaikˈrən/	高阶无穷小函数
Π	π	pi	/pai/	圆周率，$\pi(n)$表示不大于 n 的质数个数
P	ρ	rho	/rou/	电阻系数，柱坐标和极坐标中的极径，密度
Σ	σ ς	sigma	/ˈsigmə/	总和，表面密度，跨导，正应力
T	τ	tau	/tau/	时间常数，切应力，2π（两倍圆周率）
Y	υ	upsilon	/juːpˈsilən/	位移
Φ	φ	phi	/fai/	磁通，角，透镜焦度，热流量
X	χ	chi	/kai/	统计学中有卡方(χ^2)分布
Ψ	ψ	psi	/psai/	角速，介质电通量，ψ 函数
Ω	ω	omega	/ˈoumigə/	欧姆，角速度，交流电的电角度

附录 B Faure 序列生成函数代码

```
function[s] = faureset(k,d,b)
% FAURE     Faure sequence, elements 0,..,k
% INPUTS : k - maximum sequence index, non-negative integer
%          d - sequence dimension, positive integer
%          b - sequence base, integer exceeding 1

if ~(isint(k) && k >= 0)
    error('Input argument "k" must be a non-negative integer')
end
if ~(isint(d) && d > 0)
    error('Input argument "d" must be a positive integer')
end
if ~(isint(b) && b > 1)
    error('Input argument "b" must be an integer greater than 1')
end
s = zeros(d,k+1);
K = k;
D = d;
for k = 0:K
    a = basexpflip(k,b);
    J = length(a);
 L = J - 1;
    y = zeros(J,1);
    g = b.^(1:J)';
    for d = 1:D
        for j = 1:J
 S = 0;
            for l = 0:L
                c = comb(l,j-1);
                h = (d-1)^(l-j+1);
                if isinf(h)
                    h = 0;
                end
                S = S + c*h*a(l+1);
            end
            y(j) = mod(S,b);
        end
        s(d,k+1) = sum(y./g);
    end
end

function[a] = basexpflip(k,b) % reversed base-b expansion of non-negative
integer k
    if k
        j = fix(log(k)/log(b)) + 1;
        a = zeros(1,j);
        q = b^(j-1);
        for i = 1:j
```

```
        a(i) = floor(k/q);
        k = k - q*a(i);
        q = q/b;
    end
    a = fliplr(a);
else
    a = 0;
end

function[c] = comb(n,k)          % number of combinations, C(n,k)
if n < k
    c = 0;
else
    c = nchoosek(n,k);
end

function[i] = isint(x)           % check if integer
i = (x == floor(x));
```

附录 C　最小二乘蒙特卡罗方法收敛性证明

假设美式期权价值取决于 $(0,+\infty)$ 上的一个状态变量 X，且 X 遵循马尔可夫过程。假设期权仅能在 t_1 和 t_2 时刻实施，且条件期望函数 $F(\omega;t_1)$ 绝对连续，且

$$\begin{cases} \displaystyle\int_0^\infty \mathrm{e}^{-X} F^2(\omega;t_1)\mathrm{d}X < +\infty \\ \displaystyle\int_0^\infty \mathrm{e}^{-X} F_X^2(\omega;t_1)\mathrm{d}X < +\infty \end{cases}$$

对任意 $\varepsilon > 0$，存在 $M < +\infty$，使

$$\lim_{N\to\infty} \Pr\left[\left| V(X) - \frac{1}{N}\sum_{i=1}^{N} lsm(\omega_i;M,K) \right| > \varepsilon \right] = 0$$

这个定理表明只要 M 足够大，$N \to +\infty$ 时最小二乘蒙特卡罗算法的结果与真值间误差为 ε，且由于 ε 是抽象的，因此，最小二乘蒙特卡罗算法可以收敛于任意精度。

证明：在 t_2 时刻下，最小二乘蒙特卡罗的停止策略和最优停止策略一样：期权实值便实施。在给定假设条件下，条件期望函数 $F(\omega,t_1)$ 仅与 X_{t_1} 有关。如果 $F(\omega,t_1)$ 满足指定条件，则 $F_M(\omega;t_1)$ 在 M 上一致收敛于 $F(\omega;t_1)$，其中前 M 个拉格朗日多项式被用于基函数集，所以对给定 ε，存在一个 M，使 $\sup_{x_{t_1}} |F(\omega;t_1) - F_M(\omega;t_1)| < \varepsilon / 2$。根据可积条件，当 $N \to +\infty$ 时，最小二乘蒙特卡罗回归 $\hat{F}_M(\omega;t_1)$ 值依概率收敛于 $F_M(\omega;t_1)$，

$$\lim_{N\to\infty} \Pr[|F_M(\omega;t_1) - \hat{F}_M(\omega;t_1)| > \varepsilon / 2] = 0$$

因此，

$$\lim_{N\to\infty} \Pr[|F_M(\omega;t_1) - \hat{F}_M(\omega;t_1)| > \varepsilon] = 0$$

为完成证明，我们将测度空间 Ω 划分为五个子集：

①在最优和最小二乘蒙特卡罗策略中都在 t_1 时刻实施的路径集合；

②在最优和最小二乘蒙特卡罗策略中都不在 t_1 时刻实施的路径子集；

③最小二乘蒙特卡罗策略下，期权在 t_1 时刻实施但在最优策略下不实施的路径子集；

④最优策略下期权在 t_1 时刻实施，但在最小二乘蒙特卡罗策略下不实施的路径子集；

⑤对于当 $N \to +\infty$ 时 $F_M(\omega;t_1)$ 和 $\hat{F}_M(\omega;t_1)$ 的差值大于 ε 的 0 概率集。

现在考虑一个包括一个运用最小二乘蒙特卡罗策略的期权多头，ε 份现金，和运用最优策略行权的期权空头的组合。对于集合 3，在 t_1 时刻，运用现金和期权在市场上购买一份到期日为 t_2 的欧式期权。对于集合 4 中的路径，利用卖空一份到期日为 t_2 的欧式期权和现金用于支付所卖出期权的行权。很明显，这个策略导致集合 1、2、3、4 的现金流均大于或等于 0。由于现金流非负，路径的平均现金流非负，根据无套利原理，原命题得证。

教师服务

　　感谢您选用清华大学出版社的教材！为了更好地服务教学，我们为授课教师提供本书的教学辅助资源，以及本学科重点教材信息。请您扫码获取。

教辅获取

本书教辅资源，授课教师扫码获取

样书赠送

财政与金融类重点教材，教师扫码获取样书

 清华大学出版社

E-mail: tupfuwu@163.com
电话：010-83470332 / 83470142
地址：北京市海淀区双清路学研大厦 B 座 509

网址：https://www.tup.com.cn/
传真：8610-83470107
邮编：100084